AF427426

* 9 7 9 8 8 6 9 2 5 5 5 8 7 *

ספר

עֵץ חַיִּים

לרבינו

חַיִּים וִיטַאל ז"ל

שֶׁקִּיבֵּל מִמָּרָן הָאֲרִ"י זלה"ה

שַׁעַר הַשְּׁבִירָה

שַׁעַר ט' פרק ו'

דמ"ה ע"ב – דמ"ו ע"ב

תש"פ

SimchatChaim.com

בהוצאת

שִׂמְחַת חַיִּים

בס"ד

הקדמה

ירפא **ה**מאציל **ו**יושיע **ה**בורא את כל חולי בני ישראל, וישלח להם רפואה שלימה, רפואת הנפש ורפואת הגוף, בכל אבריהם ובכל גידיהם לעבודתו יתברך.

בי"ב במנחם אב תשס"ה, הובהלתי לבית החולים, הרופאים לא נתנו לי סיכוי לחיות יותר מכמה שעות בגלל מספר תסבוכות. עם כל זאת בזכות התפילות של בני ישראל הקדושים, ברחמיו הרבים, ריחם עלי הקדוש ברוך הוא, ונשארתי בחיים.

עם כל זאת, הובחנה אצלי מחלה קשה בכליות, ונאמר לי שהצטרך למכונת דיאליזה. בשבילי זה היה שוק!!! אף פעם לא הייתי אצל רופא, או בבית חולים. כך בעל כרחי התחברתי למכונת דיאליזה, ומכונה זאת הייתה[1] קשורה בי ככלב במשך שמונים חודשים בדיוק, כמנין **יסוד**, במשך 10-12 שעות ביום.

בשבת פרשת **ויחי יעקב** י"ב טבת תשע"ב, בזכות בני ישראל, שכולם אהובים כולם ברורים כולם גיבורים כולם קדושים... וכולם פותחים את פיהם באהבה שלוש פעמים ביום, ואומרים - **ברוך אתה... רופא חולי עמו ישראל**, וכללותם כל האברכים, תלמידי הישיבות, רבנים וחכמים, חסידים, מקובלים עם תינוקות של בית רבן, זקנים עם נערים, בחורים וגם בתולות, בארץ הקודש ובעולם. ומצד שני בנות ישראל היקרות מפז, שהתפללו וקבלו עליהם כל מיני קבלות, מהפרשת חלה עד צניעות וכיסוי הראש, עם הרבנים, המנהלים, המורים, המורות **והתלמידות של בית יעקב דטורונטו** שכל יום התפללו, וכללו בתפילתם שבקעה את כל הרקיעים אותי, ונושעתי אני הקטן. הושתלה בי כליה. והתנתקתי ממכונת הדיאליזה.

אמר המלך דוד - לולי[2] תורתך שעשעי אז אבדתי בעניי. מה שנתן לי חיות היא התורה הקדושה, בשעות הרבות שהייתי מחובר למכונת הדיאליזה)כ12 שעות ביום(, ערכתי סדרתי וכתבתי במחשב את קונטרסים שלמדתי במשך שנים. וקונטרסים אלו הפכו לחיבור, ואחרי התלבטויות ובקשות מבני גילי, החלטתי בעזרתו יתברך להדפיס קונטרסים אלו.

ידוע הוא כי כל דברי האר"י זלל"ה ותלמידו נאמן ביתו, רבינו חיים ויטאל הם סתומים וחתומים באלפי שרשראות ומנעולים, והרב ז"ל גלה טפח וכיסה אלפים אמה, וכלל דבריהם הוא משלים, עם כל זאת העוסק במשל פועל בעלמות העליונים בנמשל. לכן צריך זהירות גדולה לא להגשים את המשלים, בסוד המבואר בספר הזוהר הקדוש - **ועלייהו אתמר** ועליהם נאמר - **ארור האיש אשר יעשה פסל ומסכה וגומר, ושם בסתר, מאי בסתר** מהו בסתר - **בסתרו דעלמא** בסתרו של עולם. **ובגין דא אמר קודשא בריך הוא לא תעשון אתי** ומפני זה אמר הקדוש ברוך הוא לא תעשון אתי אלה"י כסף ואלה"י זהב, **והכי אוקמוה חבריא לא תעשון אתי כדמות שמשי שמשמשין אותי** וכך העמידוהו החברים לא תעשון אתי כדמות שמשים שמשמשים אותי **במרום, לצייירא בסתר דילי שום ציור או דמיון** לצייר בסתר שלי שום ציור או דמיון, **דכל מאן דצייר לעיל לקודשא בריך הוא** שכל מי שמצייר למעלה לקדוש ברוך הוא, **בסתר)דאיהי שכינתיה, כלילא מעשר ספיראן** שהיא שכינתו, כלולה מעשר ספירות(, **שום ציור, וצלם, ודמות, כגוונא דמציירין בשמשין דיליה** שמציירים בשמשים שלו, **נשמתיה אתלבשא בההוא צלמא** נשמתו מתלבשת באותו צלם....

<hr>

[1]

גמרא סוטה ד"ג ע"ב - גמרא סוטה ד"ג ע"ב – רבי אלעזר אומר, **קשורה בו ככלב**, שנאמר - ולא שמע אליה לשכב אצלה להיות. עמה לשכב אצלה בעולם הזה. להיות עמה לעולם הבא.

[2]

תהלים קי"ט צ"ב

וכן הוא בסוף ענף ד' דשער ד' בספר עץ חיים שער ההקדמות, וז"ל הטהור - ואמנם דבר גלוי הוא כי אין למעלה גוף ולא כח גוף חלילה. וכל הדמיונות והציורים אלו לא מפני שהם כך חס ושלום. אמנם **לשכך את האוזן** לכשיוכל האדם להבין הדברים העליונים, הרוחניים, בלתי נתפסים, ונרשמים בשכל האנושי. לכן ניתן רשות לדבר לדבר בבחינת ציורים ודמיונים, כאשר הוא פשוט בכל ספרי הזוהר. וגם בפסוקי התורה עצמה כולם כאחד עונים ואומרים בדבר הזה, כמו שאמר הכתוב עיני הוי"ה המה משוטטים בכל הארץ. עיני הוי"ה אל צדיקים. וישמע הוי"ה. וירח הוי"ה. וידבר הוי"ה. וכאלה רבות. וגדולה מכולם מה שאמר הכתוב - ויברא אלהי"ם את האדם בצלמו בצלם אלהי"ם ברא אותו זכר ונקבה וגו'. **ואם התורה עצמה דברה כך** גם אנחנו נוכל לדבר כלשון הזה, עם היות שפשוט הוא למעלה שאין שם אלא אורות דקים בתכלית הרוחניות, בלתי נתפשים שם כלל, וכמו שאמר הכתוב - כי לא ראיתם כל תמונה, וכאלה רבות. ואמנם יש עוד דרך אחרת כדי להמשיך ולצייר בה הדברים העליונים, והם בחינת כתיבת צורת אותיות, כי כל אות ואות מורה על אור פרטי עליון, וגם תמונת זו דבר פשוט הוא כי אין למעלה לא אות ולא נקודה, **וגם זה דרך משל וציור לשכך את האוזן** כנזכר......

ולכן כל המבואר כאן בחיבור זה זה הוא כדי **לשכך את האוזן**. והתרשימים שבסוף החיבור הם כדי **לשבר את העין**, לכן אין שום ביאור והסבר שלם, ואין שום תרשים שלם בתכלית השלמות.

ידוע כי[3] דברי תורה עניים במקומן ועשירים במקום אחר, **ועל אחת כמה וכמה** בדברי הרב ז"ל, שכל סוגיה חסרה[4] במקומה, וחלקיה מפוזרים במקומות אחרים. **זאת ועוד** הרב ז"ל מערבב בדרוש אחד כמה וכמה סוגיות, כאשר בפשטות דבריו נראה שכל הדרוש הוא דרוש אחד, ולא מחולק לסוגיות שונות, ושמועות שונות, **ביאור** דברי הרב ז"ל כאן הם **בעומק, והוא בעצם ליקוט** עד איפה שידי הקצרה הגיעה, מכל חלקי ספר עץ חיים, ושמונה השערים המצוינים לרב ז"ל, מבוא שערים ושאר ספרי הרב ז"ל, והוא גם על פי הקדמת רחובות הנהר למרן הרש"ש, דרושי פנימיות וחיצוניות, דרוש הדעת, סוגיות ערכין, סוגיות דכללות והתכללות, פרטות וכללות, וסוגיות עובי ואורך, ועל פי ביאור גדולי רבותינו חכמי המקובלים לדורותם זלה"ה זי"ע.

ידוע כי[5] אין בר בלי תבן, כך אין ספר בלי טעויות, ועוד יודע אני כי ועני אני, **ואין**[6] **עני אלא בדעה**. לכן מבקש אני בכל לשון של בקשה אם יש לכל אחד שאלות, הערות, הארות, תיקונים, נא לשלוח ל - <u>book@simchatchaim.com</u> והשתדל לענות, ולתקן את הצריך תיקון.

בברכה והצלחה בלימוד התורה הקדושה
ובעיקר בפנימיות התורה, תורת האר"י הח"י.
ורפואה שלימה לכל חולי ישראל.

אח"י

---

[3] **גמרא ירושלמי, ראש השנה פ"ג הלכה ה' די"ז ע"א** – דברי תורה עניים במקומן, ועשירים במקום אחר.

[4] **תורת חכם דע"ב ע"ב** – חסר לשון הוא, כמו שיראה המעיין.

[5] **גמרא ברכות נ"ה א'** - מה לתבן את הבר נאם ה', וכי מה ענין בר ותבן אצל חלום, אלא אמר ר' יוחנן משום ר' שמעון בן יוחאי ,כשם שאי אפשר לבר בלא תבן, כך אי אפשר לחלום בלא דברים בטלים.

[6] **גמרא נדרים מ' ע"א** – אין עני אלא בדעה .

ב"ה

הקדמה קצרה לחיוב לימוד תורת הקבלה

ישמחו ה**שמים ו**תגל ה**ארץ** ירעם הים ומלאו. שזכינו בדור שלנו שפנימיות התורה, שהיא היא תורת הקבלה, מתפשטת לכל, וכל מקום בעולם היום לומדים בתורת הח"ן. הדור שלנו יש הרבה התעוררות ללמוד סתרי התורה הקדושה, הנקראת חכמת הקבלה. בירושלים של המאה ה-18 בישיבת **בית אל** היו בקושי מנין של מקובלים, והיום תורת הקבלה מופצת בכל מקום בארץ ובעולם. לעניות דעתי אחת הסיבות העיקריות לשינוי זה הוא רצונם של בני התורה, החוזרים בתשובה ועמך לדעת את סוד החיים, למה ברא הקדוש ברוך הוא את העולם, ואת טעמי המצות, ר"ל אי אפשר היום בדור שלנו, להסביר על פי הפשט את הסיבה מדוע אסור לאכול בשר וחלב, מדוע צריך להניח תפילין, למה לשמור דווקא שבת ולא יום שלישי, אי אפשר להגיד כל הזמן **זאת גזרת הכתוב, כך רוצה הקדוש ברוך הוא**, האנשים מחפשים הסברים למצות, לסיפורי התנ"ך, לגלגולי נשמות, ועוד. ורק על ידי עסק בפנימיות התורה, אדם מסיג את ההסברים לקושיות שיש לו. **זאת ועוד** חיים אנחנו בדור של חומריות, והאנשים מחפשים את רוחניות שבחיים, אז מה עושים, נוסעים למזרח, להודו, סין, תאילנד למצוא רוחניות, ולא יודעים **ששורש כל הרוחניות בעולם נמצאת בתורה הקדושה**, עם כל זאת כאשר הלומד את פשט התורה, **הוא לא מכיר** את הקדוש ברוך הוא, והוא בלי יראת שמים ושמחה אמתית. כותב הרב המקובל האלוה"י רבינו יהודה פתייה בפרושו הנפלא על עץ חיים - כי לימוד עץ חיים הוא עמוק מאד מאד, כי הוא **מים שאין להם סוף**, והוא קשה מאד גם לחכמים ההוגים בו תמיד, וכל שכן למתחילים. כי הוא חזק מצור, וקשה מברזל, שאי אפשר לחצוב ממנו מאומה, אם לא על ידי כלי מחצב חזקים כציפורן שמיר. וכל המתחיל בלימוד עץ חיים, אם לא יהיה לו רב, או לפחות איזה מפרש המפרש לו כוונת הפרק ההוא לפי פשוטו, נבול יבול, ואינו יכול לעמוד על הפרק כי אם לאחר יגיעה רבה, ושקידה עצומה, וכולי האי ואולי. כי הרבה פעמים יסבור המעיין שהבין העניין ההוא כראוי, ואחר שילמוד עוד איזה פרקים אחרים, ירגיש כעצמו שלא הבין את הפרקים הקודמים, והניסיון יעיד על זה, עד כאן דברי קודשו. עם כל זאת חייב כל אדם לעסוק בתורת הח**יים**.

צדיק אתה הוי"ה וישר משפטיך. כתב הרב רבינו חיים ויטאל ז"ל בהקדמה לשער ההקדמות - והנה מה שכתב בתחילת דבריו, ואפילו כל אינון דמשתדלי באורייתא כל חסד דעבדי לגרמייהו וכו', עם היות שפשטו מבואר ובפרט בזמנינו זה, בעוונותינו היום אשר התורה נעשית קרדום לחתוך בה אצל קצת בעלי תורה, אשר עסקם בתורה על מנת לקבל פרס, והספקות יתירות, וגם להיותם מכלל ראשי ישיבות, ודיני סנהדראות, להיות שמם וריחם נודף בכל הארץ, **ודומים במעשיהם לאנשי דור הפלגה הבונים מגדל וראשו בשמים**, ועיקר סיבת מעשיהם היא מה שאמר אחר כך הכתוב - **ונעשה לנו שם**... והנה על הכת הזאת אמרו בגמרא כל העוסק בתורה שלא לשמה, נוח לו שנהפכה שליתו על פניו, ולא יצא לאויר העולם. ואמנם האנשים האלה מראים תימה וענוה באמרם כי כל עסקם בתורה הוא לשמה. והנה החכם הגדול התנא רבי מאיר ע"ה העיד עליהם שלא כך הוא, באומרו לשון כללות - כל העוסק בתורה לשמה זוכה לדברים הרבה וכו', **ומגלים לו רזי תורה, ונעשה כנהר שאינו פוסק**, והולך

וכמעיין המתגבר מאליו, בלתי הצטרכו לטרוח ולעיין בה, ולהוציא טיפין טיפין של מימי התורה מן הסלע, הנה זה יורה שאינו עוסק בתורה לשמה כהלכתה, ומי זה האיש אשר לא יזלו עיניו דמעות בראותו המשנה הזאת, **ורואה חסרונו ופחיתותו**, עד כאן לשונו. לכן כל אחד צריך לטעום מעץ החיים.

חצות לילה אקום להודות לך על משפטי צדקך. כתב רבינו אליהו מני זצ"ל רבו של הרי"ח הטוב, בספרו הקדוש כסא אליהו שער ד' וז"ל - ואם זיכך הוי"ה ללמוד בחכמת האמת, הנה עצה היעוצה היא שכל סדר הלימוד בנגלה תתנהג בו ביום דווקא. **אבל בלילה תלמוד בחכמת האמת, והעיקר הלימוד אחר חצות**, כי זה הלימוד צריך ישוב דעת הרבה, וכשיקוץ האדם אז דעתו מיושבת עליו יותר. גם גה הלימוד צריך הסתר והצנע, **וכל דבר שיהיה בלילה ובפרט אחר חצות יהיה נסתר יותר מן היום**. ותעשה ועד עם החברים בבית המדרש אם הוא צנוע, **או בביתך ותלמדו בכל לילה**, עד כאן לשונו. וישב ללמוד בלילה תחת עץ החיים.

קראתי בכל לב עניני הוי"ה חקיך אצרה. בהקדמה[7] לשער ההקדמות מבאר הרב ז"ל - ואמנם אל יאמר אדם אלכה לי ואעסוק בחכמת הקבלה, מקודם שיעסוק בתורה במשנה ובתלמוד, כי כבר אמרו רבינו ז"ל - אל יכנס אדם לפרדס **אלא אם כן מלא כריסו בבשר ויין**, והרי זה דומה לנשמה בלתי גוף, שאין לה שכר ומעשה וחשבון, עד היותה מתקשרת בתוך הגוף, בהיותו שלם מתוקן במצות התורה בתרי"ג מצות. **וכן בהפך** בהיותו עוסק בחכמת המשנה והתלמוד בבלי, ולא ייתן חלק גם אל סודות התורה וסתריה, כי **הרי זה דומה לגוף היושב בחושך**, בלתי נשמת אדם נר הוי"ה המאירה בתוכה, **באופן שהגוף יבש בלתי שואף ממקור חיים**, אשר זהו ענין אומרו במקום אחר ההוא הנזכר לעיל וז"ל - דאילין אינון דעבדי לאורייתא יבשה, ולא בעאן לאשתדלא בחכמת הקבלה וכו'. באופן כי התלמידי חכמים העוסקים בתורה לשמה, ולא לשמו, לעשות לו שם. צריך שיעסוק בתחילה בחכמת המקרא, והמשנה, והתלמוד, כפי מה שיוכל שכלו לסבול. ואחר כך יעסוק לדעת את קונו בחכמת האמת, וכמו שציוה דוד המלך ע"ה את שלמה בנו - דע את אלה"י אביך ועבדהו. ואם האיש הזה יהיה כבד וקשה בענין העיון בתלמוד, מוטב לו שיניח את ידו ממנו, אחר שבחן מזלו בחכמה זאת, ויעסוק בחכמת האמת. וזה שמבואר כל תלמיד חכם שאינו רואה סימן יפה בתלמוד בחמשה שנים, שוב אינו רואה, עד כאן דברי קודשו. ומזה כל אחד ואחד חייב להדבק במקור החיים.

חסדך הוי"ה מלאה הארץ חקיך למדני. בשער הגלגולים, בהקדמה ט"ז כתב הרב ז"ל - עוד צריך שתדע, כי האדם צריך לקיים כל התרי"ג מצות, במעשה, ובדבור, ובמחשבה. וכמו שאמרו ז"ל על פסוק - זאת התורה לעולה ולמנחה וכו', כל העוסק בפרשת עולה, כאלו הקריב עולה וכו'. וכוונו בזה שהאדם מחוייב לקיים כל התרי"ג מצות בדבור, וכן על דרך זה במחשבה. ואם לא קיים כל התרי"ג בשלשה בחינות הנזכרות, מחוייב להתגלגל עד שישלים אותם. **עוד דע**, כי האדם מחויב לעסוק בתורה בארבעה מדרגות, **שסימנם פרד"ס**, והם, פשט, רמז, דרוש, סוד וצריך שיתגלגל עד שישלים אותם. ובהקדמה י"ז כותב הרב ז"ל - שהאדם **מחוייב לעסוק בתורה בארבעה מדרגות שבה**, והיא זאת, דע, כי כללות כל הנשמות

ע"ח ד"א ע"ד.

הם ששים רבוא ולא יותר. והנה התורה היא שרש נשמות ישראל, כי ממנה חוצבו, ובה נשרשו. ולכן יש בתורה ששים רבוא פירושים, וכלם כפי הפשט. וששים רבוא ברמז. וששים רבוא בדרש. **וששים רבוא בסוד.** ונמצא, כי מכל פירוש מן הששים רבוא פרושים, ממנו נתהווה נשמה אחת של ישראל, ולעתיד לבא כל אחד ואחד מישראל, ישיג לדעת כל התורה כפי אותו הפירוש המכוון עם שרש נשמתו, אשר על ידי הפרוש ההוא נברא ונתהווה כנזכר. וכן בגן עדן אחר פטירת האדם, ישיג כל זה. וכן בכל לילה כאשר האדם ישן, ומפקיד נשמתו ויוצאה ועולה למעלה, הנה מי שזוכה לעלות למעלה, שבו אותו הפירוש, שבו תלוי שרש נשמתו. ואמנם הכל כפי מעשיו ביום ההוא, כך באותה הלילה ילמדוהו, פסוק אחד, או פרשה פלונית, כי אז מאיר בו יותר פסוק ההוא משאר הימים. ובלילה האחרת יאיר בנשמתו פסוק אחר, כפי מעשיו של אותו היום, וכולם על דרך הפירוש ההוא אשר תלויה בו שרש נשמתו כנזכר, עד כאן דברי קודשו. ור"ל שכל יהודי ויהודי חייב להשיג את שורש נשמתו, וללמוד את סוד **החיים.**

יבאוני רחמיך ואחיה כי תורתך שעשעי. מבואר במדרש משלי - אמר רבי ישמעאל, בא וראה כמה קשה יום הדין שעתיד הקדוש ברוך הוא לדון את כל העולם כולו בעמק יהושפט. בזמן שתלמידי חכמים באים לפניו, אומר לכל אחד מהם - כלום עסקת בתורה, אמר לו הן, אומר לו הקדוש ברוך הוא הואיל והודית, אמור לפני מה שקרית, ומה ששנית בישיבה, ומה ששמעת בישיבה. מכאן אמרו - כל מה שקרא אדם יהא תפוש בידו, ומה ששנה כמו כן, שלא תשיגהו בושה ליום הדין. מכאן היה רבי ישמעאל אומר - אוי הלה לאותה בושה, אוי לה לאותה כלימה, ועל זה ביקש דוד מלך ישראל בתפילה ובתחנונים לפני המקום ואמר - הוי"ה בוקר תשמע קולי בוקר אערך לך ואצפה. בא לפניו מי שיש בידו מקרא ואין בידו משנה, הקדוש ברוך הוא הופך את פניו ממנו, ושרי גיהנם מתגברים בו כזאבי ערב, ונוטלין אותו ומשליכין אותו לתוכה. בא לפניו מי שיש בידו שני סדרים או שלושה, אז הקדוש ברוך הוא אומר לו - בני, כל ההלכות למה לא שנית אותם, ואם אומר הקדוש ברוך הוא הניחוהו, מוטב, ואם לאו עושין לו כמידת הראשון. בא לפניו מי שיש בידו הלכות, הקדוש ברוך הוא אומר לו - בני, תורת כהנים למה לא שנית, שיש בה טומאה וטהרה, וטומאת שרצים וטהרת שרצים, טומאת נגעים וטהרת נגעים, טומאת נתקים ובתים וטהרת נתקים ובתים, טומאת זבים ולידה וטהרת זבים ולידה, טומאת מצורע וטהרתו, סדר ווידוי יום הכיפורים, וגזירות שוות, ודיני ערכים, וכל דין שדנו ישראל לא דנו אלא מתוכו. בא לפניו מי שיש בידו תורת כהנים, אומר לו הקדוש ברוך הוא - בני, חמישה חומשי תורה למה לא שנית, שיש בהם קריאת שמע, ותפילין, ומזוזה. בא לפניו מי שיש בידו חמישה חומשי תורה, אומר לו - בני, למה לא למדת הגדה, ולא שנית, שבשעה שהחכם יושב ודורש, אני מוחל ומכפר עוונותיהם של ישראל, ולא עוד אלא בשעה שעונין אמן יהא שמיה רבה מברך, אפילו נחתם גזר דינם אני מוחל ומכפר להם עוונותיהם. בא לפניו מי שיש בידו הגדה, אומר לו הקדוש ברוך הוא - בני, תלמוד למה לא שנית, שנאמר - כל הנחלים הולכים אל הים והים איננו מלא, זה התלמוד, שיש בו חכמות הרבה. בא מי שיש בידו תלמוד, הקדוש ברוך הוא אומר לו - בני, הואיל ונתעסקת בתלמוד, **צפית במרכבה, צפית בגאוה,** שאין הנייה בעולמי, אלא בשעה שתלמידי חכמים יושבים ועוסקים בתורה, מציצין ומביטין ורואין והוגין המון התלמוד הזה - **כסא כבודי היאך הוא עומד. רגל הראשונה במה היא משמשת, שנייה במה היא משמשת, שלישית במה היא משמשת, רביעית במה היא משמשת, חשמל היאך הוא עומד, ובכמה פנים הוא מתהפך בשעה**

אחת, לאי זה רוח הוא משמש, הברק היאך הוא עומד, כמה פנים של זוהר נראין בין כתפיו, לאיזה רוח משמש, כרוב היאך הוא עומד, לאי זה רוח הוא משמש. גדולה מכולם עיון כיסא הכבוד, היאך הוא עומד, עגול הוא כמין מלבן, ומתוקן הוא, כמה גשרים יש בו, כמה הפסק בין גשר לגשר, וכשאני עובר באיזה גשר אני עובר, ובאי זה גשר האופנים עוברים, ובאיזה גשר הגלגלים עוברים. גדולה מכולם מצפורני ועד קודקודי, היאך אני עומד, כמה שיעור בפיסת ידי, וכמה שיעור אצבעות רגלי. גדולה מכולם כיסא כבודי, היאך הוא עומד, לאיזה רוח הוא משמש, באחד בשבת לאיזה רוח הוא משמש, בשני בשבת לאיזה רוח הוא משמש, בשלישי בשבת לאיזה רוח הוא משמש, ברביעי בשבת, בחמישי בשבת, בשישי בשבת לאיזה רוח משמשין, וכי לא זהו הדרי, זהו גדולתי, זהו הדר יופי, שבניי מכירין את כבודי במידה הזאת. ועליו אמר דוד - מה רבו מעשיך הוי"ה, כולם בחכמה עשית, מלאה הארץ קניניך. עד כאן לשון המדרש. ממדרש זה לומדים על חובת כל אחד ואחד מישראל את לימוד כל חלקי הפרד"ס, ובעיקר את בחינת הסוד שבתורה, הנקרא[8] מעשה מרכבה, ובמעשה בראשית. ומבאר הרב בית לחם יהודה על השינוי שיש בפסוקים במעמד הר סיני, בפסוק אחד כתוב - ויחן שם **ישראל** תחת ההר. ומספר פסוקים יותר מאוחר כתוב וירא **העם** וינועו מרחק. וידוע כי כאשר כתוב בתורה **ישראל**, מדובר **בבני ישראל**, וכאשר כתוב **העם**, מדובר על **הערב רב**. וז"ל הרב בית לחם יהודה - ובזוהר בהעלותך דף קנ"ב ע"א קרי להעוסקים בחכמת האמת, אינון דהוי קיימי בטורא דסיני. וז"ל - חכמין עבדי דמלכא עלאה אינון דקיימו בטורא דסיני, לא מסתכלי אלא בנשמתא, דאיהי עיקרא דכלא אורייתא ממש וכו'. ונראה בעיני אם מותר, משמע אותן שאינן יודעים סודות התורה לא עמדו על הר סיני, עד כאן לשונו. ונראה לי בביאור כוונתו כי בתחילה כשיצאו ישראל לקראת האלהי"ם, היו מתייצבים בתחתית ההר, ואחר כך נאמר וירא העם וינועו ויעמדו מרחוק, כי היו יראים פן תאכלם האש הגדולה הזאת וימיתו. והיה מקצת מהעם שהיו ששים ושמחים לקראת השכינה, ולא רצו לזוז ממקומם הראשון, ולעמוד מרחוק, אפילו אם ימיתו ממש. ועליהם הוא מה שכתב בזוהר הנזכר - אינון דקיימו בטורא דסיני, כלומר ולא נעו ועמדו מרחוק, אלא עמדו בטורא דסיני מתחלה ועד סוף, ולכן הם זוכים לחכמת האמת. ואותם הנשמות אשר נעו עם העם ועמדו מרחוק, כן הם עושים גם עתה, שנסים ועומדים מרחוק לחכמת האמת מיראתם, פן תאכלם האש הגדולה הזאת. ולכן על כל אחד ואחד מבני ישראל הקדושים מחויב לעמוד תחת עץ החיים.

יראיך יראוני וישמחו כי לדברך יחלתי. בספר הזוהר הקדוש מבואר מדוע התפילות של בני ישראל לא נענות, וז"ל תיקוני הזוהר תיקון מ"ג - **בראשית תמן את"ר יב"ש** במלת בראשית יש אותיות את"ר יב"ש, **ודא איהו ונהר יחרב ויבש** היסוד הנקרא נהר יחרב ויבש ממי השפע, ואין לו מה להשפיע למלכות, **בההוא זמנא דאיהו יבש** באותו הזמן שהיסוד הוא יבש, **ואיהי יבשה** המלכות הנקראת יבשה, היא יבשה כי לא מקבלת שפע מהיסוד, אז כאשר **צווחין בניך לתתא** מתפללים וצועקים בני ישראל, **ביחודא ואמרין** וביחוד שאומרים בני ישראל **שמע ישראל** שיבא ז"א הנקרא ישראל להתיחד עם נוקבא בשעת התפילה דעמידה, עם כל זאת **ואין קול** של התפילה או הקריאת שמע שעוזרים לזיווג דזו"ן **ואין עונה** ואין מי שיענה וימלא את הבקשות בתפילתם. **הדא הוא דכתיב** וזהו שכתוב - **אז** בני ישראל יקראונני

גמרא חגיגה די"א ע"ב

בני ישראל בעת צרתם בקריאת שמע ובתפילה, **ולא אענה** ואני לא אענה אותם בתפלתם, מפני שלא לומדים ומתעסקים בפנימיות התורה. **והכי מאן דגרים דאסתלק** וכל מי שגורם הסלקות פנימיות תורת הקבלה **וחכמתא מאורייתא דבעל פה ומאורייתא דבכתב** מהתורה שבעל פה והתורה שבכתב, **וגרים דלא ישתדלון בהון** וגורמים גם לאחרים שלא יתעסקו וילמדו את חכמת הקבלה, **ואמרין דלא אית אלא פשט באורייתא ובתלמודא** ואומרים שאין בתורה ובתלמוד אלא פשט התורה, בלי פנימיות הסוד, **בודאי כאלו הוא יסלק נביעו מהההוא נהר** בודאי נחשב לו כאילו הוא מסתלק את נביעת שפע החכמה והבינה מן היסוד, **ומהההוא גן** ומן הנוקבא הנקראת גן, **ווי ליה** לאותו יהודי **טב ליה דלא אתברי בעלמא** טוב לו שלא היה נברא, **ולא יוליף ההיא אורייתא דבכתב ואורייתא דבעל פה** ולא היה לומד תורה שבכתב ותורה שבעל פה, כי דינו כעם הארץ שלא למד כלל, ועוד **דאתחשב ליה כאלו אחזר עלמא לתהו ובהו** שנחשב לו כאילו החזיר את העולם לתהו ובהו, ר"ל לסוד שבירת הכלים לפי שמגביר הקליפות כאשר הנהר והגן יבשים, **וגרים עניותא בעלמא ואורך גלותא** וגורם עניות בעולם ומאריך את הגלות השכינה וביאת המשיח. עד כאן דברי הזוהר הקדוש. וכותב רב חיים ויטאל זלה"ה בהקדמה וז"ל - אמנם שעשועות של הקדוש ברוך הוא בתורה, והיותו בורא בה את העולמו, היתה בהיותו עוסק בתורה בבחינת הנשמה הפנימית שבה, הנקרא - רזי תורה, הנקרא מעשה מרכבה, **היא חכמת הקבלה** כנודע אל היודעים, וטעם הדבר הוא להיותו עולם האצילות העליון מאד, טוב ולא רע, דלא יכיל להתערבא עמיה קליפה, ועליה אתמר - וכבודי לאחר לא אתן, כנזכר בספר התיקונין דף ס"ו תיקון י"ח, וכן בספר הזוהר בפרשת בראשית דף כ"ח ע"א עיין שם. ולכן גם התורה אשר שם **]אח"י** - בעולם האצילות[איננה רק מופשטת מכל לבושי הגופנים, מה שאין כן למטה בעולם היצירה, עולם דמטטרו"ן, הנקרא עבד טוב, והוא הנקרא עץ הדעת טוב ורע, ומסטרא דסמא"ל שהוא קליפין דיליה, **נקרא עבד רע,** כי התורה אשר שם, הם שית סדרי משנה **הנקראים שפחה** כנזכר לעיל, וכנזכר בפרשת בראשית שם דף כ"ז ע"א. ולכן נקראת משנה, לפי ששם יש שינויים הפוכים **טוב מסטרא דעבד טוב,** היתר, כשר, טהור. **רע מסטרא דעבד רע,** איסור, טמא, פסול. גם הוא מלשון כי מרדכי היהודי משנה למלך, שהיה שפחה הנקרא עבד מלך, מלך גם נקרא מלשון שינה, כנזכר בפרשת פינחס דף רמ"ד ע"ב - קם זמנא תנינא ואמר, מארי מתניתין נשמתין ורוחין ונפשין דילכון אתערו כען ואעברו שינתא מניכון דאיהו, ודאי משנה אורח פשט, דהאי עלמא ואנא לא אתערנא בכו, אלא ברזין עילאין דעלמא דאתי דאתון בהון, לא ינום ולא ישן. וזה יובן במה שמבואר יותר למעלה שם - **ורבנן דמתניתין ואמוראי, כל תלמודא דלהון על רזין דאורייתא סדרו ליה.** ונמצא כי המשנה והש"ס הם הנקרא גופי תורה. והנה דבריהם כחלום בלי פתרון, **ורזיה וסתריה הפנימים הנקרא בנשמת התורה, הם הם פתרון החלום הנפתר בהקיץ,** בסוד - אני ישנה ולבי ער, וכמו[9] שאמרו חכמים ז"ל - **במחשכים הושיבני כמתי עולם, זה תלמוד בבלי,** אשר איננו מאיר אלא על ידי ספר הזוהר, **הם הם רזי תורה וסתריה** אשר עליהם נאמר - ותורה אור. ואין ספק כי כמו שהיצר נקראת עבד ושפחה בערך האצילות, ונקרא קליפין ולבושין דחול, כנזכר בהקדמת ספר התיקונין ד"ג ע"ב וז"ל - וביומי דחול לביש עשר כתנות דמלאכיא דמשמשי לעשר ספירות דבריאה. ואם כן אין לתמוה כי התורה אשר שם שהיא המשנה, תהיה נקרא שפחה וקליפין דתורה דאצילות, וזה סוד כל הבשר חציר הנזכר

סנהדרין דכ"ד ע"א.

לעיל במאמר הראשון, כי כמו שהחטה שהיא בגימטריא כמנין כ"ב אותיות התורה, הגנוזה תוך כמה קליפין ולבושין שהם הסובין והמורסן והתבן והקש והעשב, הנקרא חציר, כן המשנה אצל סודות התורה נקרא חציר, וזה נרמז בספר הזוהר פרשת כי תצא ברעיא מהמנא דף רע"ה ע"ב - **אצל רבנן ווי לאינון דאכלין תבן דאורייתא, ולא ידעי בסתרי אורייתא, אלא קלין וחמורין דאורייתא, קלין אינון תבן דאורייתא, וחמורין אינון חטה דאורייתא, ח"ט ה' אלנא דטוב ורע וכו'.** ואלו באתי להרחיב דרוש זה לא יספיקו מאה קונטרסין בלי ספק בלי שום גוזמא, האמנם החכם עיניו בראשו כי דברי אמת אני אומר, ואל יתמה האדם בראותו ספר הזוהר איך קורא אל המשנה שפחה וקליפין, כי עסק המשנה כפי פשטיה, **אין ספק שהם לבושין וקליפין חיצונים בתכלית אצל סודות התורה הנגנזים**, ונרמזים בפנימיותה כי כל פשטיה הם בעלם הזה בדברים חומרים תחתונים...... על כן על כל בני ישראל לאכול מעץ החיים.

מה אהבתי תורתך כל היום היא שיחתי. ומבאר הרב ז"ל בהקדמה לשער המצות, כי עסק לימוד פנימיות התורה הוא חלק בלתי נפרד מתלמוד תורה, וז"ל - גם בענין עסק התורה שהיא אחת מרמ"ח מצות עשה, אם לא השלים אותה, **שהוא ענין עסקו בפרד"ס התורה**, שהוא ראשי תיבות **פשט רמז דרש סוד**, בכל בחינה מהם כפי אשר יוכל להשיג, **עד מקום שידו מגעת**, לטרוח ולעשות לו רב שילמדנו. ואם לא עשה כן, הרי חסר מצוה אחת של תלמוד תורה, שהיא גדולה ושקולה ככל המצות, וצריך **להתגלגל** עד שיטרח הארבעה בחינות של פרד"ס כנזכר. וכן מבאר הרב בית לחם יהודה בהקדמתו הקדושה, וז"ל - ומה מאד נמלצו **[אח]"י** - מלשון מליצה[בזה דברי הנביא ירמיה)סימן כ"ב(באומרו - אל תבכו למת וכו'. שהוא מדבר עם הציבור המתקבצים להספיד על איזה צדיק הנפטר רח"ל, על שנחסר צדיק אחד מהדור שהיה מנין בזכותו עליהם. וקאמר להו הנביא אל תבכו וכו', **לפי שרובם של צדיקים אינם זוכים לעסוק בכל ארבעה חלקי הפרד"ס, ואם כן מוכרחים הם לחזור ולבוא בגלגול כדי להשלים לימודם בארבעה חלקים**, כי אפילו הוא עסק בשלוש חלקי הפרד"ס, לא יצא ידי חובתו, ועליו נאמר הן כל אלה יפעל א"ל פעמים שלש עם גבר, להחזירו בגלגול. ואם כן הוא פסידא דהדרא. ואפשר שבו ביום שנפטר הוא חוזר ומתגלגל, כנזכר בזוהר ריש פרשת אמור, יעו"ש. ואם כן אין לכם פסידא כל כך. אמנם בכו בכו להלך, לאותו צדיק שכבר עסק בארבעה חלקי הפרד"ס. כי תיבת להלך היא חסר ו', ואם תחשוב תיבת להלך ארבעה פעמים עם ארבעה הכוללים, שהם כנגד ארבעה חלקי הפרד"ס, הם בגימטריא פרד"ס. **שזה הצדיק לא ישוב עוד וראה את ארץ מולדתו, כי על ארבעה לא אשיבנו.** שזהו פסידא דלא הדרא באמת, ונחסר לגמרי מן העולם הזה, עד כאן לשונו. ולכן חובה על כל אדם לעסוק בכל חלקי הפרד"ס, ובפרט בחלק הסוד, הנקרא פנימיות התורה, כמבואר בזוהר הקדוש כמובא בזוהר הקדוש פרשת נשא דף קכ"ד - **בהאי חבורא דילך דאיהו ספר הזוהר יפקון ביה מן גלותא ברחמי**, בזכות הלימוד בספר הזוהר הקדוש, יצאו בני ישראל מהגלות **ברחמים.** ועוד כל מי שחשקה נפשו ללמוד, אסור למנוע זאת ממנו, בסוד הפסוק[10] - אל תמנע טוב מבעליו, ועל כל אדם להיכנס לפרד"ס החיים.

10

משלי ג' כ"ז – אל תמנע טוב מבעליו בהיות לאל ידך לעשות.

אשרי האיש אשר לא הלך בעצת רשעים ובדרך חטאים לא עמד ובמושב לצים לא ישב. דע כי יהיו הרבה אנשים רשעים, שינסו למנוע מבני ישראל הקדושים ללמוד בכללות תורה, ובפרט את תורת הקבלה, מכל מיני סיבות ומניעות, והשטן מדבר מגרונם של אלו הרשעים. ואלו דברי קודשו של בעל שבט מוסר רבינו אליהו הכהן האתמרי זצלה"ה - ובהביטך בן אדם מה שעבר על אחרים למה תרדוף אתה אחר כל אלה הדברים הזרים, להשביע נפש מרורים ולמוסרה ביד צרים המה המקטרגים הצוררים, ולמה לא תחמול על נפשך ועל נועם תבנית צלם גופך למוסרו בידן ולהשליכו בתוך גחלי רתמים בטיט היון של גיהנם, להשחירו ולהתיכו כאשר ניתך הזפת בפני האש, אשר על כן תן עצה בנפשך **לברור בדרך החיים בעסק התורה והמצות**, וגם להצטער עצמך זמן קצוב הם חיי עולם הזה, כדי שתתענג זמן רב בלתי סוף ותכלית, ואל יעלה על דעתך כאשר עלה בדעת הרבה שנאבדו בידם באומרם כיון שמכיר אני בעצמי שאין בדעתי להבין ולהשכיל, איני עוסק בתורה, טועה הוא בדבר, שהרי הוא מחוייב לעשות מה שנצטוה לעשות, ואם יבין יבין, **שהרי והגית בו יומם ולילה כתיב** ולא כתיב ותבין בו, וכן תמצא בדברי התנא אם למדת תורה הרבה נותנין לך שכר הרבה, ואינו אומר אם הבנת הרבה, אלא למדת אמרו, ותשתדל להבין ואם תבין תבין, ואם לא שכר לימודך בידך, וכמאמר התנא לפום צערא אגרא, ומה גם שאמרו האדם איני לומד מפני שאיני מבין, **הוא פיתוי היצר**, יתמיד בלימודו וסוף הבינה לבא, שבראות קדוש ברוך הוא **חשקו בתורתו ודבקותו בה, פותח לו מעייני החכמה**, דכתיב - כי הוי"ה יתן חכמה מפיו דעת ותבונה. והנני מוסר לך דבר אשר תרדוף אחריה, ויהיה חיים לנפשך וענקים לגרגרותיך, **לעולם יהיה עיקר לימודך בדבר של תורה שליבך חפץ יותר**, אם בגמרא גמרא, ואם בדרוש דרוש, ואם ברמז רמז, **ואם בקבלה קבלה**, ורמז לדבר כי אם בתורת הוי"ה חפצו, כלומר תורת הוי"ה תלויה בדבר שלבו חפץ לעסוק, וכמו שמבאר האר"י זלה"ה בספר דרושי הנשמות והגלגולים פרק שלישי, וז"ל - יש בני אדם שכל חפצם ועסקם בפשטי התורה, ויש שעסקם בדרוש, ויש ברמז, ויש גם כן בגימטריות, **ויש בדרך האמת**, הכל כפי מה שעליו נתגלגל בפעם ההוא, כיון שהשלים פעם אחרת בשאר העניינים, אין צורך לו שבכל גלגול יעסוק בכולם, עד כאן לשונו. **ואל תביט ותשגיח לדברי המתנגדים על מה שחשקת לעסוק בתורה** בגמרא או בפשט או בדרוש וכו', באומרם לך למה אתה מוציא כל ימיך בפרט זה של תורה ולא בפרט זה, משום שעל מה שחשקת ללמוד, על דבר זה באת לעולם, ואם תשים דעתך לדבריהם, יכריחוך להתגלגל בזה העולם פעם אחרת ולעבור נפשך בחרב חדה של מלאך המות ולטעום טעם מיתה, ולכן לא תשמע לדברי המשחית נפשך, **כי דע שהשטן מתלבש באלו האנשים לדאוג ולהצטער ולהכאיב נפש הלומד ועוסק בתורה**, בחלק שֶׁאָוְתָה נפשו לעסוק, כדי להבדילו משם שלא ישלים נפשו, על מה שבא להשלימה, ולהכריחו גלגולים אחרים, וכשם שבדבר שחושק יותר האדם ללמוד, משם יבין שעל דבר זה נתגלגל להשלים, כך צריך האדם שידע שורש נשמתו ומהיכן נמשך ועל מה בא לתקן ולהשלים, כמו שאמר בזוהר שיר השירים על הגידה לי את שאהבה נפשי וכו'. **וכדי שיבין יראה באיזה מצוה תקיף יצרו יותר לבטלה יתחזק בה לקיימה, כי בוודאי על מצוה זו נתגלגל**, וכדי שלא ישלים חוקו מנגדו יצרו לבטלה להוציאו מן העולם בידיים ריקניות... ולכן לא תשמע לדברי רשעים אלו, אלא תשמע לדברי חיים.

חבר אני לכל אשר יראוך ולשמרי פקודיך. בסוף[11] עץ חיים מובא מספר כללים למהרח"ו, וז"ל - להאר"י זלה"ה. הרמב"ן וחבריו ודברי ראשונים כמו רבי נחוניא בן הקנה לא הזכירו רק עשר ספירות, ולא גילו עניני פרצוף כלל. **ודע שהרמב"ן והראשונים היו יודעים בפרצוף**, אלא שדברו בהעלם גדול, לרוב הגלות שלא ניתן רשות לגלות, ולהתפשט האורות הגדולים, מאחר שגברו הקליפות, וכל זר לא יאכל קדש. **אמנם בעקבות משיחא כמו בדורינו זה התחילו האורות להתפשט להיות כבראשונה**, כמו שהיה בזמן העולם מתוקן ולהתתקן מעט. ומתחלה היו האורות סתומים, היה העולם מקולקל, וכל מה שנתקלקל נסתם בגלות, ולא היו משיגין אלא עשר ספירות בסתום, בסוד הנקודות, כל אחד כלול מעשר, ובעניין הפרצופים לא נתגלה להם כלל, לפי שמצאו בדברי הראשונים סתומים, ולא ידעו עומק הדברים, וחשבו שכך הוא ודברו בעשר ספירות כל אחד כלול מעשר ובחינות הרבה, ולפי שראיתי מי שחולק על דברים אלו לאמור שלא מצינו אלא עשר ספירות, ומהיכן יש לשלוט כח לאמור כמה פרצופים שנמצא יותר מעשר ספירות, ומספר רב והלא הראשונים כתבו בספר יצירה - עשר ולא תשע, עשר ולא י"א, לזה באתי לפתוח לך כחודא דמחטא, אולי תזכה להבין מקצת, וכולו לא תשורנו עין, וזהו. ובהקדמתו[12] הקדושה כותב הרב ז"ל - והנה אין בכל דור ודור שלא נמצאו בו אנשים יחידי סגולה ששרתה עליהם רוח הקודש, והיה אליהו הנביא ז"ל נגלה עליהם, **ומלמד אותם סתרי החכמה הזאת**, וכמו שנמצא כתוב בספרי המקובלים, גם בעל ספר הרקנטי כתב בפרשת נשא בפרשת ברכת כהנים..... ואנשי לבב שמעו לי, אל יהרסו אל הוי"ה, **לראות בספרי האחרונים הבנויים על פי השכל האנושי**, ושומע לי ישכון בטח ושאנן מפחד רעה. ולכן אני הכותב הצעיר חיים וויטאל, רציתי לזכות את הרבים **בהעלם נמרץ והמשכילים יבינו**, וקראתי שם שם החבור הזה על שמי **ספר עץ חיים**, וגם על שם החכמה הזאת העצומה, חכמת הזוהר, הנקרא עץ חיים, ולא עץ הדעת כנזכר לעיל, בעבור כי בחכמה הזאת טועמיה חיים זכו, וזכו לארצות החיים הנצחיים, **ומעץ החיים הזה ממנו תאכל, ואכל וחי לעולם**. ואשכילך וארוך דרך זו תלך דע מן היום אשר מורי זלה"ה החל לגלות זאת החכמה, **לא זזה ידי מתוך ידו אפילו רגע אחד**, וכל אשר תמצא כתוב באיזה קונטריסים על שמו ז"ל, ויהיה מנגד מה שכתבתי בספר הזה, **טעות גמור הוא, כי לא הבינו דבריו, ואם יש בהם איזה תוספות שאינו חולק עם ספרינו זה, אל תשית לבך בקבע אליו, כי שום אחד מהשומעים את דברי קדשו, לא ירדו לעומק דבריו וכוונתו, ולא הבינום**, בלי שום ספק. ואם יעלה בדעתך לחשוב שתוכל לברור הטוב ולהניח הרע, אל בינתך אל תשען, כי אין הדברים האלו מסורים אל לב האדם כפי שכל אנושי, והסברא בהם סכנה עצומה, ויחשב בכלל קוצץ בנטיעות חס ושלום, לכן הזהרתיך ואל תסתכל בשום קונטרסים הנכתבים בשם מורי זלה"ה, זולתי במה שכתבנו לך בספר הזה, **ודי לך בהתראה זאת**, אלו הם דברי קודשו. ועלינו ללמוד אך ורק בתורת מורינו חיים.

אני קראתיך כי תענני אל הט אל אזנך לי שמע אמרתי. עוד כתב הרב ז"ל בהקדמתו תנאים כדי לזכות לחכמה הקדושה הזאת, וז"ל - אני הכותב משביע בשמו הגדול יתברך, לכל מי שיפלו

11

ע"ח ח"ב דקי"ט ע"א.

12

ע"ח ד"ד ע"ב.

הקונרטסים אלו לידו, שיקרא הקדמה זאת, ואם אותה נפשו לבוא בחדרת החכמה זאת, יקבל עליו לגמור ולקיים כל מה שאכתוב ויעיד עליו יוצר בראשית, שלא יבוא אליו היזק בגופו ונפשו, ובכל אשר לו, ולא לאחרים. תחת רודפו טוב והבא לטהר ולקרב. **ראשית הכל יראת הוי"ה, להשיג יראת העונש, כי יראת הרוממות, שהוא יראה הפנימית, לא ישיגוהו רק מתוך גדלות החכמה**, ועיקר מגמתו בידיעה הזה יהיה לבער קוצים מן הכרם, כי לכן נקראים העוסקים בחכמה הזאת מחצדי חקלא. **ובודאי שיתעוררו הקליפות נגדו לפתותו ולהחטיאו, לכן יזהר שלא לבוא לידי חטא אפילו שוגג**, שלא יהיה להם שייכות בו, לכן צריך ליזהר מהקלות, כי הקדוש ברוך הוא מדרדק עם הצדיקים כחוט השערה, לכן צריך לפרוש עצמו מבשר ויין כל ימות השבוע, **וצריך הזהרת סור מרע ועשה טוב**, ובקש שלום. בקש שלום צריך להיות רודף שלום, ולא להקפיד בביתו על דבר קטן וגדול, וכל שכן שלא יכעוס ח"ו.

וצריך להתרחק בתכלית הריחוק סור מרע.

א. ליזהר בכל דקדוקי מצות, ואפילו בדברי חכמים, שהם בכלל לא תסור.

ב. לתקן המעוות קודם שיבא לעולם הבא.

ג. יזהר מהכעס, אפילו בשעה שמוכיח את בניו, לא יכעוס כלל ועיקר.

ד. גם צריך ליזהר מהגאוה, ובפרט בענין הלכה, כי גדול כחה והגאוה, בזה עון פלילי.

ה. בכל צער שיבא לו, יפשפש במעשיו וישוב אל הוי"ה.

ו. גם יטבול בעת הצורך לו.

ז. גם יקדש את עצמו בתשמיש המטה שלא יהנה.

ח. שלא יעבור כל לילה ויחשוב בכל לילה מה שעשה ביום, ויתודה.

ט. גם ימעט בעסקיו ואם אין לו פרנסה כי אם על ידי משא ומתן, יכין יום שלישי ויום רביעי, מחצי היום ואילך, ובכוונה שהוא לעבודת קונו.

י. כל דבור שאינו של מצוה והכרחי, יהיה זהיר ממנו, ואפילו דבר מצוה ימנע בשעת התפלה.

ועשה טוב

א. לקום בחצי הלילה, ולעשות הסדר בשק ואפר ובכי גדול, ובכוונה כל אשר יוציא בשפתיו. ואחר כך יעסוק בתורה כל זמן שיוכל להיות בלי שינה, ובלבד שחצי שעה קודם עלות השחר יתעורר לעסוק בתורה.

ב. ילך לבית הכנסת קודם עלות השחר, קודם חיוב טלית ותפילין, להיזהר שיהיה מעשרה ראשונים.

ג. קודם שיכנס, ישים אל לבו מצות עשה ואהבת לרעך כמוך, ואחר כך יכנס.

ד. להשלים רמז צדיק בכל יום. שהוא צ' אמנים, ד' קדושות, י' קדישים, ק' ברכות.

ה. שלא להסיח דעתו מהתפילין בעת התפילה, זולת בעת העמידה ועסק התורה.

ו. צריך שיהיה עוסק בתורה, מעוטף בטלית ותפילין.

ז. לכוין בתפלה הכוונות, כמו שנבאר בע"ה.

ח. שישים תמיד נגד עיניו שם בן ארבעה אותיות הוי"ה, ויזדעזע ממנו, כמו שכתוב - שויתי הוי"ה לנגדי תמיד.

ט. שיכוין בכל הברכות, בפרט בברכת הנהנין.

י. צריך שיהיה עמל בתורה פרד"ס, שנאמר או יחזיק במעוזי, ואל יחשוב שיגלו לו רזי התורה בהיותו ריק, כדכתיב - יהב חכמתא לחכימין, וצריך ליזהר שלא יוציא בשפתיו בחכמה זו, מה שלא שמע מאדם שראוי לסמוך עליו, וכאזהרת רשב"י וחבריו. השגת החכמה תנאי הראשון, צריך למעט דבורו, ולשתוק, כל מה שיוכל כדי שלא להוציא שיחה בטילה, כמאמר רז"ל - סייג לחכמה שתיקה. גם תנאי אחר, על כל דבר תורה שלא תבינהו, תבכה עליו כל מה שתוכל. גם עלית הנשמה בלילה לעולם העליון, שלא תשוט בהבלי העולם, תלוי שתישן בבכיה. ומרת עצבות מגונה עד מאוד, ובפרט להשיג חכמה, והשגה אין לך דבר מונע השגה יותר מזה. גם בענין השגת האדם, אין לך דבר שמועיל כמו הטהרה והטבילה, שיהיה האדם טהור, בכל עת ומורי זלה"ה עם היות שהיה לו חולי השבר שהקור מזיק לו, עם כל זה לא היה מונע מלטבול בכל עת, עד כאן דברי קודשו. ועלינו לקיים את בקשת הרב ז"ל את הבחינות של[13] סור מרע ועשה טוב, כדי לטפס בעץ החיים.

מרן הרש"ש מעיד[14] על עצמו, וז"ל - וראיתי מה שכתבו מעלת כבוד תורתם, על ענין עבודת הוי"ה שקצרתי במקום שהיה ראוי להרחיב מעט הדיבור, אמת הוא כי לכתחילה קצרתי בו, **יען ראיתי כמה מהנזק יצא ממה שכתבו בזה המקובלים שקדמו, כי רבים חללים הפילו, וחלול כבוד הוי"ה, וכבוד התורה. הוי"ה יכפר בעדם, כי כל דבריהם לא על פי התורה הם, ואינם מיוסדים על האמת, ומהם יצאו אבות, ומאבות תולדות הריסת יסודי התורה ח"ו, הוי"ה יכפר. וכל זה לא שלמדתי בדבריהם ח"ו**, אלא שפעם אחת הוכרחתי בעל כרחי לעיין בדף אחד שכתוב בו קצור מה שכתבו בענין זה, **וכמעט שקרעתי בגדי לראות דברים אשר לא כן על הוי"ה**. הוי"ה יכפר, וכבר מילתי אמורה להם, **כי עידי בשמים כי כל עסקי ולמודי, אינו רק בדברי האר"י זלה"ה, ותלמידו מהרח"ו ז"ל לבדם, ובלעדם אין לי עסק בשום ספר מספרי המקובלים ראשונים ואחרונים, ואפילו בדברי שאר תלמידי האר"י ז"ל לא למדתי, וכשיזדמן לפני דבר מדבריהם, אני מדלגו**. כי על כן איני כמזהיר, אלא כמזכיר, למען הוי"ה אל יהי לכם מגע יד בדבריהם, ובפרט בענין זה, השמרו לכם פן יפתה לבבכם, **אלא כל כל לימודם לא יהיה אלא בעץ חיים ובספר מבוא שערים ובשמונה שערים המפורסמים**, שכולם דברי אלהי"ם חיים. ואני קצרתי בענין זה כל מה שאפשר, כי יראתי פן יפלו אלו דפים אלו ביד מי שעדיין לא למד דברי האר"י ז"ל כראוי, **ויחשידני שלמדתי בספרים אחרים, ולא כן הוא כאמור**, ולכן קצרתי בו, ופיזרתי בהקדמה, עד כאן דברי קודשו של מרן הרש"ש. ואנחנו תפילה שיתגלה משיח צדיקנו במהרה בימינו, ומלאה[15] הארץ דעה את הוי"ה כמים לים מכסים, דעת תורת החיים.

<hr>

13

תהלים ל"ד ט"ו – סור מרע ועשה טוב בקש שלום ורדפהו.

14

נהר שלום דף ל"ד ע"א.

15

ישעיהו י"א ט' – לא ירעו ולא ישחיתו בכל הר קדשי כי מלאה הארץ דעה את הוי"ה כמים לים מכסים.

כתב רבינו גאון הקבלה רבי אליהו מני, רבו של הרי"ח הטוב, רבי יוסף חיים בעל הספר "בן איש חי", בספרו הקדוש **כסא אליהו** כי על הלומד ללמוד כל מאמר ומאמר ארבעה חמשה פעמים בלי המפרשים, וינסה להבין את המאמר בעצמו. ואחר כך ילך לראות אם כיוון לדעת המפרשים.

וכן אני הקטן מבקש בכל לשון של בקשה, ללמוד את הדרוש כמו שהוא מובא בספר עץ חיים, ארבעה חמישה פעמים, כדי לנסות להבין את הדרוש. וכל דרוש מובא בתחילת הספר במלואו.

אחר כך יכנס ללמוד את הדרוש עם ביאור הדברים, עוד ארבעה חמישה פעמים, ואחר כך יראה את המקורות להגהות, ודברי רבותינו הקדושים, עם התרשימים וטבלאות.

ואז יעלה ויצליח בלימוד תורת האר"י החי.

כתב רבינו **השד"ה** רבי שאול דוויק הכהן, בהקדמת ספרו איפה שלימה, על אוצרות חיים וז"ל - וכדי שיוכל לעלות לימודו למעלה, ריח ניחוח לה'. קודם כל לימוד ימסור עצמו על קדושת ה', כי זה מועיל מאוד, כמו שכתוב בשער הכוונות דף כ"ד ע"ב, כי עתה בזמנינו בעונותינו הרבים אין יכולת לעשות זווג כתיקונו למעלה, ולסיבה זו הקץ מתארך וכו'. אמנם עם כל זה יש קצת תיקון במה שנמסור נפשינו על קידוש ה' בכל הלב, כי על ידי כן אפילו אין בנו שום מעשים טובים, והרשענו עד להפליא. הנה על ידי מסירת נפשינו להריגה, מתכפרים עוונותינו כולם, ויש בנו יכולת לעלות עד אימא עילאה, כמו שאמרו חז"ל - גדולה תשובה שמגעת עד כסא הכבוד, שנאמר - שובה ישראל עד ה' וכו', עד כאן דבריו.

וזה הסדר

יקבל עליו ארבע מיתות בית דין, מארבעה אותיות הוי"ה וארבעה אותיות אדנ"י, וליחדם על ידי ארבעה אותיות אהי"ה ועל ידי עסמ"ב

יוד הי ויו הי	ולֹיחדם על ידי א	סקילה י א
יוד הי ואו הי	ולֹיחדם על ידי ה	שרפה ה ד
יוד הא ואו הא	ולֹיחדם על ידי י	הרג ו נ
יוד הה וו הה	ולֹיחדם על ידי ה	חנק ה י

לְשֵׁם יִחוּד
קֻדְשָׁא בְּרִיךְ הוּא וּשְׁכִינְתֵּהּ

יאהדונהי

בְּדְחִילוּ וּרְחִימוּ   וּרְחִימוּ וּדְחִילוּ

יאההויהה   איההיוהה

לְיַחֲדָא אוֹתִיּוֹת י"ה בּו"ה, בְּיִחוּדָא שְׁלִים

יהו"ה

בְּשֵׁם כָּל יִשְׂרָאֵל, לְאַקָמָא שְׁכִינְתָּא מֵעַפְרָא, הָרֵנִי לוֹמֵד בַּסֵּפֶר קַבָּלָה פְּלוֹנִי שֶׁהוּא כְּנֶגֶד תִּפְאֶרֶת דז"א בְּעוֹלָם הָאֲצִילוּת שֶׁבּוֹ שֵׁם מ"ה כָּזֶה יו"ד ה"א וָא"ו ה"א לַעֲשׂוֹת מֶרְכָּבָה. וִיהִי רָצוֹן מִלְּפָנֶיךָ ה' אֱלֹהֵינוּ וֵאלֹהֵי אֲבוֹתֵינוּ שֶׁתְּזַכֵּךְ רוּחֵנוּ וְנַפְשֵׁינוּ שֶׁיְּהִי רְאוּיִם לְעוֹרֵר מַיִן תַּתָּאִין עַל יְדֵי קְרִיאַת סֵפֶר הַקַּבָּלָה הַזֹּאת. וִיהִי נֹעַם יְהוָה אֱלֹהֵינוּ עָלֵינוּ וּמַעֲשֵׂה יָדֵינוּ כּוֹנְנָה עָלֵינוּ וּמַעֲשֵׂה יָדֵינוּ כּוֹנְנֵהוּ.

בָּרוּךְ ה' לְעוֹלָם אָמֵן וְאָמֵן, נֶצַח, סֶלָה, וָעֶד.

הקדמה כללית וחשובה להיכל הנקודים

צריך לדעת כי היכל הנקודים, שהוא כולל את שער **הנקודות**, שער **השבירה**, שער **התיקון**, ושער **המלכים**. עוסק בסוגיות שלפני התיקון, ר"ל[16] לפני שמידת הרחמים התפשטה בעולמות, והתמזגה עם מידת הדין, ונתקן העולם. לכן שער זה מבאר את בחינת הדינים, ובכל מקום שיש דין מתעוררים החיצונים. לכן רבותינו המקובלים יתייחסו בכובד ראש לסוגיות בהיכל זה יותר משאר הדרושים בספרי הרב ז"ל, עד כדי כך שהרי"ח הטוב כותב[17] שצריך ללמוד להיכל זה **בשתיקה ובהרהור הלב**, עד כדי כך חשש הרי"ח הטו"ב מתגברות הדינים. וכן[18] הוא בשער הכוונות בעניין פטירת

16

ע"ח ש"ט פ"ו מ"ב דמ"ה ע"ג – ואז נברא העולם במידת הדין, ויצאה בת מתחלה, שהיא **שם ב"ן** בפנים דא"ק. ואחר כך יצאו ענפיו לחוץ, **דרך העין** מטבורו דא"ק ולמטה, ולא נתקיימו הענפים שבחוץ. עד שחזרו להזדווג והולידו בן, שהוא **שם מ"ה** בפנים ובחוץ, והוא מידת הרחמים, ונתקים העולם, כמו שאמרו רז"ל על הפסוק - ביום עשות הוי"ה אלהי"ם ארץ ושמים, **והבן אמרם העולם**, כי מציאת העולם הם השבעה תחתונות לבד, שהם זו"ן, אלא בראשונה היו זו"ן נקבות, מצד דין, שהוא שם ב"ן. ואחר כך היו זו"ן זכרים, משם מ"ה. **כי כל מ"ה וב"ן נקרא בשם עולם.**

17

רב פעלים חלק ב', סוד ישרים סימן ה' דר"ב ע"ב – וגדולה מזו תדע כי אפילו רבינו מהרח"ו ז"ל שהיה לו נשמה גדולה מאד, וסמך רבינו האר"י ז"ל שתי ידיו עליו, ואמר לו שהוא בא לעולם הזה בעבורו לתקנו וללמדו, עם כל זאת הוא היה אומר על דרושים שגילה לו רבינו האר"י ז"ל, שלא השיג אותם אפילו ערך טיפה מן הים, כי כן כתב בספר הכוונות בדרוש ספירת העומר, דרוש י"ב דף פ"ו ע"ג על סוד אחד בעניין הקטנות שגילה אותו לרבינו האר"י ז"ל, ונענש בעבור זה, וכתב מהרח"ו וז"ל - ולכן הסוד הזה צריך להעלימו אם מפאת עצמו, ואם מפני שאין אנחנו יודעים אמיתתו אפילו טיפת גרגיר של החרדל מן הדרוש ההוא, עד כאן לשונו. ראה דברים אלו שכתב צדיק וישר ונאמן שאמר אין אנחנו יודעים אמיתתו אפילו טיפת גרגיר של חרדל, המה יורדים בחדרי בטן של אדם שיש לו מוח בקדקדו ותופס ספרי קבלה בידו, המדברים בעניין קטנות ופגם, ובעניין שבירה ומגע הקליפות וכיוצא, שצריך להחליט בדעתו על עניינים אלו, שהם אינם כפשוטן, והם סתומין וחתומים באלף עזקין, ויאחזנו פחד ורעדה בקריאתו בסודות התורה בכתבי רבינו האר"י ז"ל האמתיים, ויזהר שלא להוסיף או לגרוע בהם שום דבר מהשערה השכל, ולא יעשה בהם חילוקים והמצאות שכליות כדרך שעושין בחכמת הפשט, ובכלל יזהר שלא יתמיד ללמוד בסוד השבירה והקטנות ובשערי הקליפות, **ואם יבא לפניו איזה עניין מאלה באמצע, לא יוציא הדברים מפיו, אלא ילמדם בהבטת העין בלבד**, כי שמעתי שנזהרין בכך כמה חסידים מקובלים.

18

שער הכוונות, עניין ספירת העומר דרוש י"ב דפ"ו ע"ב – האמנם כיון שלא נתקנו כל המוחין לכן אינו זווג גמור מעולה, **אמנם נקרא זווג דקטנות**, כיון שעדיין לא נגדל ז"א. ובזה יתבאר לך לשון מאמר אחד מספר הזוהר בפרשת בשלח בדף נ"ב ע"ב בעניין קריעת ים סוף, בפסוק מה תצעק אלי, ואמר שם רשב"י ע"ה - בהאי מלה לא תשאל ולא תנסה את הוי"ה. ובודאי שביאור המאמר הזה עמוק מאד, כיון שמצינו לרשב"י ע"ה שהפליג בהסתרת סודו, ואמר בהאי מלה לא תשאל. וביום שמורי ז"ל ביאר לנו המאמר הזה היינו יושבים בשדה תחת האילנות, ועבר עליו עורב אחד צועק וקורא כדרכו, ומורי ז"ל ענה ואמר אחריו ברוך דיין האמת, שאלתי את פיו ואמר לי כי אמר לו העורב ההוא כי לפי שגילה הסוד הזה לכל בני האדם בפרהסיא, **לכן נענש בעת ההיא בבית דין של מעלה**, וגזרו עליו שימות בנו הקטן, ותיכף הלך לביתו ובנו היה מטייל בחצר, ובאותה הלילה חלה את חליו, ומת אחר שלשה ימים רחמנא ליצלן. **ולכן ראוי לכל בעל נפש הרואה הדברים האלו להסתירם בתכלית ההסתר**, זולת הכלל הנודע בכל החכמה הזו כי כבוד אלהי"ם הסתר דבר, ואין מקום להאריך בזה, כי הדברים נודעים, וכל מה שישתיר האדם הסודות מלגלותם למי שאינו ראוי הוא משובח ומכובד בפמליא של מעלה. **והעושה היפך מזה מכניס עצמו בסכנה עצומה** בעולם הזה במיתת עצמו בהכרת ח"ו, ובמיתת בניו הקטנים, נוסף על עונש נשמתו בגהינם שאין קץ לעונשו, וכמו שהזכיר רשב"י ע"ה בסוף אדרא זוטא ועיין שם. והטעם שנענש מורי ז"ל בביאור מאמר זה, וכמו שהזכיר רשב"י ע"ה עצמו שאמר בהאי

הבן של רבינו האר"י, וכן[19] בפרי עץ חיים. ומביא[20] זאת הבית לחם יהודה בריש פרק א' דשער מוחין דקטנות. ולכן צריך ללמוד בשערים אלו בכובד ראש, ובזמנים הידועים כמו שבת, יום טוב, ואחרי חצות הלילה.

דע כי בכל מקום שהרב ז"ל מבאר כי המלכים דמיתו ירדו לעולם הבריאה, הכוונה[21] היא לכל עולמות בי"ע, כאשר הכלי הפנימי ירד לעולם הבריאה, הכלי האמצעי לעולם היצירה, והכלי החיצון לעולם העשיה.

מלה לא תשאל, הענין הוא הנה נודע שאין החיצונים נאחזין אלא במוחין של קטנות, כי הם דינין תקיפין, ובהיות האדם מתעסק בסודות התורה אם יהיה בענין זמן הגדלות העליון, או בשאר דרוש חכמת האמת שהם ענינים למעלה, אין לאדם כל כך סכנה, **כמו בזמן שעוסק בסודות זמן הקטנות, כי בהתעסקו בהם הנה החיצונים מתעוררים בהם, ומתאחזין שם, ומזכירים עונותיו של האדם המתעסק בהם.**
19

פרי עץ חיים, שער חג המצות, פרק ח' – הוא סוד הנזכר בזוהר פרשת בשלח דף נ"ב עד סוף קריעת ים סוף, ואמר שם רבי שמעון בר יוחאי, בההוא מלה לא תשאל ולא תנסה וכו'. וענין הדבר הזה, הוא סוד עמוק מאוד, והטעם הוא דע, **בכל מקום שהקטנות עליון מתעורר, הם דינין תקיפין,** אם האדם או היותר עליון שבעולם, בכל מקום שעוסק בשער האצילות לעילא ולעילא, אין לו כל כך סכנה, **כמו מי שעוסק בקטנות, כי שם נאחזים החיצונים,** ולכן בעת שהאדם עוסק בהם, **אז החיצונים מתעוררים, ומזכירין עונותיו של אדם,** ולכן בכל פעם שמורי ז"ל **היה עוסק בשום דרש מן הקטנות, היה נענש,** ואין צריך להאריך על זה. ואפילו משה רבינו, רבן של כל הנביאים, **כי פגע בסוד קטנות, שהוא סוד המטה הנהפך לנחש,** מה כתיב ביה - וינס משה מפניו, כמו שנבאר בע"ה, **כי סוד קטנות נקרא נחש,** ולכן הסוד הזה ראוי להעלימה, אף על פי שאין יודעין בו, כי אם חלק אחד מרבי רבבות שיש בו.
20

בית לחם יהודה שכ"ב, שער מוחין דקטנות פ"א דק"ז ע"ב – בע"ח כתב יד כתוב כשגילה הרב פרק זה מת בנו משה, עד כאן לשונו. ור"ל וכל אדם צריך להזהר שלא יאריך בו, וטוב שילמוד אותו **בשבת, וביום טוב, ובראש חודש, ובלילה אחר חצות.**
21

ע"ח ש"ט פ"ז מ"ב דמ"ו ע"ב – והנה כאשר יצאו כל האצילות מבחינת ב"ן לבד, והיה כולל עתיק, וא"א, ואו"א, וזו"ן. ואז יצאו תחלה כל הכלים שלהם זה תחת זה עד סיום עולם האצילות, ואחר כך יצאו אורות דב"ן כל פרטי אצילות, ויצא תחלה כתר דעתיק דאצילות, שבו נכללין כל האורות, ונתקים, ואחר כך יצאה חכמה דעתיק בכלי שלו, ובו היו כלולים כל שאר האורות ונתקים, ואחר כך יצאה בינה דעתיק, ובו כלולין כל שאר האורות ונתקים, ואחר כך יצאו שבעה תחתונות דעתיק,)נ"א דדעת(הדעת למטה כל אחד כלול בכלי שלו, ובו כלולים כל שאר האורות, והיה נשבר, **וירד פנימיות הכלי לבריאה, וחיצוניות הכלי ירד ביצירה, וחיצוניות של חיצוניות בעשייה,** ואחר כך האור ההוא נשאר בלי כלי, ושאר האורות ירדו בכלי השני של השבעה תחתונות, וגם הוא נשבר על דרך הנזכר לעיל,)נ"א נשאר ע"ד הנ"ל(והאור שלו נשאר בלי לבוש, ושאר האורות ירדו לכלי שלמטה ממנו, וכן על דרך זה עד שנגמרו שבעה תחתונות שלו, ואחר כך נכנס הכתר דאריך אנפין בכלי שלו..................

נהר שלום דכ"ד ע"ד – והנה ידוע כי מיתת המלכים היתה בזו"ן דפרטות, ר"ל בזו"ן דעתיק, ובזו"ן דא"א, ובזו"ן דאבא, ובזו"ן דאימא, ובזו"ן דז"א, ובזו"ן דנוקבא, וכל פרצוף מאלו הפרצופים כלול מכל הפרצופים הנזכרים. וזה היה בפרט האחרון דפרטי פרטות, וכמבואר לעיל בהקדמה, וזה היה בפנימיות וחיצוניות דפנימיות, ובחיצוניות ופנימיות דחיצוניות, דפנים ודאחור. **והכלים עם הרפ"ח ניצוצות דמלכים דעתיק נפלו לעתיק דבי"ע, ודא"א לא"א דבי"ע, ודאו"א לאו"א דבי"ע, ודזו"ן לזו"ן דבי"ע. באופן זה כי הכלים הפנימיים דמלכים הנזכרים נפלו לפרצופי הבריאה. והכלים האמצעיים ליצירה. וכלים החיצוניים שלהם לעשיה.** ונתבאר בשער השמות ובכמה מקומות, כי כדי לברור הכלים ושארית הרפ"ח דכל פרט, יורדים כל הפרצופים העליונים דאצילות בימי החול בסוד גלות השכינה, ומתלבשים בפרצופים שכנגדם למטה בבי"ע. עתיק דאצילות בעתיק דבי"ע, וא"א בא"א, ואו"א באו"א, וזו"ן בזו"ן. כלים פנימיים שלהם בבריאה, ואמצעיים ביצירה, וחיצוניים בעשיה. ובי"ע הנזכר מתלבשים בבי"ע דחול, וזה לצורך שארית בירורי כלים ואורות דמלכים דזו"ן דעתיק, וא"א, ואו"א, וזו"ן דאצילות שנפלו לבי"ע על סדר הנזכר. **כי הכלים הפנימים של מלכי עתיק, וא"א, ואו"א, וזו"ן דאצילות נפלו לבריאה. וכלים האמצעיים של המלכים הנזכרים**

ידוע כי ג"ר נקראים פנים בערך ו"ק, והוא כי כל[22] פרצוף נחלק לג' חלקים חב"ד חג"ת נה"י, כאשר חב"ד נקראים כלים פנימיים, חג"ת כלים אמצעיים, ונה"י נקראים כלים חיצוניים. גם הם נקראים[23] נר"ן, כאשר נה"י הוא בכללות נקרא נפש, חג"ת רוח, וחב"ד נשמה. הרב ז"ל מבאר[24] בכל המקומות על שבירה, מיתה, וירידת **פנים ואחור** דשבעה התחתונות דנקודים, לפי פשט הדברים נראה שחב"ד חג"ת ונה"י דמלכים נשברו ומתו וירדו לעולמות בי"ע. עם[25] כל

ליצירה. וכלים החיצוניים שלהם לעשיה, כנודע. ועל כן בימי החול יורדים הכלים דפרצופים העליונים דאצילות על דרך הנז"ל, לברר בחינותיהם שנשארו בבי"ע.

רחובות הנהר ד"ב ע"ב – ובהגיע האור לגבול האצילות, אירע בהם ענין ביטול המלכים, ונפלו הכלים פנימי אמצעי וחיצון עם אורות דרפ"ח, **לבי"ע התחתונים** דאותה הספירה.

22

ע"ח ח"ב ש"ל דרוש א' מ"ב דכ"ו ע"א – דע כי ז"א יש לו שלוש פרצופים, וכל אחד כלול מעשרה ספירות, והם זה תוך עשרה, תוך עשרה, ועשרה אחרים בפנימיות כולם. ואלו השלושה פרצופים הם כולם בחינת כלים, והם שלושים כלים, וכולם הם ביחד גוף אחד, וכלי אחד, ובתוכו יש האורות, שהם נר"ן וכו', ובהיות שלשתן יחד זה תוך זה הם שוים בקומתן, אבל לפעמים אין לז"א רק פרצוף החיצון מהם בלבד, ולפעמים שניהן, ולפעמים שלשתן. ובתחילה מתחיל הז"א להיות בו **פרצוף החיצון**, ואז הוא שיעור קומתו הוא שליש גדלותו לבד והוא **כשיעור קומת נה"י** אחר הגדלות האחרון. ואחר כך נכנס בו **פרצוף אמצעי**, ומתלבש בתוך החיצון, ואז נגדל ז"א ב' שלישי קומתו, **שהם נה"י וחג"ת**, בין בחינת פרצוף החיצון ובין פרצוף האמצעי, כי אמצעי גורם אל החיצון שיגדל כמוהו. ואחר כך נכנס בו **הפרצוף הפנימי**, ומתלבש בתוך האמצעי, ואז גם ב' הפרצופים החיצון ואמצעי נגדלים כאורך הפרצוף הפנימי, ואז נשלם ז"א כשיעור קומתו לג' הפרצופים. והוא כאלו נמשיל משל, **כי החיצון שיעור קומתו כשיעור נה"י דז"א בגדלות, והאמצעי כשיעור נה"י וחג"ת דגדלות, והפנימי כשיעור נה"י חג"ת חב"ד בגדלותו.** ולכן כבא האמצעי מגדיל את החיצון כמוהו, ובבא הפנימי מגדיל שניהן כמוהו.

ע"ח שי"ט פ"י מ"ב דצ"ה ע"ג – והנה הכלים הם שלושה, בחינת **חיצון ואמצעי ופנימי.**

ע"ח ח"ב ש"ל דרוש ב' מ"ב דכ"ז ע"א – באופן כי יש לכל פרצוף עשר ספירות, הנקרא כלים, ונחלקים לשלוש חלקים, והם עשר כלים חיצוניות, מדור אל הנפש. עשר כלים אמצעים מלובשים תוך חיצוניות, והם מדור אל הרוח. ועשר כלים פנימים מלובשים תוך הכלים אמצעים, והוא מדור אל הנשמה. והם שלושים כלים, אבל גובה קומתן אינם אלא עשרה, לפי שהם עשר תוך עשר, ועשר תוך עשר.

23

נהר שלום, דרוש הדעת דמ"א ע"ג – ונבאר עתה כל זה בפרטות פרצוף אחד שהוא זעיר, וממנו תקיש בכללות כל הפרצופין יחד, דע כי ז"א הוא פרצוף אחד כולל עצמות וכלים, **והכלים שבו הם נכללים בשלושה**, כי הכבד למטה, וכולל עשר מדות שהם כל האיברים, ומתלבש על ידי הורידין שבו, בכל הגוף. והלב גבוה ממנו, וכולל עשר מדות, ומתלבש תוך בחינת הכבד, על ידי הדפקים שבו, ומתפשט בכל הגוף, והמוח גבוה מכולם, וכולל עשר מדות, מתלבשים תוך בחינת הלב, על ידי הגידים, המתפשטים ממנו, ומתפשט בכל הגוף, ועל דרך זה ממש נחלק העצמות בשלושה, נשמה ורוח ונפש, מתלבשים זה בתוך זה, ומתפשטים בכל הגוף, לכן הכבד משכן הנפש, והלב משכן הרוח, והמוח משכן הנשמה.

24

ע"ח ש"ח פ"ב מ"ת ל"ו ע"ג – אמנם השבעה מלכים תתאין מתו, לפי שכליהם נעשו מהסתכלות עין בחוטם פה לבד, והיה חסר מהם אור האזן העליונה. והנה גם בג"ר עצמם יש בהם חילוק בין זו לזו, והוא)נ"א והנה(כי מן הכתר לא ירד ממנו אפילו האחוריים, אלא האחוריים של נה"י בלבד. אבל באו"א של הנקודים ירדו האחוריים שלהם לבד, ונשארו הפנים במקומה. וטעם הדבר הוא כי אלו האורות שנמשכים עד שבולת הזקן נחלקו לשלשה, כי הכתר לקח מבחינת האזן עצמה ממה שהראייה שואבת בהסתכלות באור האזן, ומכל שכן שנכללים בו שני אורות אחרים, ומזה נעשה כלי לכתר נקודים. ואבא לקח ממה שהראייה שואבת מאורות החוטם, וגם אור הפה נכלל בו. והנה הכתר שלקח מן האזן הארתו גדולה מאד לא נשבר כלי שלו, אבל או"א שאין לוקחין רק מן החוטם ופה נשברו הם כליהם. והנה או"א אם היו מקבלים אור זה של חוטם ופה של א"ק, בהיותו למעלה קרוב אל מקום נקבי האזן, אף על פי שלא היו מקבלין מאורות האזן עצמה, רק קצת הארה היו מתקיימין האחוריים של כליהם. אבל כיון שאין מקבלין רק מסיום האזן שהוא מקום שבולת הזקן, לכן אף על פי שלוקחין קצת הארה אינו מועיל להם, ולכן נשברו האחוריים של כליהם. אבל הכתר כיון

זאת רק חג"ת נהי"מ דמלכים נשברו ומתו, שהם הבחינה החיצונה והאמצעית, הנקראת[26] גם החיצונה והתיכונה, והסיבה[27] שהרב ז"ל קורא לחג"ת נה"י פנים ואחור היא שמדובר בערכין, **כי חג"ת נקראים אחור בערך חב"ד,**

שלוקח אור האזן ממש אף על פי שלקחו סיומו כיון שהוא לוקח עצמותו, די בזה ולא נשבר אפילו האחוריים של כלים דידיה. מה שאין כן באו"א שאינן לוקחין רק הארה בעלמא, וגם שהוא ברחוק מקום. והרי נתבאר שלושה בבחינות אלו, והם כי הכתר נתקים כולו, ואו"א נשברו ונפלו האחוריים שלהם. **וזו"ן נפלו פנים והאחוריים שלהם**, והנה זהו הטעם שנרמז בפסוק והארץ היתה תהו ובהו, אשר הוא מדבר בענין מיתת המלכים של הנקודים כנזכר לעיל.

ע"ח ש"ח פ"ו מ"ת דט"ל ע"ג – וכבר נתבאר לעיל כי אלו שבעת מלכים לקחו אורם מגוף א"ק שתחת שבולת הזקן, ולא מלעולה. נמצא שהם חסרים בחינת שלושה אורות עליונים שהם אח"פ, **כי לכן נשברו הפנים והאחוריים שלהם.** ואלו הם בחינת ג' תגין שיש למעלה על כל אות מאלו השבעה הנזכר לעיל. כי הם מורים על הסתלקות האורות והחיות מן הכלים, שהם אותיות, ונשאר האור למעלה מהם ולא בתוכם, כדרך צורת התגין על האותיות. אבל האותיות בד חי"ה הם אחוריים דאו"א שירדו.

ע"ח ש"ט פ"ג מ"ת דמ"ב ע"ד – ונבאר עתה איך בעת מיתת המלכים אלו ירדו הכלים שלהם לעולם הבריאה כנזכר לעיל, משאין כן בארבעה אחוריים דאו"א. כי הנה נתבאר החילוק שהיה בין או"א לשבעה המלכים, שהם זו"ן, ואמרנו כי השבעה מלכים שהם זו"ן מתו ממש, וירדו אל עולם הבריאה, הכלים שלהם ואחוריים של או"א נתבטלו ולא מתו, אלא שירדו למטה בעולם אצילות עצמו, ושם ביארנו טעם לזה, ואמרנו שהיה לסיבה שהשבעה מלכים לא קבלו אורות אח"פ דא"ק, רק מגופא דיליה ואילך. והנה לטעם זה עצמו היה גם כן שינוי אחר בין ג"ר שהם כח"ב, אל השבעה מלכים התחתונים, כי הג"ר יצאו בקצת תיקון בראשונה, והוא כי כאשר יצאו בראשונה נתפשטו כסדר ג' קוין, מה שאין כן שבעה תחתונות שיצאו זו למטה מזו, וזה שכתוב באדרא רבא - עד אימת ניתב בקיימא דחד סמכא, ר"ל נתקן התיקון שהוא דרך קוין, אבל קודם שהיו זה על גבי זה, הוי קיומא דחד סמכא. וכבר ביארנו כי התיקון האצילות הוא בהיות שישה קצות עשוי בבחינת ג' קוין קשורים זה בזה, בסוד השלישי המכריע ביניהן, ואז נקרא רשות היחיד. אבל בהיותן זה על גבי זה והם נפרדין אחת מחברתה, אז נקרא רשות הרבים. ולכן הג"ר נתבטלו אחוריהם ולא מתו, **ושבעה מלכים מתו פנים ואחור**, כי יצאו בלי תיקון כלל.

ע"ח ש"ט פ"ז מ"ב דמ"ו ע"ד – ויצאו שבעה תחתונות מדעת ולמטה בלבד, וכולם יצאו מן בינה דז"א הכלולה תוך אימא עילאה כנזכר לעיל, שלא יצאה, **ואז כל השבעה מתו פנים ואחור**, וירדו בבי"ע.

25

ע"ח ח"ב ש"ל דרוש א' מ"ב דכ"ו ע"ד – גם תבין כי פרצוף האמצעי אף כי נקרא אחור בערך השלישי הפנימי מכולם, **אמנם לפעמים נקרא פנימי בערך החיצון שבכולם.** ובזה תבין מה שנתבאר אצלינו כי בעת מיתת המלכים של ז"א היה בו אחור ופנים, והוא לסבת היות בו תמיד נה"י חג"ת, ו"ק, שהם פרצוף החיצון ואמצעי כנזכר לעיל, **ואז החיצון נקרא אחור, ואמצעי פנימי בערך החיצון**, והבן זה.

26

ע"ח ש"ט פ"ח מ"ב דמ"ז ע"א – ודע כי באצילות המלכים לא יצאו בזו"ן רק השבעה מלכות בחינות, **החיצונה והתיכונה**, והם **המלכות דנה"י חג"ת**, ולכן נקרא המלכים נקודות, כי נקודה היא מלכות כנזכר לקמן.

27

נהר שלום די"ב ע"ד – והענין בקיצור נמרץ, ידוע כי כל העולמות מראש א"ק עד סוף העשיה, כלולים מחיצוניות ופנימיות, וכל אחד משניהם נחלק לחיצוניות ופנימיות, **ואין לך שום בריה שאינה כלולה מחיצוניות ופנימיות.** אמנם החיצוניות דכללות כל העולמות הם העיגולים דכל העולמות, והפנימיות הוא היושר דכל העולמות, וכל אחד נחלק לחיצוניות ופנימיות, שהם הכלים והאורות, כי הכלים שהם העשר ספירות דכל פרצוף, נקרא חיצוניות בערך הפנימיות, שהם האורות והנרנח"י, המלובשים בהם. וכן בפרטות העשר ספירות הנחלקים לשלושה פרצופים, נה"י חג"ת וחב"ד, מתלבשים זה בתוך זה. **כי פרצוף דנה"י המלביש לפרצוף חג"ת נקרא חיצוניות בערך פרצוף החג"ת המתלבש בתוכו, ופרצוף החג"ת נקרא פנימיות אליו.** ופרצוף החג"ת נקרא חיצוניות בערך פרצוף החב"ד המתלבש בו, והחב"ד הוא פנימיות אליו. וכל זה הפרצוף הכלול מחב"ד וחג"ת ונה"י נקרא חיצוניות בערך הפרצוף העליון המתלבש בו, וכן על דרך זה מפרצוף לפרצוף, עד א"ס.

ונקראים פנים בערך הנה"י. לכן צריך **לזכור ולדעת** כי בכל מקום שנזכר פנים ואחור דז"א דמקרה המלכים, מדובר אך ורק בו"ק דז"א.

זאת ועוד כאשר מבואר כי המלכים הם בחינת ב"ן דעסמ"ב דב"ן, שהוא בחינת המלכויות דעסמ"ב דב"ן, הכוונה היא שהב"ן הזה כולל את מ"ה וב"ן דב"ן, כי[28] אין לך ניצוץ שנברא, שאינו כלול מזכר ונקבה. ולכן[29] בחינת המלכים דמיתתו הם מ"ה וב"ן דעסמ"ב דב"ן, רק שאנחנו מזכירים רק את בחינת הב"ן בלי המ"ה. ובתיקון יצא מ"ה החדש, הכולל מ"ה וב"ן דמ"ה, וכן בשם מ"ה החדש אנחנו מזכירים רק את שם מ"ה בלי הב"ן, ופשוט הוא.

גם צריך לדעת כי שמבואר לפי פשט דברי הרב ז"ל, שנשברו ומתו הכלים דמלכים, מובן כי לכל הבחינת הפנים ואחור שהם חג"ת נהי"ם דשבעה המלכים, קרה מקרה המלכים, אבל[30] **בעומק דברי** הרב ז"ל מדובר רק בפרצוף האחור, והוא פרצוף הנה"י. ר"ל המלכים שנשברו ומתו הם חג"ת נהי"י דנקודים.

ועוד דבר חשוב גם[31] בחינת עולמות אבי"ע יצאו בנקודים, שהם **בעומק הדברים** אבי"ע דאובי, כמו שיתבאר לקמן.

28

ע"ח ש"ט פ"ז דמ"ו ע"א – דע כי אין לך ספירה וספירה, אפילו בעשר ספירות הפרטיות שבכל פרצוף ופרצוף, שאין בו **בחינת זכר ונקבה, והם ב"ן דנקודות ומ"ה החדש**, ואמנם אין ענין ב"ן הזה והנקבה זו בחינת מלכות העשירית שיש בכל ספירה וספירה, שהיא בחינה עשירית שבכל ספירה וספירה, אלא שיש בכל ספירה עשר בחינות, וכולם דמ"ה, ועשר בחינות וכולם דב"ן, והתשע ראשונות דמ"ה וב"ן הם נקרא ט' בחינות הראשונות של ספירה ההוא, והבחינה עשירית שהוא מלכות שבאותו ספירה עצמה, היא כלולה ממ"ה וב"ן. **כלל הדברים בקיצור נמרץ כי אין לך שום ניצוץ קטן בכל האצילות, שאין בו מ"ה וב"ן.**
גמרא בבא בתרא דע"ד ע"ב – אמר רב יהודה, אמר רב, כל מה שברא הקדוש ברוך הוא בעולמו, **זכר ונקבה בראם.**

29

רחובות הנהר ד"ג ע"ב – ובתחילה יצא שם ב"ן, שהוא שבעה קצוות זו"ן, שהם **מ"ה וב"ן דב"ן** דא"ק, והם הם השבעה מלכים דב"ן דמיתו, ואינם רק שבעה מלכים, אלא נפרטו לעשר ספירות, שהם עסמ"ב, והם עתיק, וא"א, ואו"א, וזו"ן דב"ן דאצילות. ואחר כך בתיקון יצא שם מ"ה החדש, שהוא שבעה קצוות זו"ן, שהם **מ"ה וב"ן דמ"ה** דא"ק, ונפרטו גם הם לעסמ"ב על דרך הנזכר לעיל.

30

ע"ח ח"ב ש"ל דרוש ה' מ"ב דכ"ח ע"ב – ונבאר עתה מה שהיה בעת מיתת המלכים, קודם העיבור, כי היה אז ז"א מבחינת ו"ק לבד, של זה הפרצוף הראשון, שכל עצמו אינו רק נה"י לבד. **ונמצא שהוא חג"ת נה"י של פרצוף דאחור.** ונמצא שהם ו"ק, אבל אינם רק נה"י לבד, ובזה לא יחלקו הדרושים הכתובים אצלינו.

31

ע"ח שי"ט פ"ה מ"ב דצ"ב ע"ב – והנה המלכים שמלכו בארץ אדום הם עשר ספירות דב"ן הכולל הנזכר לעיל. ונקודה ראשונה היא כתר דב"ן. והיא נוקבא דעתיק ודא"א, ונקודה שניה הוא אבא, צד ב"ן שבו. ונקודה שלישית אימא צד ב"ן שבה. וכל אחד משלוש נקודות אלו, היו כלולים מעשרה נקודות שלימות. אך אחר כך יצאה נקודה הרביעית, ולא יצאה כלולה מעשרה נקודות, רק בששה נקודות התחתונות שבה לבד, ולכן נקרא בשם ו' נקודות, ועם ג"ר הרי תשעה נקודות. אחר כך יצאה נקודה חמישית, ולא יצאה כלולה מעשרה נקודות שלה, רק נקודה אחת לבד, חלק עשירית שבנקודה ההיא. הרי נמצא ששרשם אינם רק חמשה נקודות, ונקרא עשרה נקודות דב"ן, ואלו יצאו ראשונה ונשברו ומתו. **ודע כי לא די שיצאו בבחינת האצילות, שהם הפנים דב"ן, אלא גם אחוריהם שהם בי"ע יצאו עמהם.** ודע, כי גם באצילות יש פנים ואחור, **אך כולם נקראו פנימים בערך בי"ע שהם חיצונות.** והענין כי בבריאה היה חיצונית הפנים דב"ן, ויצירה חיצונית דאחוריים דב"ן, ועשייה חיצונית יותר חיצון דאחוריים דב"ן. וכאשר נשברו, לא נתקנו כל מה שנשברו, רק מעט, ולא יושלמו להתברר עד ביאת המשיח במהרה בימינו אמן.

בזמן התיקון יצא מהמצח דא"ק המלך השמיני, והוא **הדר ואשתו מהיטבאל**, הנקרא מ"ה החדש, כדי לתקן את המלכים דמיתו. לפי פשט דברי הרב הרב ז"ל יצא רק היסוד דא"ק, **בעומק** דברי הרב ז"ל שם מ"ה החדש יצא בשיעור קומה שלם, של עסמ"ב, והשבעה[32] תחתונות דשם מ"ה החדש תקנו את המלכים שנשברו ומתו. ופשוט[33] הוא שלכל נקודה בעובי יש את שם מ"ה הפרטי דאותה נקודה.

עוד צריך לדעת[34] כי עד פרק ו' דשער השבירה, הרב ז"ל מבאר את מקרה המלכים בכללות בנקודה אחת, עם כל זאת צריך לדעת כי מהעין דא"ק יצאו חמשה[35] נקודות דכללות העומדות בעובי, שהם א"א או"א וזו"ן, ועמדו מהטבור דא"ק ולמטה, ובכל אחד ואחד מנקודות אלו היה מקרה המלכים בפרטות[36], כאשר הג"ר נשארו באצילות דאותה נקודה דכללות, ובשבעה תחתונות נשברו ומתו, וירדו לבי"ע דאותה נקודה.

32

ע"ח ש"ט פ"ח מ"ב דמ"ז ע"ב – ואחר כך יצאו בחינת חג"ת נה"י שבז"א, נקרא הדר, ויצאו בחינת חג"ת דנה"י דנוקבא, ונקרא מהיטבאל אשתו, ואלו יצאו בתיקון אדם, כנזכר באדרא דף קל"ה ע"ב, והבן זה מאוד.

33

כרם שלמה ש"ט פ"ז אות ד' – ומה שכתב ואחר כך יצא שם מ"ה, ונתחבר עם ב"ן בכל ספירה וספירה כנזכר לעיל, בכל הפרטים. ר"ל כשיצא שם **מ"ה** יצא כנגד **כל הפרטים** דכל האצילות, דהיינו מראש עתיק עד סוף מלכות דאצילות. אבל לא יצא כנגד השבעה תחתונות לבד דכל פרצוף שנשברו, אלא יצא כנגד כל העשר ספירות **דעתיק**, ונתחבר עם עשר ספירות **דב"ן** דעתיק. וכן כנגד כל העשר ספירות דא"א, ונתחבר כנגד כל העשר ספירות דא"א. וכן העשר ספירות דאו"א וזו"ן. ואז נעשו העשר ספירות דעתיק וא"א מכתר שלהם, עד המלכות שבהם, כולם כלולים **ממ"ה ומב"ן**, אף על פי שבהג"ר שלהם לא היה בהם ירידה ומיתה ח"ו, על כל פנים כשיצא שם **מ"ה** יצא בשלמות. וכן או"א וישסו"ת וזו"ן, כולם כלולים משם **מ"ה וב"ן**, מכתר שלהם עד מלכות שבהם.

34

ע"ח ש"ט פ"ו מ"ב דמ"ה ע"ג – אמנם כפי האמת הם חמשה בחינות, כי הכתר למעלה מהארבעה, הוא ועמו הם חמשה פרצופים, הכוללים עשר ספירות כנודע, **והנה בכל אחד מאלו החמשה פרצופים יש בו עשר ספירות גמורות.**

35

רחובות הנהר ד"ב ע"ב – ידוע כי חמשה נקודות יצאו מעינים דא"ק **מבחינת ב"ן**, וכולן יצאו שלימות, כל אחת שלימה בכל חלקי הנקודה ההיא. באופן שכל אחת ואחת כוללת חמשה פרצופים, עתיק וא"א ואו"א וזו"ן. **וסדר שבירת הכלים היה בכל נקודה ונקודה מהם, דכל אחד ואחד מהם הג"ר עתיק וא"א שבו נתקיימו, ושבעה תחתונות זו"ן שבו נשברו**, כמבואר כל זה באורך בעץ חיים שער ט' פרק ו' ופרק ז', ופרק ג' משער י"ז, ובכמה מקומות משער הלקוטים, ומשער מאמרי הרשב"י ע"ה, וכן במבוא שערים ש"ב ח"ג פ"ו, יעו"ש.

36

נהר שלום דכ"ד ע"ד – והנה ידוע כי מיתת המלכים היתה בזו"ן דפרטות, ר"ל בזו"ן דעתיק, ובזו"ן דא"א, ובזו"ן דאבא, ובזו"ן דאימא, ובזו"ן דז"א, ובזו"ן דנוקבא, וכל פרצוף מאלו הפרצופים כלול מכל הפרצופים הנזכרים. וזה היה בפרט האחרון דפרטי פרטות, וכמבואר לעיל בהקדמה, וזה היה בפנימיות וחיצוניות דפנימיות, ובחיצוניות ופנימיות דחיצוניות, דפנים ודאחור. **והכלים עם הרפ"ח ניצוצות דמלכים דעתיק נפלו לעתיק דבי"ע, ודא"א לא"א דבי"ע, ודאו"א לאו"א דבי"ע, ודזו"ן לזו"ן דבי"ע. באופן זה כי הכלים הפנימים דמלכים הנזכרים נפלו לפרצופי הבריאה. והכלים האמצעים ליצירה. וכלים החיצוניים שלהם לעשיה.** ונתבאר בשער השמות ובכמה מקומות, כי כדי לברור הכלים ושארית הרפ"ח דכל פרט, יורדים כל הפרצופים העליונים דאצילות בימי החול בסוד גלות השכינה, ומתלבשים בפרצופים שכנגדם למטה בבי"ע. עתיק דאצילות בעתיק דבי"ע, וא"א בא"א, ואו"א באו"א, וזו"ן בזו"ן. כלים פנימיים שלהם בבריאה, ואמצעיים ביצירה, וחיצוניים בעשיה. ובי"ע הנזכר מתלבשים בבי"ע דחול, וזה לצורך בירורי שארית כלים ואורות דמלכים דזו"ן דעתיק, וא"א, ואו"א, וזו"ן דאצילות שנפלו לבי"ע על סדר הנזכר. **כי הכלים הפנימים של מלכי עתיק, וא"א, ואו"א, וזו"ן דאצילות נפלו לבריאה. וכלים האמצעים של המלכים הנזכרים**

היו מספר[37] סיבות למקרה המלכים דמיתו, והם מפוזרים לאורך ורוחב ספרי הרב ז"ל.

ליצירה. **וכלים החיצוניים שלהם לעשיה,** כנודע. ועל כן בימי החול יורדים הכלים דפרצופים העליונים דאצילות על דרך הנז"ל, לברר בחינותיהם שנשארו בבי"ע.

רחובות הנהר ד"ב ע"ב – ובהגיע האור לגבול האצילות, אירע בהם ענין ביטול המלכים, ונפלו הכלים פנימי אמצעי וחיצון עם אורות דרפ"ח, **לבי"ע התחתונים** דאותה הספירה.
37

ט"ז סיבות למקרה המלכים

א. השבע מלכים יצאו מבחינת מלכויות, נפש, עגולים. ע"ח ש"ח פ"א, ע"ח ש"ט פ"ח, מבוא שערים ש"ב ח"א פ"ג.

ב. הג"ר יצאו בצורת סגולתא, וכל אחת כלולה מעשר, ומתפשטים בסוד קוין שכולם קשורים זה בזה, והז"ת יצאו בבחינת חד סמכא, ונפרדים זה מזה בסוד רשות הרבים, ולא בסוד מיתקלא. ע"ח ש"ט פ"ג, ע"ח ש"ט פ"ה, ע"ח שי"א פ"ה.

ג. כלי הו"ק לא יכלו לסבול יותר אורות מחלקם, והם קיבלו כל אחד חלקו וחלק חברו התחתון ממנו, ולא כן כשהיו בג"ר היו מתבטלים בערכם. ע"ח ש"ח פ"ה, מבוא שערים ש"ב ח"א פ"ו.

ד. האור של העשר ספירות פרצוף שלם, והכלים קטנים, נפרדים, וחסרים. ע"ח ש"ט פ"ה, ע"ח ש"י פ"ה, מבוא שערים ש"ב ח"ב פ"ב.

ה. הג"ר יצאו בגוף אחד, והיה בהם כח לקבל האור, השבע תחתונים יצאו נפרדות וחסרות, ולא יכלו לקבל האור שלהם. מבוא שערים ש"ב ח"ב פ"ג.

ו. הג"ר אין הדין ניכר בהם, והם רחמים, השבע תחתונים דינים נתגלו בהם, ולא יכלו לסבול אור הרחמים. מבוא שערים ש"ב ח"ב פ"ג.

ז. הנקודים יצאו מבחינת חיצוניות סמ"ב דס"ג וחיצוניות עסמ"ב דב"ן, שהם הענפים, והשורשים נשארו בפנימיות א"ק, ולא היה בכח הענפים לקבל את האור. ע"ח ש"ה פ"א, מבוא שערים ש"ב ח"ב פ"ג.

ח. הג"ר קבלו במקום שבולת הזקן אור האוזן, וגם אורות חוטם פה, והז"ת קבלו אורות החוטם פה משבולת הזקן ועד מקום הטבור. ע"ח ש"ח פ"ב, ע"ח שי"א פ"ה, מבוא שערים ש"ב ח"ב פ"ג.

ט. מלכי הנה"י דינין תקיפין, רצו להתגבר על מלכי החג"ת שהם רחמים. שער ההקדמות הקדמה אחת בטרם שנאצל עולם האצילות דל"ג ע"ג. ע"ח ש"ט פ"ה דמ"ה ע"א.

י. הג"ר דו"ק נשארו בפנימיות המאציל. מבוא שערים ש"ב ח"א פ"ה.

י"א. הג"ר לא נתקנו כפרצוף, לכן האור שיצא מהם לז"ת לא יכלו לקבלו. ע"ח שמ"ז פ"ה, שער ההקדמות דרושי אבי"ע דרוש ג' דע"ג ע"ג.

י"ב. לא היתה אהבה בין ספירה לספירה, וכל ספירה היתה יראה מהספירה שמעליה ומהספירה שמתחתיה. ע"ח שי"א פ"ה, שער ההקדמות הקדמה אחת בטרם שנאצל עולם האצילות דל"ב ע"ג.

י"ג. הסיגים מעורבים בכלים, והם גורמים פירוד. מבוא שערים ש"ב ח"ב פ"ג.

י"ד. לא נכנס האור על ידי התלבשותו בנה"י דישסו"ת בסוד כ"ל צמ"א, אלא באופן ישיר, ורק בתיקון התלבשו האורות בנה"י דישסו"ת. שער ההקדמות דרוש ה' בזמן העיבור השני דמוחין דל"ח ע"ב.

ט"ו. לא נתכללו אחד עם השני, וכל אחד מהמלכים היה בחינה בפני עצמה. ע"ח ש"ט פ"ג, מבוא שערים ש"ב ח"ב פ"ג.

ט"ז. תכלית כוונת המאציל היתה להוציא ולעשות בחינת קליפות לצורך הנבראים, כדי לתת שכר לצדיקים, ועונש לרשעים. ע"ח שי"א פ"ה.

שער ט' פרק ו'

א"ק כולל ע"ב ס"ג מ"ה ב"ן בעצמותו וכל א' מאלו הד' נכללו מארבעתן ויוצאין ממנו ג"כ אורות לחוץ שהם ענפיו והע"ב הוא במוחין דיליה נגד א"א ואבא דאצילות ולעילא מגלגלתא דיליה יש בו דוגמא בחינת עתיק דאצילות וס"ג דיליה מאוזן ולמטה עד טבורו והוא כנגד בינה דאצילות ומ"ה וב"ן דיליה מטבורא ולמטה כנגד זו"ן דאצילות והנה עד"ז שבפנימותו כן הוא באורות שיוצאין ממנו שהם ענפיו כנז' כי שערות ראשו כנגד ענפי ע"ב ושערות דיקנא הם מאח"פ כנגד ענפי ס"ג שבהם כלולים או"א שבין שניהם לקחו בינה דמ"ה אחר התיקון שהוא שם ס"ג הכולל שניהן והם נכללות במזלא דדיקנא דא"א והבן כי זה מאוד כי הן כאן ואז עדיין היה מתפשט ס"ג עד רגלי א"ק ואח"כ כשרצה להוציא מ"ה וב"ן שהם ענפי זו"ן אז נזדווגו ע"ב ס"ג הפנימיים שהם חו"ב ממש ואז נברא העולם במדה"ד ויצאה בת מתחלה שהיא שם ב"ן בפנים דא"ק ואח"כ יצאו ענפיו לחוץ דרך העין מטבורו דא"ק ולמטה ולא נתקיימו הענפים שבחוץ עד שחזרו להזדווג והולידו בן שהוא שם מ"ה בפנים ובחוץ ומדה"ר ונתקיים העולם כמשארז"ל ע"פ ביום עשות ה' אלקים ארץ ושמים והבן אמרם כי מציאת העולם הם הז"ת לבד שהם זו"ן אלא בראשונה היו זו"ן נקבות מצד דין שהוא שם ב"ן ואח"כ היו זו"ן זכרים משם מ"ה כי כל מ"ה וב"ן נקרא בשם עולם. והנה בצאת ב"ן שהיא הנקבה וכולה דינין הנה נודע כי בכל אחד מהד' הנ"ל יש בו כללות ארבעתן. והנה בשם ס"ג כבר נת"ל היות ע"ב ס"ג מ"ה ב"ן שהם טנת"א וכולם נכללין בי"ס דעקודים ע"ש ותמצאנו והנה גם בשם ב"ן כלולים מארבעתן וכבר ידעת כי ד' אלו כלולין מי"ס ונמצא כי שם ב"ן נחלק לי' נקודות ולד' בחי' אמנם כפי האמת הם ה' בחי' כי הכתר למעלה מהד' הוא ועמו הם ה' פרצופים הכוללים י"ס כנודע והנה בכל א' מאלו הה' פרצופים יש בו י"ס גמורות והנה בראשונה יצאה נקודה ראשונה דב"ן והוא הכתר דב"ן והיא כלולה מי"ס ויצאו כל הי"ס שבה כלולים בכלי הכתר שבה שהיא הכתר דכתר ונשאר שם אור הכתר וחזרו וירדו הט' אורות בכלי חכמה דכתר ונשאר שם אור החכמה וחזרו ח' אור' דכתר וירדו בכלי הבי' דכתר ונשאר שם אור הבי' ואח"כ יצא אור הדעת בכלי הדעת ונשבר והאור שלו עלה למעלה והכלי נפל למטה. ואח"כ יצא אור החסד ובו כלולין ז' אורות)נ"א ששה(ונשבר והאור עלה למעלה והכלי נפל למטה ואח"כ יצא אור הגבורה בכלי הגבורה ובה כלולים ה' אורות ואירע בה כנ"ל וכיוצא בזה עד התתחונה שהיא מלכות כתר דב"ן גם היא נשברה ואירע בה כנ"ל הרי כי אירע מיתת ז' המלכים בכתר דב"ן שהם הז"ת שבכתר זה. אח"כ יצאה הנקודה הב' שהיא חכמה דב"ן וגם היא כלולה מי"ס ואירע לה כמקרה כתר שבה יצאו ולא נשברו ובצאת הדעת התחילו להשבר)נ"א לשבור(עד תשלום הז"ת שהם ז' מלכים שבה. אח"כ יצאה נקודה שלישית שהיא בינה דב"ן וגם היא כלולה מי"ס ואירע לה כמקרה ראשונה כי ג"ר שבה נשארו שלימות והז"ת המתחילין מן הדעת שבה כולם נשברו. ואח"כ יצאו ז' נקודות דב"ן שהם כללות ב' נקודות לבד כנודע שהם זו"ן אשר כל נקודה מב' בחי' האלו לבד כלולה מי"ס וכל אלו נשברו ע"ד הנ"ל והרי שבין בכללות ובין בפרטות קרה להם מקרה א' זה כי בכללות הנה הז' נקודו' דב"ן אשר בחינתם אינם אלא ב' נקודות לבד הנה כולם נשברו ואם בפרטות כי כל הז"ת של כ"א מן הג"ר ג"כ נשברו ואמנם יש הפרש א' ביניהן והוא כי ג' נקודות הראשונים כולם כל נקודה מהם יצאה בבחי' י' נקודות אלא שהג"ר של כל י' וי' הנ"ל נשארו שלימות והז"ת שבכל י' וי' נשברו אמנם ב' נקודות תחתונים. שהם כללות ז"ת דב"ן כנודע לא יצאו כל אחד בבחי' י"ס כמו הג' נקודות ראשונים אמנם הנקודה הד' שהוא כנגד ז"א דב"ן נשארו ג"ר שבו וכן העשירי'

שבו בנקודה שלישית דב"ן שהיא בחי' אימא דכללות דב"ן והיא שורש הבנים ומנקודה הה' שהיא מלכות דב"ן נשארו כל הט' אחרונות שבה למעלה כדרך ז"א ולא יצאתה רק כתר שבה לבד. ובזה יובן איך הם ז' והם ב' נקודות לבד נמצאו כי בין בג' נקודות הראשונים דכללות דב"ן בין בב' נקודות אחרונים דכללות דב"ן שהם בחי' ז"ת דכללות דב"ן בכולם היה השבירה שוה שלא נשברו רק הז' לבד ואמנם יש הפרש בג' נקודות הראשונים יצאו גם ג"ר שבכל נקודה ונקודה ולא נשברו אך בב' נקודות התחתונים שהם כללות הז' לא יצאו הג' ראשונות שבכל נקודה מהם כלל ועיקר. ודע כי ע"ד שביארנו בכללות הב"ן כי ב' נקודות התחתונים שהם כללות ז' מלכים לא יצאו ג"ר שבהם כן בכל ז' מלכים דכל אחד מהג' נקודות הראשונות דב"ן דכללות לא יצאו הג"ר דז' מלכים עצמו בפרטות ונשארו בבינה שלהם שבאותו הנקודה עצמה. ואל תתמה איך יצאו התחתונים אחר שבירת העליונים וגם איך כל הג"ר שבכל נקודה ונקודה של הה' נקודות לא נשברו והז"ת דנקודים ראשונים נשברו. התשובה הוא כי בכל נקודה ונקודה יש מין אור א' שוה לערך הנקודה ההוא ואז האור ההוא שלהם הג"ר יכולים לקבלו והז"ת שבו לא יכלו לקבלו וכעד"ז בכל נקודה ונקודה מהה' נקודות אירע כך. אח"כ חזרו להזדווג ע"ב ס"ג דא"ק שהם חו"ב שבו והולידו הבן זכר שהוא שם מ"ה בפנים ממש ואז יצאו ענפי המ"ה דרך המצח חוץ [נ"א ולחוץ] טבור דא"ק ולמטה ועתה נשלמו ד' בחי' ע"ב ס"ג מ"ה ב"ן דא"ק השרשים שבפנים ובחוץ שהם הענפים הנ"ל ואז התחיל התיקון מעתיק וא"א ונניח תיקון העתיק ונדבר בא"א כי הנה מהז"ת שבו התחיל השבירה. והנה כיון שג"ר שבו נשארו שם התחיל להתתקן שהוא בחי' רישא ושערות ונקבים ואז נתמעט האור היוצא מהם ואז היה יכולת בז"ת לתקן בבחי' כלים דגופא ומיעוטים ומסכים ג"כ דומיא דרישא ונעשה כ"ז בחי' ב"ן נוקבא דא"א וזה היה בכח דכורא דא"א שהוא מ"ה החדש כי תחלה נזדווגו ג' ראשונות דמ"ה דאריך אנפין עם ג"ר דב"ן דא"א שלא נשברו והעלו ז"ת דב"ן דנוקבא דא"א שנשברו ונתחברו עמהם ז"ת דמ"ה דדכורא דא"א ונתקן הכל. אח"כ נזדווגו זו"ן שהם ז"ת דא"א המ"ה וב"ן ותיקנו ג"ר דחכמה דב"ן עם מ"ה אז הג"ר תקנו הז"ת שלהם דמ"ה וב"ן וכעד"ז עד תשלום הי"ס שהם ה' פרצופים דאצילות ואז נקרא ברודים כי נקודים הוא ב"ן וברודים הוא מ"ה וב"ן יחד. ואמנם לא יכלו להתתקן לגמרי עד ביאת המשיח כי אלו נתקנין לגמרי היו מתתקנים י"ס דמ"ה עם י"ס דב"ן ואמנם לא הי' [כן] כ"א ע"ד האמור בקונטריס זה כי עתיק לקח כל הכתר דמ"ה וה' ראשונות לבד מכתר דב"ן וא"א לקח כל החכמה דמ"ה וה' אחרונות דכתר דב"ן וכן אבא לקח חכמה דב"ן וחצי בינה דמ"ה וכעד"ז כולם כי לא יכלו בחי' ב"ן להתברר לגמרי כל חלוקותיהן שבכל בחי' מהם ע"כ לא נשתוו י"ס דב"ן עם י"ס דמ"ה כנ"ל וזה יושלם לעתיד לבא בב"א.

[דמ"ה ע"ב 89]

פרק ו' מ"ב[38][39]

דרוש זה מקורו מספר אדם ישר וצריך לכתוב מ"ב בראש הדרוש.

דע כי בכל מקום שהרב ז"ל מבאר כי המלכים דמיתו ירדו לעולם הבריאה, הכוונה[40] היא לכל עולמות בי"ע, כאשר הכלי הפנימי ירד לעולם הבריאה, הכלי האמצעי לעולם היצירה, והכלי החיצון לעולם העשיה.

ידוע כי ג"ר נקראים פנים בערך ו"ק, והוא כי כל[41] פרצוף נחלק לג' חלקים חב"ד חג"ת נה"י, כאשר חב"ד נקראים כלים פנימים, חג"ת נקראים כלים אמצעיים, ונה"י נקראים כלים חיצוניים. גם הם נקראים[42] נר"ן, כאשר נה"י הוא בכללות

38

כרם שלמה ש"ט פ"ה אות ב' – ומה שכתב הגוב"י אות ג' וז"ל - עיין לעיל שער טנת"א פ"א מ"ב ד"ה דע כי ארבעה בחינות וכו', ביאור כל זה הענין. **זה שייך לפרק ו' דלקמן בסמוך, ולא לפרקין**, אף על פי שהוא סימן על פרקין, **הוא טעות**, וצריך להניח אות ג' אחר מ"ב דפרק ו'.

39

הגהות וביאורים)ג(הגהה זאת היא מפרק ה' והיא שייכת לפרק זה – עיין לעיל שער טנת"א פרק א' מ"ב, ד"ה דע כי בחינת וכו', ביאור כל זה הענין.

40

ע"ח ש"ט פ"ז מ"ב דמ"ו ע"ב – והנה כאשר יצאו כל האצילות מבחינת ב"ן לבד, והיה כולל עתיק, וא"א, ואו"א, וזו"ן. ואז יצאו תחלה כל הכלים שלהם זה תחת זה עד סיום עולם האצילות, ואחר כך יצאו אורות דב"ן כל פרטי אצילות, ויצא תחלה כתר דעתיק דאצילות, שבו נכללין כל האורות, ונתקיים, ואחר כך יצאה חכמה דעתיק בכלי שלו, ובו היו כלולים כל שאר האורות ונתקיים, ואחר כך יצאה בינה דעתיק, ובו כלולין כל שאר האורות ונתקיים, ואחר כך יצאו שבעה תחתונות דעתיק,)נ"א דדעת)הדעת למטה מזה כל אחד כלול בכלי שלו, ובו כלולים כל שאר האורות, והיה נשבר, והיה **וירד פנימיות הכלי לבריאה, וחיצוניות הכלי ירד ביצירה, וחיצוניות של חיצוניות בעשייה**, ואחר כך האור ההוא נשאר בלי כלי, ושאר האורות ירדו בכלי השני של השבעה תחתונות, וגם הוא נשבר על דרך הנזכר לעיל,)נ"א נשאר ע"ד הנ"ל(והאור שלו נשאר בלי לבוש, ושאר האורות ירדו לכלי שלמטה ממנו, וכן על דרך זה עד שנגמרו שבעה תחתונות שלו, ואחר כך נכנס הכתר דאריך אנפין בכלי שלו..............

נהר שלום דכ"ד ע"ד – והנה ידוע כי מיתת המלכים היתה בזו"ן דפרטות, ר"ל בזו"ן דעתיק, ובזו"ן דא"א, ובזו"ן דאבא, ובזו"ן דאימא, ובזו"ן דז"א, ובזו"ן דנוקבא, וכל פרצוף מאלו הפרצופים כלול מכל הפרצופים הנזכרים. וזה היה בפרט האחרון דפרטי פרטות, וכמבואר לעיל בהקדמה, וזה היה בפנימיות וחיצוניות דפנימיות, ובחיצוניות ופנימיות דחיצוניות, דפנים ודאחור. **והכלים עם הרפ"ח ניצוצות דמלכים דעתיק נפלו לעתיק דבי"ע, ודא"א לא"א דבי"ע, ודאו"א לאו"א דבי"ע, ודזו"ן לזו"ן דבי"ע. באופן זה כי הכלים הפנימיים דמלכים הנזכרים נפלו לפרצופי הבריאה. והכלים האמצעיים ליצירה. וכלים החיצוניים שלהם לעשיה.** ונתבאר בשער השמות ובכמה מקומות, כי כדי לברור הכלים ושארית הרפ"ח דכל פרט, יורדים כל הפרצופים העליונים דאצילות בימי החול בסוד גלות השכינה, ומתלבשים בפרצופים שכנגדם למטה בבי"ע. עתיק דאצילות בעתיק דבי"ע, וא"א בא"א, ואו"א באו"א, וזו"ן בזו"ן. כלים פנימיים שלהם בבריאה, ואמצעיים ביצירה, וחיצוניים בעשיה. ובי"ע הנזכר מתלבשים בבי"ע דחול, וזה לצורך שארית בירורי כלים ואורות דמלכים דזו"ן דעתיק, וא"א, ואו"א, וזו"ן דאצילות שנפלו לבי"ע על סדר הנזכר. **כי הכלים הפנימיים של מלכי עתיק, וא"א, ואו"א, וזו"ן דאצילות נפלו לבריאה. וכלים האמצעיים של המלכים הנזכרים ליצירה. וכלים החיצוניים שלהם לעשיה**, כנודע. ועל כן בימי החול יורדים הכלים דפרצופים העליונים דאצילות על דרך הנז"ל, לברר בחינותיהם שנשארו בבי"ע.

רחובות הנהר ד"ב ע"ב – ובהגיע האור לגבול האצילות, אירע בהם ענין ביטול המלכים, ונפלו הכלים פנימי אמצעי וחיצון עם אורות דרפ"ח, **לבי"ע התחתונים** דאותה הספירה.

נקרא נפש, חג"ת רוח, וחב"ד נשמה. הרב ז"ל מבאר[43] בכל המקומות על שבירה, מיתה, וירידת **פנים ואחור** דשבעה התחתונות דנקודים, לפי פשט הדברים נראה שחב"ד חג"ת ונה"י דמלכים נשברו ומתו וירדו לעולמות בי"ע. עם[44] כל

41

ע"ח ח"ב ש"ל דרוש א' מ' דכ"ו ע"א – דע כי ז"א יש לו ג' פרצופים, וכל אחד כלול מעשרה ספירות, והם זה תוך עשרה, תוך עשרה, ועשרה אחרים בפנימיות כולם. ואלו השלושה פרצופים הם כולם בחינת כלים, והם שלושים כלים, וכולם הם ביחד גוף אחד, וכלי אחד, ובתוכו יש האורות, שהם נר"ן וכו', ובהיות שלשתן יחד זה תוך זה הם שוים בקומתן, אבל לפעמים אין לז"א רק פרצוף החיצון מהם בלבד, ולפעמים שניהן, ולפעמים שלשתן. ובתחלה מתחיל הז"א להיות בו **פרצוף החיצון**, ואז הוא שיעור קומתו הוא שליש גדלותו לבד והוא **כשיעור קומת נה"י** אחר הגדלות האחרון. ואחר כך נכנס בו **פרצוף אמצעי**, ומתלבש בתוך החיצון, ואז נגדל ז"א ב' שלישי קומתו, **שהם נה"י וחג"ת**, בין בחינת פרצוף החיצון ובין פרצוף האמצעי, כי אמצעי גורם אל החיצון שיגדל כמוהו. ואחר כך נכנס בו **הפרצוף הפנימי**, ומתלבש בתוך האמצעי, ואז גם ב' הפרצופים החיצון ואמצעי נגדלים כאורך הפרצוף הפנימי, ואז נשלם ז"א כשיעור קומתו לג' הפרצופים. והוא כאלו נמשיל משל, **כי החיצון שיעור קומתו כשיעור נה"י דז"א בגדלות, והאמצעי כשיעור נה"י וחג"ת דגדלות, והפנימי כשיעור נה"י חג"ת חב"ד בגדלותו.** ולכן בבא האמצעי מגדיל את החיצון כמוהו, ובבא הפנימי מגדיל שניהן כמוהו.

ע"ח שי"ט פ"י מ' דצ"ה ע"ג – והנה הכלים הם שלושה, בחינת **חיצון ואמצעי ופנימי.**

ע"ח ח"ב ש"ל דרוש ב' מ' דכ"ז ע"א – באופן כי יש לכל פרצוף עשר ספירות, הנקרא כלים, ונחלקים לג' חלקים, והם עשר כלים חיצוניות, מדור אל הנפש. עשר כלים אמצעים מלובשים תוך חיצוניות, והם מדור אל הרוח. ועשר כלים פנימים מלובשים תוך הכלים אמצעים, והוא מדור אל הנשמה. והם הם שלושים כלים, אבל גובה קומתן אינם אלא עשרה, לפי שהם עשר תוך עשר, ועשר תוך עשר.

42

נהר שלום, דרוש הדעת דמ"א ע"ג – ונבאר עתה כל זה בפרטות פרצוף אחד שהוא זעיר, וממנו תקיש בכללות כל הפרצופין יחד, דע כי ז"א הוא פרצוף אחד כולל עצמות וכלים, והכלים שבו הם נכללים בג', כי הכבד למטה, וכולל עשר מדות שהם כל האיברים, ומתלבש ע"י הורידין שבו, בכל הגוף. והלב גבוה ממנו, וכולל עשר מדות, ומתלבש תוך בחינת הכבד, ע"י הדפקים שבו, ומתפשט בכל הגוף, והמוח גבוה מכולם, וכולל עשר מדות, מתלבשים תוך בחינת הלב, ע"י הגידים, המתפשטים ממנו, ומתפשט בכל הגוף, ועד"ז ממש נחלק העצמות בג', נשמה ורוח ונפש, מתלבשים זה בתוך זה, ומתפשטים בכל הגוף, לכן הכבד משכן הנפש, והלב משכן הרוח, והמוח משכן הנשמה.

43

ע"ח ש"ח פ"ב מ"ת ל"ו ע"ג – אמנם השבעה מלכים תתאין מתו, לפי שכליהם נעשו מהסתכלות עין בחוטם פה לבד, והיה חסר מהם אור האזן העליונה. והנה גם בג"ר עצמם יש בהם חילוק בין זו לזו, והוא)נ"א והנה(כי מן הכתר לא ירד ממנו אפילו האחוריים, אלא האחוריים של נה"י בלבד. אבל באו"א של הנקודים ירדו האחוריים שלהם לבד, ונשארו הפנים במקומה. וטעם הדבר הוא כי אלו האורות שנמשכים עד שבולת הזקן נחלקו לשלושה, כי הכתר לקח מבחינת האזן עצמה ממה שהראייה שואבת בהסתכלות באור האזן, ומכל שכן שנכללים בו שני אורות אחרים, ומזה נעשה כלי לכתר נקודים. ואבא לקח ממה שהראייה שואבת מאורות החוטם, וגם אור הפה נכלל בו. והנה הכתר שלוקח מן האזן הארתו גדולה מאד לא נשבר כלי שלו, אבל או"א שאין לוקחין רק מן החוטם ופה נשברו האחוריים של כליהם. והנה או"א אם היו מקבלים אור זה של חוטם ופה של א"ק, בהיותו למעלה קרוב אל מקום נקבי האזן, אף על פי שלא היו מקבלין מאורות האזן עצמה, רק קצת הארה היו מתקיימין האחוריים של כליהם, אבל כיון שאין מקבלין רק מסיום האזן שהוא מקום שבולת הזקן, לכן אף על פי שלוקחין קצת הארה אינו מועיל להם, ולכן נשברו האחוריים של כליהם. אבל הכתר כיון שלוקח אור האזן ממש אף על פי שלוקחו סיומו כיון שהוא לוקח עצמותו, די בזה ולא נשבר אפילו האחוריים של כליו דידיה. מה שאין כן באו"א שאינן לוקחין רק הארה בעלמא, וגם שהוא ברחוק מקום. והרי נתבאר שלושה בחינות אלו, והם כי הכתר נתקיים כולו. ואו"א נשברו ונפלו האחוריים שלהם. **וזו"ן נפלו פנים והאחוריים שלהם**, והנה זהו הטעם שנרמז בפסוק והארץ היתה תהו ובהו, אשר הוא מדבר בענין מיתת המלכים של הנקודים כנזכר לעיל.

זאת רק חג"ת נה"ים דמלכים נשברו ומתו, שהם הבחינה החיצונה והאמצעית, והסיבה[45] שהרב ז"ל קורא לחג"ת נה"י פנים ואחור היא שמדובר בערכין, כי חג"ת נקראים אחור בערך חב"ד, ונקראים פנים בערך הנה"י. לכן צריך **לזכור ולדעת** כי בכל מקום שנזכר פנים ואחור דז"א דמקרה המלכים, מדובר אך ורק בו"ק דז"א.

בדרוש זה הרב ז"ל חוזר ומבאר את הבחינות דעסמ"ב שכבר[46] נתבארו בשער טנת"א, וחוזר לבאר ולהוסיף עוד חידושים בסוגיות דשבירת הכלים, והמלכים דמיתו. **כבר נודע כי** כאשר הרב ז"ל מבאר שיעור קומה או פרצוף אחד,

---

ע"ח ש"ח פ"ו מ"ת דט"ל ע"ג – וכבר נתבאר לעיל כי אלו שבעת מלכים לקחו אורם מגוף א"ק שתחת שבולת הזקן, ולא מלעלה. נמצא שהם חסרים בחינת שלושה אורות עליונים שהם אח"פ, **כי לכן נשברו הפנים והאחוריים שלהם**, ואלו הם בחינת ג' תגין שיש למעלה על כל אות מאלו השבעה הנזכר לעיל. כי הם מורים על הסתלקות האורות והחיות מן הכלים, שהם אותיות, ונשאר האור למעלה מהם ולא בתוכם, כדרך צורת התגין על האותיות. אבל האותיות בד"ק חי"ה הם אחוריים דאו"א שירדו.

ע"ח ש"ט פ"ג מ"ת דמ"ב ע"ד – ונבאר עתה איך בעת מיתת המלכים אלו ירדו הכלים שלהם לעולם הבריאה כנזכר לעיל, משא"ין כן בארבעה אחוריים דאו"א. כי הנה נתבאר החילוק שהיה בין או"א לשבעה המלכים, שהם זו"ן, ואמרנו כי השבעה מלכים שהם זו"ן מתו ממש, וירדו אל עולם הבריאה, הכלים שלהם ואחוריים של או"א נתבטלו ולא מתו, אלא שירדו למטה בעולם אצילות עצמו, ושם ביארנו טעם לזה, ואמרנו שהיה לסיבה שהשבעה מלכים לא קבלו אורות אח"פ דא"ק, רק מגופא דיליה ואילך. והנה לטעם זה עצמו היה גם כן שינוי אחר בין ג"ר שהם כח"ב, אל השבעה מלכים התחתונים, כי הג"ר יצאו בקצת תיקון בראשונה, והוא כי כאשר יצאו בראשונה נתפשטו כסדר ג' קוין, מה שאין כן שבעה תחתונות שיצאו זו למטה זו, וזה שכתוב באדרא רבא - עד אימת ניתב בקיימא דחד סמכא, ר"ל נתקן התיקון שהוא דרך קוין, אבל קודם שהיה זה על גבי זה, הוי קיומא דחד סמכא. וכבר ביארנו כי התיקון האצילות הוא בהיות ששה קצות עשוי בבחינת ג' קוים קשורים זה בזה, בסוד השלישי המכריע ביניהן, ואז נקרא רשות היחיד. אבל בהיותן זה על גבי זה והם נפרדין אחת מחברתה, אז נקרא רשות הרבים. ולכן הג"ר נתבטלו אחוריהם ולא מתו, **ושבעה מלכים מתו פנים ואחור**, כי יצאו בלי תיקון כלל.

ע"ח ש"ט פ"ז מ"ב דמ"ו ע"ד – ויצאו שבעה תחתונות מדעת ולמטה בלבד, וכולם יצאו מן בינה דז"א הכלולה תוך אימא עילאה כנזכר לעיל, שלא יצאה, **ואז כל השבעה מתו פנים ואחור**, וירדו בבי"ע.
44

ע"ח ח"ב ש"ו דרוש א' מ"ב דכ"ו ע"ד – גם תבין כי פרצוף האמצעי אף כי נקרא אחור בערך השלישי הפנימי מכולם, **אמנם לפעמים נקרא פנימי בערך החיצון שבכולם**. ובזה תבין מה שנתבאר אצלינו כי בעת מיתת המלכים של ז"א היה בו אחור ופנים, והוא לסבת היות בו תמיד נה"י חג"ת, ו"ק, שהם פרצוף החיצון ואמצעי כנזכר לעיל, **ואז החיצון נקרא אחור, ואמצעי פנימי בערך החיצון**, והבן זה.
45

נהר שלום די"ב ע"ד – והענין בקיצור נמרץ, ידוע כי כל העולמות מראש א"ק עד סוף העשיה, כלולים מחיצוניות ופנימיות, וכל אחד משניהם נחלק לחיצוניות ופנימיות, **ואין לך שום בריה שאינה כלולה מחיצוניות ופנימיות**, אמנם החיצוניות דכללות כל העולמות הם העיגולים דכל העולמות, והפנימיות הוא היושר דכל העולמות, וכל אחד נחלק לחיצוניות ופנימיות, שהם הכלים והאורות, גוף ונשמה, כי הכלים שהם העשר ספירות דכל פרצוף, נקרא חיצוניות בערך הפנימיות, שהם האורות והנרנח"י, המלובשים בהם. וכן בפרטות העשר ספירות הנחלקים לשלשה פרצופים, נה"י חג"ת וחב"ד, מתלבשים זה בתוך זה. **כי פרצוף** **דנה"י המלביש לפרצוף חג"ת נקרא חיצוניות בערך פרצוף החג"ת המתלבש בתוכו, ופרצוף החג"ת נקרא פנימיות אליו**. ופרצוף החג"ת נקרא חיצוניות בערך פרצוף החב"ד המתלבש בו, והחב"ד הוא פנימיות אליו. וכל זה הפרצוף הכלול מחב"ד וחג"ת ונה"י נקרא חיצוניות בערך הפרצוף העליון המתלבש בו, וכן על דרך זה מפרצוף לפרצוף, עד א"ס.
46

ע"ח ש"ה פ"א מ"ב ד"ב ד"כ ע"ד – ודע כי ארבע בחינות כוללים כל ארבע עולמות, והם ע"ב, ס"ג, מ"ה, ב"ן, והם עצמם נקראו טנת"א, וכל אחד כולל ע"ב רבעתן. ע"ב יש בו ע"ב וטעמים. ס"ג ונקודות. מ"ה ותגין. ב"ן ואותיות. וכולם נקרא ע"ב טעמים. וכן בס"ג. וכן במ"ה. וכן בב"ן. גם דע כי ע"ב הוא כתר וטעמים. ס"ג הוא חכמה ונקודות. מ"ה הוא בינה ותגין. וב"ן הוא שבעה תחתונות ואותיות. והנה מתחלה היה בא"ק כך, ג"ר שבו

27

ביאור זה שייך לכל העולמות, ולכל הפרצופים. וכללות דבריו הקדושים הם, כי[47] כל שיעור קומה באופן כללי)מפני יש
יוצא מהכלל, לפי הסוגיות(הוא הוי"ה אחת, המתחלקת לעולמות, פרצופים, ספירות, נרנח"י, עסמ"ב, טנת"א, וכן לאדם
יש חמשה בחינות הנקראים[48] עב"ג ע"מ, שהם עור בשר גידין עצמות ומוח[49] שבעצמות. כאשר **קוץ של י'** דהוי"ה הוא

שהם ע"ב כתר. ס"ג חו"ב. וזה הס"ג היה מחציו ולמטה, שהם הנקודות שבו. מלובש מטיבור ולמטה דא"ק,
תוך מ"ה וב"ן דא"ק. וכל זה **הוא פנימיות א"ק עצמו**, אורות וכלים. ואחר כך הוציא בחינת החיצוניות
להלבישו, ותחלה הוציא אורות מן ע"ב הכולל הפנימי, שהוא השערות של הכתר, מקיפים ראשו מבחוץ עד
המצח, ועד האזנים כנודע. ואחר כך הוציא שערות הזקן הנמשכין מן ס"ג)עצמו(הכולל, הנקרא נקודים,
שמהם נעשו כללות שלוש מוחין שבו, ונמשכין תחלה סוד הטעמים דס"ג, שהוא אח"פ עד טיבורו. ואחר כך
לא הוציא שאר בחינות לחין, יען כי הם מלובשים תוך מ"ה וב"ן כנזכר לעיל, כדרך אורות ע"ב הכולל שלא
נתגלה ממנו רק השערות, הנמשכים מע"ב של ע"ב הכולל, ושאר חלקם טמיר תוך ס"ג הכולל. והנה רצה
להוציא גם מן מ"ה וב"ן שלו הפנימים חיצוניותם לחוץ, ואז עלו כל בחינות ס"ג הפנימים הטמונים תוך מ"ה
וב"ן הפנימים, ועלו עמהם מ"ה וב"ן הפנימים, ואז אלו מ"ה וב"ן, הם מ"ן שלהם אל הטעמים דס"ג,
שאינם מלובשין תוך מ"ה וב"ן, והם בערך או"א אל ישסו"ת, כי כמו שלצורך עיבור זו"ן מזדווגין או"א
עלאין, וישסו"ת נכללין עמהם, כן הכא הטעמים דס"ג מזדווגים עם כל ע"ב, ומכל שכן שנקודים תגין ואותיות
דס"ג מתחברים עמהם, וטפלים להם, ולכן אינם עולין בשם. דוגמא ישסו"ת כנזכר לעיל, ואז מולידין בחינת
ב"ן דחיצונים, ולבושם לחוץ. הרי נולדה הנקבה עתה אתה תחלה. ואמנם בחינת מ"ה וב"ן הפנימית של א"ק, חזרו
לירד ולהתפשט בתוכו למטה מהטיבור. אחר שנתגלה שם ההוא פרסה באמצע מבפנים, ומשם היתה מאירה
בחינת ב"ן פנימית לב"ן, שיצא לחוץ הנקרא עולם הנקודות. נמצא כי עשר ספירות של עולם הנקודות, היושב
בחוץ מסבב לא"ק מטיבורו ולמטה, ויש לו שני מיני אורות, אחד מלמטה למעלה בפנימיות מן הטיבור עד
העינים, ומשם יוצא עיקר הארה לצורך הנקודים, שהוא שם ב"ן, נוקבא, אבל נעשה מאור חוזר כנזכר לקמן.
וגם יש לו אור ישר שהוא נוקב ועובר דרך העור, מן הטיבור ולמטה, ומאיר בנקודים דרך נקבי העור, ודרך פי
היסוד, ודרך טבור, ודרך נקב האחור. והנה עיקר הנקודים הם מאורות עינים, וכתר שבהם לוקח האורות
והכלים מבחינת אזן, הנכללת גם שם כנודע. וחו"ב לוקחים מחוטם ופה, ושיעור מועט מאזן. אך שבעה
תחתונות לוקחים מעט מחוטם ופה, ואינם לוקחים כלל מאזן, ומהארת היוצא דרך פי הטבור והאמה. הנה
מהטבור לקח כתר. ומהיסוד לוקחים או"א. ושבעה תחתונות עם ארבעה אחוריים דאו"א וישסו"ת, לוקחים
מעשרה אצבעות הרגלים, בסוד נעץ צפורניו בקרקע. ואחר כך חזרו להזדווג ע"ב הכולל עם טעמים דס"ג
הכולל, בסוד פנימיות. וכל שאר הבחינות טפלים להם, ואז הולידו הזכר, והוא שם מ"ה, ואז נתחברו מ"ה
וב"ן, ונעשה משניהן עולם אצילות.
[47]

תרשים ו – א.
[48]

נהר שלום די"א ע"ב – והנה נודע ונזכר לעיל ונתבאר בהקדמה באורך ובפרטות, כי אי אפשר לשום פרצוף
פרטי, מכל פרטי פרצופי א"ק ואבי"ע, דספירות והנשמות בכל העולמות, שיהיה פחות מחמשה פרצופים
דכלים, ששורשם ארמ"ע, והשורש והם כחבת"מ, והם מארבעה אותיות הוי"ה, והקוץ. והם כנגד א"ק ואבי"ע,
והם שורשי **עור, בשר, וגידים, ועצמות, ומוח שבעצמות**. ולפיכך נקרא שורשי **עור בשר וגידים ועצמות
ומוח שבעצמות** ולפיכך נקרא כך **עב"ג ע"מ** על שם סוף התפשטותם, והם מבירורי הכלים דמלכים דע"ב
מ"ה ב"ן דפרצוף התחתון, העולים להתברר ולהתתקן על ידי הפרצוף העליון, ומבירורי הכלים דמלכים דב"ן
נתקן הפרצוף החיצון, הנקרא נהי"ם, **והוא הנקרא עור**, מכלים דמלכים דב"ן]דב"ן[, ומכלים דב"ן דמ"ה.
ומבירור הכלים דמלכים דמ"ה נתקן הפרצוף התיכון, הנקרא חג"ת, **והוא הנקרא בשר**, מכלים דמלכים דמ"ה
]דב"ן[, ומכלים דמ"ה דמ"ה. ומבירור הכלים דמלכים דס"ג, נתקן הפרצוף הפנימי השלישי דבינה, **והוא
הנקרא גידים**, מכלים דמלכים דס"ג]דב"ן[, ומכלים דס"ג דבינה דמ"ה. ומבירור הכלים דמלכים דע"ב, נתקן
פרצוף היותר פנימי הרביעי, הנקרא חכמה, **והוא הנקרא עצמות**, מכלים דמלכים דע"ב]דב"ן[,
ומכלים דע"ב דחכמה דמ"ה. ומבירור הכלים דמלכים דקוץ היו"ד, נתקן פרצוף היותר פנימי החמישי, הנקרא
כתר, והוא הנקרא **מוח שבעצמות**, מכלים דמלכים דכתר דב"ן, ומכלים דכתר דמ"ה.
[49]

עולם א"ק, פרצוף א"א, ספירת הכתר, יחידה דנרנח"י, **ואין לו גילוי** בשמות עסמ"ב ובטנת"א, ומוח עצמות דאדם. אות **י' דהוי"**ה הוא עולם האצילות, פרצוף אבא, ספירת החכמה, חיה דנרנח"י, שם ע"ב כזה יו"ד ה"י וי"ו ה"י, וטעמים דטנת"א, ועצמות דאדם. אות **ה' הראשונה דהוי"**ה הוא עולם הבריאה, פרצוף אימא, ספירת הבינה, נשמה דנרנח"י, שם ס"ג כזה יו"ד ה"י וא"ו ה"י, ונקודות דטנת"א, ודידין דאדם. אות **ו' דהוי"**ה הוא עולם היצירה, פרצוף ז"א, ספירות חג"ת נה"י, רוח דנרנח"י, שם מ"ה כזה יו"ד ה"א וא"ו ה"א, ותגין דטנת"א, ובשר דאדם. אות **ה' אחרונה דהוי"**ה הוא עולם העשיה, פרצוף נוקבא, ספירת המלכות, נפש דנרנח"י, שם ב"ן כזה יו"ד ה"ה ו"ו ה"ה, ואותיות דטנת"א, ועור דאדם. **וכל אחד מהבחינות האלה כלול מכולם**, ר"ל בכל עולם ועולם יש את בחינת חמשת העולמות[50], הנקראים א"ק ואבי"ע דא"ק. ובכל פרצוף ופרצוף יש את כל חמשה הפרצופים הנקראים[52] א"א או"א וזו"ן דאותו פרצוף. ובכל[53] ספירה וספירה יש עשר[54] ספירות פרטיות, הכלולות בה. וכל[55] בחינה דנרנח"י כלולה מכל הבחינות, ונקראים[56] נרנח"י דנרנח"י. וכל[57] בחינה של עסמ"ב כלולה מכל הבחינות דעסמ"ב, ונקראים[58] עסמ"ב דעסמ"ב. וכן כל בחינה

ע"ח ח"ב שמ"א פ"א מ"ב דפ"ו ע"ג – דע כי בכל פרצוף ופרצוף שבכל עולם, יש בו פנימיות, והם חמשה חלקי נרנח"י, וחוצה להם יש שלוש בחינות כלים, והוא חצוניות, אשר הפנימיות הנזכר לעיל מתלבש בו. ואמנם אין החצוניות רק אל שלוש חלקי הפנימיות, והם שלוש כלים לנר"ן, כי החיה והיחידה אין כנגדן כלים, ואלו השלוש כלים הם **בשר גידין ועצמות**, ומחיבור שלשתן נקרא גוף אחד כנודע. כי אין אבר אלא בסוד בשר גידין ועצמות. ויש שלוש כלים יותר פנימיים מאלו, והם שרשי שלוש כלים האלו, והם הכבד שבו שורה הנפש בעצם, ומשם מתפשט בבשר. והלב בו שורה הרוח, ומשם מתפשט בגידין הדופקין כנודע. והמוח בו שורה הנשמה, ומשם מתפשט בעצמות וגידין הלבנים, שהם מכלל העצמות, שהם החבלים שבהם נקשרים העצמות כנודע. ולכן כל זה היא בחינה אחת, אך הגידין שהם שהם כלי אמצעי, הם עורקים שבתוך הבשר, הדופקין, וכן העורקין של הדם הם נמשכין מן הכבד אל הבשר, ומהם נעשה הבשר, כי משיעורי העורקים הנזכר לעיל מתהפכין לבשר, כנודע לחכמי הטבע. באופן כי שלוש כלים הם, שהם בשר גידין ועצמות, ואלו הם האיברים עצמן. אך יש צינורות, ואינם מכלל הכלים, רק צינורות אל הכלים והם שלוש בחינות, צינור אחד גידין לבנים של בנים של ההרגשה, הנמשך מן המוח עצמו לקשר העצמות זה בזה, **ולהמשיך המזון מן המוח שבראש, אל המוח שבעצמות שבגוף.**
50

תרשים ו – ב.
51

רחובות הנהר ד"ו ע"א - נתבאר בשער דרושי אבי"ע, ובשערי קדושה, ובכמה מקומות כי חמשה עולמות הם, **א"ק ואבי"ע**, וכל אחד מהם **כלול מא"ק ואבי"ע.**

נהר שלום די"ח ע"א – ובאחד נפש רוח דנשמה חיה יחידה, דנפש דנרנח"י דחיה, דהיינו עשיה ויצירה דא"ק ואבי"ע, דעשיה דאצילות. ובעמידה דלחש נשמה חיה יחידה דנפש דנרנח"י דחיה, דהיינו **א"ק אבי"ע דא"ק**, ואבי"ע דעשיה דאצילות, **וא"ק ואבי"ע דא"ק ואבי"ע** דעשיה דאצילות דאבא.
52

תרשים ו – ג.
53

תרשים ו – ד.
54

ע"ח שכ"ד פ"א מ"ב דק"י ע"א – אחר שכבר נתבאר בפרטות כל בחינת שצלם דז"א, נבאר עתה בפרטי פרטות באורך כל בחינת התפשטות ז"א, ובחינת הצלם. **כבר נודע כי כל ספירה כלולה מעשר, ועשר מעשר**, עד אין קץ.
55

רחובות הנהר ד"ט ע"ג – עוד מתפשט עצמות אור הא"ס הנזכר לעיל, תוך **הנרנח"י דנרנח"י** דחיה, דכ"ה פרצופי האצילות דאדם קדמון, על דרך הנזכר לעיל, וכן הוא מתפשט ומאיר תוך **הנרנח"י דנרנח"י** דכל פרצוף, מכ"ה פרצופי דכל עולם מעולמות בי"ע דא"ק הכולל.
56

תרשים ו – ה.
57

מהבחינות דטנת"א כלולה מכל הבחינות דטנת"א, ונקראים[59] טנת"א דטנת"א. וכן[60] כל אבר שבאדם נכללים בכל הבחינות שבו. וכן כל הבחינות האלו מתחלקים לאין קץ של עולמות, פרצופים, ספירות, נרנח"י, עסמ"ב, וטנת"א.

עוד צריך לדעת כי[61] א"ק ואבי"ע מתחלקים למערכת הנקראת[62] שנגל"ה, כאשר **השורש** הוא א"ק, **הנשמה** עולם האצילות, **הגוף** עולם הבריאה, **הלבוש** עולם היצירה, **ההיכל** הוא עולם העשיה. וכולם[63] כלולים מכולם, ר"ל שנגל"ה[64] דשנגל"ה.

ע"ח ש"ה פ"א מ"ת ד"כ ע"ב – ונבאר עתה עניינם דע כי אין מציאות ציור קומת אדם בעולם שלא היה בו כללות ארבעה בחינות, אשר כוללים כל האצילות, וכל העולמות כולם. ואלו הם, ע"ב כזה יו"ד ה"י וי"ו ה"י. ס"ג יו"ד ה"י וא"ו ה"י. מ"ה יו"ד ה"א וא"ו ה"א. ב"ן יו"ד ה"ה ו"ו ה"ה. והנה אלו הארבעה הוי"ת הנחלקים לארבעה מלואין האלו, הם ארבע הבחינות אלו, הטעמים שם ע"ב. הנקודות שם ס"ג. התגין שם מ"ה. האותיות שם ב"ן. **וכל אחד מאלו הארבע הוי"ת כלול מכולם**, ויש בכל הוי"ה מהם בחינת טנת"א.
58

תרשים ו – ו.
59

תרשים ו – ז.
60

ע"ח שכ"ד פ"א מ"ב דק"י ע"א – והנה ז"א בהיותו בסוד עיבור, לא נתגלה בו רק שלוש ספירות, שהם בחינת נה"י שבו, ולא הנה"י של הכללות, אלא של פרטות, כי ודאי שהעיבור יש בו רמ"ח איברים הנפרטין בעשר ספירות, **וכל אבר כלול מעור ובשר וגידין ועצמות.**
61

ע"ח ח"ב שמ"ב פ"ב מ"ב דפ"ט ע"ד – והנה א"ק הוא כדמיון כתר אל העשר ספירות שבכל עולם ועולם, באופן זה כי א"ק הוא כתר לארבעה עולמות אבי"ע. נמצא כי **א"ק הוא כולל שורש כל הבחינות.** בחינה הנזכרת לעיל שיש בכל עולם ועולם, כי כתר שבו הוא ארבעה **שרשים** אל ארבעה בחינות של עשר ספירות שבו, שהם **נשמות, וגופים, ולבושים, והיכלות**, וזה דרך פרט. אמנם דרך כלל הוא מה שנבאר עתה בע"ה, **כי כללות** בחינות נשמות אשר בא"ק, יקראו **שורש הנשמות**. וכללות בחינת נשמת אצילות, יקראו **נשמות** דנשמות ממש. וכללות נשמות בריאה, יקראו **גופות** לערך נשמות אצילות. וכללות נשמות דיצירה, יקראו **לבושים** דנשמות. וכללות נשמות עשייה, יקראו **היכלות** הנשמה. **וכן כללות** בחינת גופות דא"ק, יקראו שורש)נשמות(דגופות. וכללות בחינת גופות דאצילות, יקראו נשמות דגופות. וכללות בחינת גופות דבריאה, יקראו גופות דגופות, וכללות בחינת גופות דיצירה, יקראו לבושים דגופות. וכללות בחינת גופות דעשייה, יקראו היכלות הגופות. **וכן כללות** בחינת לבושים דא"ק, יקראו שורש)נשמות(הלבושין. וכללות לבושי דאצילות, יקראו נשמות דלבושים. וכללות בחינת לבושי דבריאה, יקראו גופות דלבושין. וכללות בחינת לבושי יצירה, יקראו לבושי דלבושין. וכללות לבושי עשייה, יקראו היכלי דלבושין. **וכללות** בחינת ההיכלות דא"ק, יקראו שורש)נשמות(ההיכלות. וכללות בחינת ההיכלות דאצילות, יקראו נשמות ההיכלות. וכללות היכלי דבריאה, יקראו גופות דהיכלות. וכללות בחינת היכלי דיצירה, יקראו לבושי דהיכלות. וכללות היכלות דעשייה, יקראו היכלות דהיכלות. וכשנדבר כל זה דרך כלל, יהיה כן, **כי חמשה בחינות א"ק, הם שרשים**, בין לנשמות, בין לגופים, בין ללבושים, בין להיכלות. **והחמשה בחינות דאצילות, הם נשמות**. בין לשרשים, בין לנשמות, בין לגופים, בין ללבושים, בין להיכלות. **וחמשה בחינות דבריאה, הם גופים**, בין לשרשים, בין לנשמות, בין לגופים, בין ללבושים, בין להיכלות. **וחמשה בחינות דיצירה, הם לבושים**, בין לשרשים, בין לנשמות, בין לגופים, בין ללבושים, בין להיכלות. **וחמשה בחינות דעשיה, הם היכלות**. בין לשרשים, בין לנשמות, בין לגופים, בין ללבושים, בין להיכלות.
62

תרשים ו – ח.
63

תרשים ו – ט.
64

א"ק[65][66] בכללותו הוא[67] הוי"ה אחת, [68]**כוללת**[69] **ע"ב ס"ג מ"ה ב"ן בעצ̇מותו**[70] שהוא בפנימיותו ונשמתו, לאפוקי מגופו, שיצאו מפנימיותו בחינות עסמ"ב מחוץ לגופו, **וכל̇ל**[71] **אזזר מאלו האר̇בעה.**

תרשים ו – י.
65

יפה שעה)ד(– א"ק כולל עסמ"ב בעצמותו כו', והע"ב הוא במוחין דיליה, וגם א"א דאצילות כו'. מה שכתב רז"ל שהע"ב הוא בא"א ניחא, כי כמה פעמים הוא אומר, שהטעמים הם בכתר, וא"א הוא לעולם בחינת כתר כנודע. אלא שקשה, מה שכתב שהוא במוחין דיליה, כי לא מצינו א"א שהוא בחינת מוחין לעולם, כי כאשר אנו מחלקים כל פרצוף לי"ב פרצופים, אז יהיה א"א ונוקבא בחינת הדעת, ועתיק ונוקבא בחינת חו"ב, אבל בדרוש הזה שרז"ל אינו מחלק בענין זה, ואינו עוסק בזה, אם כן א"א אינו בחינת מוחין. ואפשר שהכוונה הוא על גולגלתא דיליה, שבו נתונים המוחין, וא"א הוא בחינת גולגלתא, ולעילא מגולגלתא דיליה, יש בו דוגמת בחינת עתיק דאצילות, **והדברים עתיקים.** ואם כן מי ימלא לבו לגלות, אם לא בהעלם גדול, כי הוא **רמז על קו הא"ס ב"ה**, כי יורד ומתפשט עמו, ומתלבש תוך פנימיות, והוא נשמת א"ק, והוא כדרך כל עתיק שבכל עולם ועולם, כי הוא נעשה ממדרגת המלכות של עולם שלמעלה ממנו, כמו שכתב רז"ל בכמה מקומות. ועיין סדר האצילות פרק א', גם ב', ובמה שכתב רז"ל בשער דרושי אבי"ע פרק א'.)וז"ל הרב שמן ששון - ועיין להרב יפה שעה, שכתב מה שכתב רבינו שער ב' הוא בא"א ניחא כו', אלא שקשה כו', כי לא מצינו א"א שהוא בחינת מוחין לעולם כו' עיין שם. ולעניות דעתי, מעולם לא אמר רבינו, כי א"א הוא בחינת מוחין, אלא בא לומר שכנגד מה שיש בא"ק, הוציא כנגדו, והיינו שהע"ב הוא כנגד א"א דאצילות, ולא שא"א הוא מוחין, והוא פשוט. עוד כתב ז"ל - כתב רבינו וס"ג מאוזן ולמטה כו', לא פירש בחינתו כו', כנראה שבע"ח שלו לא היה כתוב, שכנגד ע"ב הוציא א"א, ואבא שהוא בחינת חכמה, כמו שיש בע"ח אשר לפנינו, דכך צריך לגרוס. עוד כתב וז"ל - כו', לא מצינו ולא דאינו בעולם שקודם שיצא שם ב"ן, שהיה ס"ג מתפשט עד רגלי א"ק כו', ולא יותר. ואשתמטתיה מעיני דמר סוגיא ערוכה בריש פרק א' דשער הנקודים וז"ל - והנה המוחין של א"ק הם,והוי"ה דע"ב, ומן בחינת האזנים ולמטה, עד תשלום כל סיום א"ק, הוא בחינת ס"ג עד סיום הרגלים שלו, אמנם ענין זה היה בתחילה, יעש"ב(.
66

שפת אמת ש"ט פ"ו אות א' די"ב ע"ד – א"ק כולל עסמ"ב בעצמותיו וכו', והע"ב הוא במוחיין דיליה, נגד א"א וכו'. כתב הרש"ך **]אח̇"י** – הרב שלמה הכהן[ז"ל בספר יפה שעה וז"ל - מה שכתב רז"ל וכו', אלא שקשה לזה מה שכתב שהוא במוחין דיליה, כי לא מצינו א"א שהוא בחינת מוחין לעולם וכו', ואפשר שהכוונה היא על הגלגולת וכו', עיין שם. ואחרי נשיקת ידי ורגלי קודשו לעניות דעתי נראה דתירוץ זה דחוק קצת, דהלא קעסיק רז"ל הכא בפנימיות, והיאך נכניס בחינת הגולגולת, שהם כלים, עם שאינם כלים ממש ח"ו. ולעניות דעתי נראה שהדברים מטים כלפי הקדמה אחת שכתבה רז"ל, בענין הכתר דז"א בשער מוחין דצלם פרק א' וז"ל - אבל הענין הוא שהמוחין הם חב"ד, אמנם שרשם נשאר למעלה, הרושם שלהם ומציאותם בכתר, ואותם המוחין שבכתר הם גדולים ומעולים לאין קץ וכו', יעו"ש היטיב. הרי הראיתה ששורש המוחין הם בכתר, ומשם נאצלו, והכתר הוא לעולם א"א, ואם כן יפה כתב כאן - והע"ב הוא במוחין דיליה נגד א"א. ונלמד סתום מן המפורש, ומן התחתון לעליון. ואם שגתי אתי תלין משוגתי.
67

שער ההקדמות, דרוש א"ק די"א ע"א – דע כי א"ק הוא **כללות הוי"ה אחת,** וארבע אותיותיה הם ע"ב ס"ג מ"ה ב"ן שבו. ועל דרך זה יוצאות הארותיו חוץ ממנו. והם גם כן הוי"ה אחת כוללת ע"ב ס"ג מ"ה ב"ן. וא"ק מתלבש תוך אלו ההארות. והנה ההוי"ה הפנימית שבו כנזכר, נאצלו בתחילה ע"ב בראשו, וס"ג מהאזן ולמטה. ואחר כך יצאו הגבורות, ב"ן שבו בתחילה, כי כן דרך הגבורות להתפשט תחילה, ונתפשטו עד סיום רגליו כנודע, כי הם סוד הבכורה. ואחר כך חזרו לעלות בסוד אור חוזר, שהוא נקבה, ועלו למעלה מהטבור, על דרך מה שנתבאר בארוך. ואחר כך יצא אור חדש, והם החסדים דמ"ה, ונתפשט מהטבורו ולמטה, בסוד צדיקים יושבים בעולם הבא, שהם חסדים דמ"ה, ועטרותיהם בראשיהם, בסוד אור מקיף, בסוד נקבה תסובב גבר, כעין תפילין דר"ת, הויו"ת להדדי, שהם ס"ג וב"ן יחד, כי הרי פנימיות א"ק נקרא עולם הבא.

נִכְלָלוּ בְּאַרְבַּעְתָּן, ר"ל[72] כי יש עסמ"ב דע"ב, עסמ"ב דס"ג, עסמ"ב דמ"ה, ועסמ"ב דב"ן. וְיוֹצְאִין[73] מִמֶּנּוּ ר"ל מעצמותוומפנימיותו דרך גופו גַּם כֵּן הָאוֹרוֹת האלו דעסמ"ב דעסמ"ב דפנימיות, שהם השורשים לַחוּץ, שֶׁהֵם עֲנָפָיו ונקראים ענפים בערך הפנימיים, והם עסמ"ב דעסמ"ב או תנ"א דעסמ"ב.

צָרִיךְ לָדַעַת כִּי[74] כמו שעולם האצילות מתחלק בדרך כלל לחמשה פרצופים שהם א"א או"א וזו"ן, שהם[75] בעצם י"ב פרצופים[76], כן בא"ק הוא כך בפנימיותו יש לו בחינות אלו, רק בגלל היעלמו של א"ק, נמנעים מלהזכיר אותם. זֹאת

68

כרם שלמה ש"ט פ"ו אות א' – מה שכתב א"ק כולל עסמ"ב. ר"ל הואיל והוא בחינת פרצוף, שהוא כולל כולל עשר ספירות, והעשר ספירות הם נכללים בשם הוי"ה אחת דכללות, לכן נמצא שבכללות פרצוף א"ק יש בו הוי"ה אחת. וזו ההוי"ה עצמה היא נחלקת באופן זה, כל אות ממנה לבחינות הוי"ה אחת, שהם מאות י' יוצא ממנה הוי"ה אחת דע"ב. ומאות ה' ראשונה הוי"ה אחת דס"ג. ומאות ו' הוי"ה אחת דמ"ה. ומאות ה' אחרונה הוי"ה אחת דב"ן. וזהו שכתב **שא"ק** כולל עסמ"ב.

69

חסדי דוד אות ט' דמ"ט ע"ב – א"ק יש בו עסמ"ב, והם תנת"א. וכל אחד כלול מכולם עד סוף מ"ה ב"ן דע"ב, הם מתפשטים מראשו ועד רגליו. דהיינו ע"ב דע"ב עד האזן, ס"ג דע"ב מהאזן עד הטיבור, ומ"ה וב"ן דע"ב מהטיבור עד רגליו. ועסמ"ב דס"ג מלבישים לסמ"ב דע"ב, דהיינו מהאזן ועד רגליו. ועסמ"ב דמ"ה מלבישין לסמ"ב דס"ג, ולמ"ה וב"ן דע"ב, דהיינו מאזן דס"ג, ומטיבור דע"ב, וזהו פנימיות דא"ק. וכולם הוציאו אורם לחוץ, להלבישו. כי מע"ב דע"ב המגולה יצאו שערות הראש, שבהם תלויים כמה וכמה מיני עולמות הקודמים אל אבי"ע, **ואין רשות לדבר בהם**, אפילו בדרך משל, רק מהאזן ולמטה, וזה סוד לשכך את האזן, ואלו הלבישו מהקרקפתא עד האזנים דא"ק. ומע"ב דס"ג המגולה יצאו אורות אח"פ, ושערות הזקן, והלבישו מהאזן עד הטיבור, וחיצוניות עסמ"ב דמ"ה וב"ן יצאו מהם נקודים וברודים, דרך עינים ומצח דא"ק, והלבישו לא"ק מטיבור עד סוף רגליו. ועם חיצוניות עסמ"ב דב"ן, יצאו חיצוניות סמ"ב, שהם נקודין תגין, אותיות דס"ג, ולכן נקרא נקודים, יען שורשו נקודות דס"ג, הנקראים נקודות דנקודות. ולכן הנקודות נקרא פעמים ב"ן, ופעמים ס"ג. ועם חיצוניות עסמ"ב דמ"ה, יצאו חיצוניות סמ"ב דע"ב. וטעם קריאת המ"ה ברודים, יען ב"ן הכולל היא תולדות מלכות דא"ק, וממנו השבעה מלכים דמיתו, ולכן שם ב"ן נקרא נקודות, כי נקודות היא במלכות. ושם מ"ה הכולל, הוא תולדות הז"א דא"ק, שהתחלתו מהיסוד הנקרא הדר כי הוא סוד הדרת פנים זקן, דהסריס אין לו זקן, והוא מלך הדר המחייה את המלכים, וזהו ברודים כמו הדר.

70

כרם שלמה ש"ט פ"ו אות א' – ומה שכתב **בעצמותו**, ר"ל **בפנימיותו**. ומפני שרוצה לומר אחר כך כי על דרך זה יצאו לחוץ הענפים, שהם גם כן ארבעה הויו"ת עסמ"ב, לזה כתב כאן **בעצמותו שהוא בפנימיותו**

71

כרם שלמה ש"ט פ"ו אות א' – וזהו מה שכתב כאן, **וכל אחד מֵאֵלּוּ הָאַרְבַּע**. פרוש, הארבע הויו"ת, **נכללות בארבעתן**. דהיינו בהע"ב עצמו יש בו עסמ"ב, וכולם דע"ב. וכן בהוי"ה דס"ג יסמ"ב, וכולם דס"ג. וכן במ"ה, וכן בב"ן.

72

תרשים ו – י"א.

73

כרם שלמה ש"ט פ"ו אות א' – וכל זה עדיין בפנימיותו, ולזה כתב **אחר כך ויוצאין ממנו גם כן אורות לחוץ, שהם ענפיו.** ר"ל וגם כן הארבעה הויו"ת דעסמ"ב, וכל אחת כלולה מעסמ"ב.

74

כרם שלמה ש"ט פ"ו אות א' – ומה שכתב אחר כך, והע"ב הוא במוחין דיליה וכו'. עכשיו חזר לדבר בפרצופים, והההוי"ת שבפנים. כמו שמוכח ממה שכתב אחר כך בסמוך - **והנה על דרך זה שפנימיותו כן הוא בענפיו היוצאים ממנו לחוץ** וכו'. ומה שכתב במוחין דיליה נגד א"א ואבא דאצילות, ר"ל כמו שבעולם האצילות יש עתיק ונוקבא, וא"א ונוקבא, ואו"א, וזו"ן, וכולם רמוזים בשם הוי"ה, כן הוא בעולם דא"ק עצמו,

ועוד הרב ז"ל מבאר כאן כי שם ע"ב הוא בא"א ואבא. ולעיל[77] ולקמן[78] נתבאר כי שם ע"ב הוא בחכמה הנקראת אבא. וכאן ובעוד[79] מקומות כותב הרב ז"ל כי שם ע"ב הוא בא"א, שהוא בחינת הכתר. **דע** כי[80] יש סוגיות דעסמ"ב לפני נתינת מוחין, והוא כאשר הרב ז"ל מעריך את הכתר או א"א בבחינת שם ע"ב או טעמים. ויש סוגיות דעסמ"ב אחרי נתינת מוחין, כאשר הרב ז"ל מעריך את שם ע"ב או טעמים בבחינת חכמה או אבא עילאה. **והמעיין** בחכמתו צריך להבין ולדעת באיזה סוגיא מדובר. כאן מדובר בשם ע"ב שלפני נתינת המוחין, ואחרי נתינת המוחין. גם[81] עוד יש סוגיות דעסמ"ב וטנת"א במערכות אחרות מאלו.

שׁיש בו ההויו"ת הנזכרים לעיל, יש בו כן גם פרצופים על דרך האצילות. והכתר והחכמה שׁלו שׁהם מקומם בראש, הם נקראים מוחין, וכשׁתכנה אותם בשׁם פרצופים, הם נקראים פרצוף א"א ופרצוף אבא, כמו א"א והאבא דעולם האצילות, וזהו מה שׁכתב - **נגד א"א ואבא דאצילות.**
75

נהר שׁלום, דרוש הדעת דמ"א ע"ג – ונתחיל מן הראשׁון, הנה ספירת הכתר היא נשׁמת האצילות, ונחלק לשׁלושׁ מוחין חב"ד, שׁהם נר"ן, שׁלושׁ חלקי הנשׁמה. כיצד עתיק ונוקבא חו"ב והם נשׁמה ורוח, ואריך ונוקבא הם זו"ן שׁבכתר, ונקרא דעת, ונפשׁ, ושׁלשׁתם שׁלושׁה חלקי הנשׁמה. אחר כך ספירות חכמה ובינה, הם רוח דאצילות, ונחלקים לשׁלושׁ מוחין חב"ד, שׁהם נר"ן, שׁלושׁ חלקי הרוח. כיצד או"א חכמה ובינה, והם נשׁמה ורוח, והדעת שׁהוא זו"ן שׁבהם, שׁהם ישׁסו"ת, נקרא נפשׁ, ושׁלשׁתם שׁלושׁה חלקי הרוח. ואחר כך ספירת הדעת, היא נפשׁ דאצילות, ונחלק לשׁלשׁה מוחין חב"ד, שׁהם נר"ן, שׁלושׁ חלקי הנפשׁ. כיצד, זו"ן חכמה ובינה, והם נשׁמה ורוח, והדעת שׁל הדעת, שׁהוא זו"ן שׁבהם, הם יעקב ולאה, ונקראים נפשׁ, ושׁלשׁתם הם שׁלשׁה חלקי הנפשׁ. וכל הבחינות הנזכרים כלולים מעשׁר, ומתלבשׁים זה בתוך זה.
76

תרשׁים ו – י"ב.
77

ע"ח שׁ"ו פ"ב מ"ת דכ"ה ע"ד – ודע כי כאשׁר לא יש בפרצוף בחינת חיה פנימיים, שׁהוא בחינת הטעמים, שׁנקרא מוחין, כי כל המוחין בסוד חכמה, הוא שׁם ע"ב. אי אפשׁר להזדווג, ועדיין שׁאר האורות שׁיש לו שׁהם נר"ן פנימית, נקרא אורות אחורײם, ואז עומדין אחור באחור.
78

ע"ח ח"ב שׁמ"ב פ"ד מ"ק דצ"ד ע"ג – ארבע אותיות הוי"ה, בארבע עולמות אבי"ע, **י'** באצילות, סוד שׁם ע"ב דיודי"ן, כי כולם בחכמה עשׁית. **ה'** בבריאה, שׁם ס"ג, כי אימא מקננא בכורסייא. **ו'** ביצירה, שׁם מ"ה, כי ו' ספיראין מקננא ביצירה. **ה'** תתאה בעשׁיה, שׁם ב"ן, כי מלכות מקננא באופן.
79

ע"ח שׁ"ו פ"ב מ"ת דכ"ה ע"א – ולכן נמצא עתה ארבעה בחינות דרך כללות, ונאמר **כי הנה ע"ב טעמים בכתר**, וס"ג נקודות בחכמה, ומ"ה תגין בבינה, וב"ן אותיות בתפארת)נ"א בשׁבעה תחתונות(.
ע"ח שׁי"ב פ"א מ"ת דנ"ו ע"א – ודע כי בזוהר אמרו **שׁהטעמים בכתר**, ונקודות בחכמה, ותגין בבינה, ואותיות בשׁבעה תחתונות דאצילות, שׁהם נקראו זו"ן.
80

תרשׁים ו – י"ג.
81

ע"ח שׁ"ו פ"ה מ"ת דכ"ז ע"א – והרי הוא ארבעה בחינות אור, והם סוד ארבעה בחינות טנת"א כנזכר לעיל, שׁהיו כולם נכללין כאן בענין העקודים. וזה פרטן, אור ראשׁון **טעמים**, כי אחוריים **נקודות,** הנקודות הם לעולם דין. ואור רשׁימו **תגין,** ואור שׁל ניצוצין הנופלין על ידי הכאות האורות זה בזה כנזכר לעיל, הוא **אותיות,** אשׁר מהם נעשׁה בחינת הכלים.
ע"ח שׁ"ה פ"א מ"ב ד"י כ ע"ד – ודע כי ארבע בחינות כוללים כל ארבע עולמות, והם **ע"ב, ס"ג, מ"ה, ב"ן, והם עצמם נקראו טנת"א,** וכל אחד כולל ארבעתן. ע"ב יש בו ע"ב וטעמים. ס"ג ונקודות. מ"ה ותגין. ב"ן ואותיות. וכולם נקרא ע"ב טעמים. וכן בס"ג. וכן במ"ה. וכן בב"ן. **גם דע כי ע"ב הוא כתר וטעמים.** ס"ג הוא חכמה ונקודות. מ"ה הוא בינה ותגין. וב"ן שׁבעה תחתונות ואותיות. והנה מתחלה היה בא"ק כך, **ג"ר**

הֶעָ"ב[83] [82] לפני נתינת המוחין **הוא בִּמוֹזִין דִּילֵיהּ, נֶגֶד א"א** פרצוף א"א שהוא הגולגלתא, והוא בחינת **יְחִידָה**, והוא שרשי המוחין, **וְאַחֲרֵי נתינת המוחין שם ע"ב הוא בָּאַבָּא** ר"ל או"א עילאין, והוא בחינת **חיה**]דמ"ה ע"ג 90 **דַּאֲצִילוּת**[84] כן הוא בא"ק, **וּלְעֵילָא בּמֹגְלְגַּלְתָּא דִּילֵיהּ**[85] ר"ל למעלה[86] מפרצוף א"א דא"ק יש פרצוף יותר נעלם, שהוא בחינת **עתיק דא"ק**, וְיֵשׁ[87] **בּוֹ דּוּגְמָא** כל **הבָּזֵינַת עַתִּיק דַּאֲצִילוּת**,[88]

שבו שהם ע"ב כתר. ס"ג חו"ב. וזה הס"ג היה מחציו ולמטה, שהם הנקודות שבו. מלובש מטיבור ולמטה דא"ק, תוך **מ"ה וב"ן דא"ק**. וכל זה הוא פנימיות א"ק עצמו, אורות וכלים.
82

שפת אמת ש"ט פ"ו אות ב' די"ג ע"א – והע"ב הוא במוחין דיליה נגד א"א ואו"א דאצילות נזכר לעיל. דר"ל או"א עילאין שנקראים בכללות אבא. ומה שכתב שס"ג דיליה מאוזן ולמטה, עד טבורא, והוא כנגד בינה דאצילות. ר"ל ישסו"ת שנקראים בכללות בינה. ומה שכתב כי שערות ראשו וכו', שבהם כלולים או"א, האי שבהם קאי על ענפי ע"ב ועַנֹפי ס"ג. ועניין ההתכללות הנזכר הוא סוד עמוק שכתבו הרש"ש בהקדמתו, עיין דף ק"ט ע"א [**אח"י** - בדפוס דשנת עת"ר ד"ח ע"ג] בעניין הגדלת הפרצופים, על ידי קבלתם המוחין יעו"ש ד"ה - וכן על דרך זה. ומה שכתב שהוא שם ס"ג הכולל שניהם וכו', אף על פי שבינה דמ"ה הוא תגין, והתגין הוא מ"ה, עם כל זה מצינו בכל מקום שקורא לבינה שם ס"ג.
83

בית לחם יהודה ש"ט פ"ו דל"א ע"א – והע"ב הוא במוחין דיליה נגד א"א ואבא דאצילות. כלומר והע"ב הוא בגולגלתא ומוחין דיליה, דהא קאמר כנגד א"א ואבא. וא"א הוא בחינת גולגלתא דכללות האצילות, ולא כנגד המוחין, ורז"ל קיצר בלשונו מסיבת שאמר והע"ב. ועיקר הע"ב אינו כי אם באבא, שהוא אות יו"ד דהוי"ה. אבל א"א אינו רמוז כי אם בקוצו של יו"ד, לכן לא אמר גולגלתא ומוחין. ותדע דהכי הוא, דהא קתני אחר כך - ולעילא מגולגלתא דיליה יש בו דוגמא בחינת עתיק דאצילות וכו'. ואמאי לא פירש לן בחינת הגולגלתא עצמה, מאי הוא רמוז כנגדה באצילות, אלא ודאי דהגולגלתא היא רמוזה לא"א דאצילות. ומבואר מדבריו שכל השלושה מוחין דא"ק הם בחינת ע"ב לבד, ואין כלול עמהם בחינת הס"ג, כי הס"ג הוא מאוזן דא"ק ולמטה, ואין המוח במקום האוזן, וכמבואר להדיא בסוף פרק ב' דשער תנת"א, וז"ל - אך המשכיל יבין כי אור של המוחין נקרא ע"ב. וזה (של האח"ף(נקרא ס"ג, יעו"ש. וכך כתב בריש פרק א' דשער הנקודים, ובריש פרק ב' דשער התיקון, יעו"ש. אבל על כל פנים מה שכתב הכא דהע"ב הוא אבא, והס"ג הוא כנגד בינה דאצילות, ומ"ה וב"ן כנגד זו"ן דאצילות וכו', דבריו אלו הם היפך הסדר שכתב במ"ב דפרק א' דטנת"א, להתם כתב דע"ב הוא כתר, וס"ג חכמה, ומ"ה בינה, וכו', וצריך עיון. ואפשר ליישב בדוחק לפי שכתב הכא כנגד באצילות וכו', ושם באצילות איירי במוחין המושפעים בהם, כתירוץ מזל"ן [**אח"י** - משה זכות לי נראה] בפרק א' דשער טנת"א, וכדפירש דבריו באש"ל, כמבואר בדברינו להתם, יעו"ש.
84

הגהות וביאורים)א(– פירוש, שע"ב הוא בא"א כנזכר בכמה מקומות, ע"א כתר שהוא א"א. וגם אבא נקרא ע"ב חכמה, כנזכר בשער עתיק יומין פרק א', ובמבוא שערים דף ל"ג [**אח"י** - בנדפס מחדש דשנת תרס"ט ש"ב ח"ג פ"ג די"ב ע"ג].
85

הגהות וביאורים)ב(– פירוש, דא"ק והוא בחינת עתיק דא"ק.
86

כרם שלמה ש"ט פ"ו אות א' – ולא די בזה שיש בו בחינת א"א, אלא שלמעלה בו בחינת מא"א שלו, שהוא רמוז בגולגלתא דיליה. יש בו עוד פרצוף אחר נעלם, שהו נקרא **עתיק דא"ק**, והוא גם כן כמו שיש בחינת עתיק דאצילות, שהוא למעלה מא"א דאצילות, וזהו שכתב - **ולעילא מגולגלתא דיליה**, פירוש שהוא הא"א, הרמוז שם בגולגלתא דיליה, למעלה ממנו **יש בו דוגמת בחינת עתיק דאצילות**, ור"ל ונקרא בחינת **עתיק דא"ק**.
87

בית לחם יהודה ש"ט פ"ו דל"א ע"ב – יש בו דוגמת עתיק דאצילות. הוא בחינת קו היושר הנמשך מא"ס ב"ה, שהוא לעילא מגולגלתא דא"ק)יפה שעה(, וכמבואר נמי בפרק א' דשער מ"ב, ועי"ש בד"ה הנמשך.

והוא[89] הבחינה ממוצע בין המאציל לנאצל, ובחינת עתיק היא למעלה מיחידה בנרנח"י, ואין[90] גילוי בשם דיליה. וכל זה במערכת הפרצופים, וכן הוא במערכת העולמות, שהם חמשה עולמות, א"ק ואבי"ע, עם כל זאת יש בחינה יותר גדולה מעולם דא"ק, והא"ק[91] נקרא ו"ק בערכו.

88

הגהות וביאורים)ג(– עיין בשער בדרושי אבי"ע פרק א', על פסוק - אני אמרתי אלהי"ם אתם. כי יש ניצוץ קטן מאד, שהוא בחינת אלהו"ת, נמשך ממדרגה אחרונה כו', והוא בחינת קוץ היו"ד, כמו שמבואר בספר נהר שלום ל"א ע"ב]**אח"י** - בהנדפס מחדש דשנת עת"ר נהר שלום די"א ע"ב[, ובדף קי"א ע"א]**אח"י** - בהנדפס מחדש דשנת עת"ר רחובות הנהר ד"ט ע"ב[.

89

ע"ח ח"ב שמ"ב פ"א מ"ב דפ"ט ע"ב – וביאור הדבר כי הנה בהכרח הוא שתהיה מידה **אמצעי בין המאציל אל הנאצל**, כי יש הרחק ביניהן כרחוק השמים מן הארץ, ואיך יאיר זה בזה, ואיך יברא זה את זה, שהם שתי קצוות. אם לא היה דבר ממוצע ביניהן, ומחברם, ויהיה בחינה קרובה אל המאציל וקרובה אל הנאצל. והנה בחינה זו הוא **כתר**, הנקרא תהו, כי אין בו שום יסוד, כי על כן אינו נרמז בשם הוי"ה כלל, רק בקוצו של יו"ד. אמנם הוא בחינת אמצעי כנזכר לעיל. והוא כי הנה כתר הוא דוגמת החומר הקודם הנקרא היול"י, שיש בו שורש כל הארבע יסודות בכח ולא בפועל, ולכן נקרא תהו, כי הוא מתהא מחשבות בני אדם, באמרם הנה אנחנו רואים שאין בו צורה כלל, ועם כל זה אנחנו רואים שהוא נאצל, ויש בו כח הארבע צורות. נמצא כי אפשר לקוראו א"ס ומאציל, כמו שהוא דעת קצת המקובלים, **שהא"ס הוא הכתר**, ואפשר לקוראו **בשם נאצל**, כי ודאי א"ס גדול ממנו, ועל כן הזהירו בו חכמים - במופלא ממך אל תדרוש. אמנם תכלית מה שאנו יכולים לדבר בו הוא, **כי הכתר הוא בחינת ממוצע, ממאציל ונאצל**, והטעם הוא כי הבחינה היותר האחרונה מכל האפשר בא"ס, הוא אשר האציל בחינה אחת אשר בה שורש כל העשר ספירות בהעלם ודקות גדול, שאי אפשר להיות לנאצל יותר דקות ממנו, כי תהו אשר למעלה ממנו, אין עוד זולת האפס המוחלט כנזכר לעיל. ונמצא כי יש בבחינה זו שתי מדרגות, אחד הוא הבחינה היותר תחתונה ושפלה מכל בחינת א"ס, וכאילו נאמר דרך משל שהוא בחינת מלכות שבמלכות, ואף על פי שאינו כך, כי אין שם דמות וספירה ח"ו כלל, רק לשכך האזן נדבר כך. והנה בזו המדרגה התחתונה שבא"ס יש בה כללות כל שלמעלה הימנו, ומקבלת מכולם, כנודע שהמלכות מקבלת מכולם, מדרגה זו התחתונה היא האצילה את בחינה השנית, שהיא המדרגה העליונה מכל מה שבכל הנאצלים, ויש בה שרש כל הנאצלים, והיא משפעת לכולם. **באופן שהיותר קטן מכל המאציל, האציל היותר מובחר שבכל הנאצלים**. ואין ביניהן מדרגה אחרת כלל, כי אחר המאציל הזה אין נאצל יותר קרוב אליו, ודומה לו כזה. וכללות שתים אלה הבחינות היא בחינה אחת הנקרא כתר, שבערך בחינה האחת אשר בה קראוה קצת מקובלים א"ס, ובערך בחינה שניה שבה קראוה קצת המקובלים כתר, שהוא במנין העשר ספירות. אבל אנחנו סברתינו לא כדברי זה, ולא כדברי זה, אלא היא בחינה אמצעית בין א"ס לנאצלים, ויש בה בחינת א"ס, ובחינת נאצלים. **ושני בחינות אלו הם הנקרא עתיק וא"א**, ושניהן נקרא כתר כנודע אצלינו, **והבן זה מאד**.

נהר שלום די"א ע"ב – כי מן האין סוף נמשך ונתפשט ניצוץ אחד, שהוא בחינת אלהו"ת, וזה הניצוץ נתלבש בכח ניצוץ אחד נברא מכח עוצם הארתו, והוא נשמה דקה מאד, והיא נקרא יחידה, וזו יחידה יש בה שורשי כל העשר ספירות בהעלם ודקות גדול, שאי אפשר להיות לנאצלים יותר דקות ממנו. ועל הניצוץ הנזכר נאמר בנים אתם לה' אלהיכ"ם, ואני אמרתי אלהי"ם אתם, ויעל אלהי"ם מעל אברהם, האבות הם המרכבה. והיא נשמתא דחיי, נשמתא דכולא, דבעי לאשלפא לה מדרגא לדרגא, כמבואר אצלינו במקום אחר בהקדמה עיין שם. ושתי בחינות האלו הם הנקראים תהו ובהו, אשר למעלה מהתוהו אין עוד זולתי האפס המוחלט, שהוא הא"ס, שאין בו תפיסת המחשבה. ושתי ניצוצות אלו נקראים בחינת כתר הכולל, **והם הנקראים בחינת עתיק ואריך שבכתר**, והם קוץ היו"ד דהוי"ה הכולל, ובו שורש כל הארבע אותיות דהוי"ה, וממנו נאצלו ארבעה אותיות הוי"ה, שהם חב"ת"ם, והם טנת"א, והם הם אבי"ע, והם הם ארבע יסודות, אש רוח מים עפר.

90

תרשים ו – י"ד.

בתחילת הדרוש זה הרב ז"ל ביאר כי המוחין הם משם ע"ב, ולעיל[92] כתב הרב ז"ל כי המוחין הם משם ס"ג דא"ק הכולל, וזאת סתירה לכאורה בדברי קודשו של הרב ז"ל. **ידוע** כי ע"ב וס"ג דא"ק, או בכל שיעור קומה, הם בחינת או"א, או חו"ב. כאשר שם ע"ב הוא בחינת חכמה, ואבא, שהוא או"א עילאין, ולבחינה זאת יש שיעור קומה פרטי בין עשר ספירות, הכוללות **חב"ד** שהם המוחין, וחג"ת נה"י. וכן שם ס"ג הוא בחינת בינה, ואימא, שהם ישסו"ת, ולבחינה זאת גם יש שיעור קומה פרטי בין עשר ספירות, הכוללות **חב"ד** שהם המוחין, וחג"ת נה"י. וכאשר[93] בני ישראל הקדושים מעלים מ"ן ברורים שהם בחינת מ"ן, על ידי לימוד התורה, התפילה, ומעשים טובים לזו"ן, וזו"ן לאו"א, וכן ממדרגה למדרגה, **עד רום המעלות, שהם ע"ב וס"ג דא"ק**, אז מזדווגים[95] בחינת **ע"ב דא"ק עם בחינת ס"ג דא"ק**, בפנימיותו דא"ק, כדי להוליד מוחין, ומוחין אלו מתפשטים ממדרגה למדרגה עד למטה. **מכל זה יוצא** כי גם ע"ב דא"ק, וגם ס"ג דא"ק, נקראים מוחין. ולהבין סוגיה זאת **לעומק**, כבר ידוע כי כל פרצוף הוא בחינת הוי"ה הנחלק[96] לארבעה

91

רחובות הנהר ד"ג ע"ב – הרי נתבאר היטב מה שכתבנו, **כי אפילו א"ק עצמו הוא זו"ן, שהם מ"ה וב"ן, בערך הקודם אליו**. ואלו המ"ה וב"ן הכוללים שבו, נפרטים לעסמ"ב, שהם עשר ספירות, שהם החמשה פרצופים שבו.

רחובות הנהר ד"ט ע"א – כי אפילו א"ק עצמו, **נקרא זו"ן**, לערך הקודם אליו.

92

ע"ח ש"ה פ"א מ"ב דכ"א ע"ב – ואחר כך הוציא שערות הזקן, הנמשכין מן ס"ג)עצמו(הכולל, הנקרא נקודים. **שמהם נעשו כללות שלוש מוחין שבו.** ונמשכין סוד הטעמים דס"ג, שהוא אח"פ עד טיבורו.

93

נהר שלום דכ"ג ע"ג – גם נודע כי ישראל נקראים בנים דזו"ן, וכל מה שאנו מבררים על ידי התפילות והמצות, הוא מבחינת בירור המלכים דזו"ן, ומבחינת הנשמות **להעלותם** לאו"א להתקן. ואז ניתן כח לזו"ן, ומבררים גם הם מבחינת האחוריים דאו"א, וישראל סבא ותבונה, **ומעלים אותם** ועולים עם הבירורים דזו"ן לאו"א, והבירורים דזו"ן נשארים באו"א להתקן. ובירורים דאו"א **עולים** לא"א. וכן על דרך זה או"א מבררים מחלקים א"א, וא"א **מעלה** אותם לעתיק להתקן. וכן על דרך זה מפרצוף לפרצוף, **כי כל פרצוף תחתון הוא נקרא ז"א, שהוא בן, בערך הפרצוף שעליו**, והוא מברר חלקי בירורי הפרצוף שעליו, **ומעלה** אותם לפרצוף העליון שעל גבי פרצוף שעליו להתקן. כמבואר בע"ח, ובספר מבוא שערים ש"ב ח"ב פ"ו, עיין שם. **וכן עולים עד רום המעלות. ואז מזדווגים ע"ב וס"ג דא"ק** ואז נמשכים ויורדים כלים ואורות דעשר ספירות דמ"ה, עם תשעה ספירות תשלום עשר ספירות דב"ן, המתייחסים לאותם הבירורים שעלו, ובתוכם הנרנח"י, שהם ההויו"ת ואהי"ה המנוקדות, הנמשכים מהא"ס, הראויים לאותם הבירורים, ומתערבים עם אותם הבירורים דכל פרצוף, ונמשכים מפרצוף לפרצוף לבחינת מוחין......

94

ע"ח ח"ב שכ"ט פ"ג מ"ב דכ"ב ע"א – ונבאר עתה תשלום מ"ן מה מה עניינם, כמו שנתבאר זה למעלה. הנה כל **עליית מ"ן צריך שתעלה מלמטה למעלה**, ממדרגה למדרגה, וזה יעורר לזה, וזה לזה, **עד רום המעלות**.
ע"ח ש"י פ"א מ"ת דמ"ז ע"ג – אמנם בחינת המ"ן שאמרנו לעיל שעלו, לצורך הזווג העליון הוא עצמו, ענין עליית שבעה אורות למעלה בבינה, **וזכור הקדמה זו מה הוא ענין העלאת מ"ב.** והנה בזווג זה צריך שיתוקנו כל העשר ספירות מכתר עד מלכות, כי אפילו ג"ר אינם מתוקנים, ולכן בחינת העלאת מ"ן אלו היה **למעלה בע"ב ס"ג דא"ק**, כמו שנבאר בע"ה. ועל ידי זווג ועיבור זה, נתקן כל עולם האצילות כולו, מעתיק יומין עד מלכות.

95

ע"ח ש"י פ"א מ"ת דמ"ח ע"א – והנה על ידי עליית מ"ן הנזכר לעיל, שהם)נ"א ששם(האורות הנ"ל, נזדווגו בחינת הוי"ה דע"ב דיודי"ן, אשר הם כללות בחינת המוחין דא"ק, עם בחינת **הטעמים דס"ג שהם אח"פ**, כנ"ל. כי אלו הטעמים דס"ג לא היה בהם שום שבירה, ולכן הם נזדווגו יחד עם בחינת הע"ב דא"ק, ואין הכוונה על האורות היוצאין מן הבל אח"פ, רק על בחינת עצמן ופנימותן ממש, וכאשר נזדווגו יחד נולד מהם אור חדש על ידי הזווג הזה.

96

ע"ח ש"ה פ"א מ"ב ד"כ ע"ב – דע כי אין מציאות ציור קומת אדם בעולם, שלא היה בו כללות ארבעה בחינות, אשר כוללים כל האצילות וכל העולמות כולם. ואלו הם, ע"ב כזה יו"ד ה"י וי"ו ה"י. ס"ג יו"ד ה"י

בחינות פרטיות, הנקראות עסמ"ב שהם תנת"א, וכל אחד מהבחינות האלו דעסמ"ב או הטנת"א נחלקים לעסמ"ב פרטיים, וכן כל אחד מהעסמ"ב הפרטיים נחלקים לעסמ"ב של פרטי פרטים[97]. וכן הוא בשיעור קומת א"ק, כאשר בחינת הע"ב הכללי מתחלקת בדרך זאת, ע"ב[98] דע"ב שהם הטעמים דע"ב, הוא בקרקפתא עד האזנים דא"ק, מהאזנים דא"ק עד טבורו ס"ג דע"ב דא"ק, ומהטבור ולמטה מ"ה וב"ן דע"ב, כל אחד מארבעה בחינות אלו דע"ב מתחלקות לארבעה בחינות פרטיות הנקראות עסמ"ב דעסמ"ב דע"ב. **וההחשוב לנו** בסוגיה זאת הם ארבעה הבחינות הפרטיות דע"ב דע"ב, הנקראים[99] עסמ"ב דע"ב דע"ב דא"ק, וכולם נמצאים ממקום הקרקפתא עד מקום האזנים דא"ק, בבחינה זאת[100] **אין לנו רשות לדבר בה.** וכן בבחינת ס"ג דא"ק, הנחלק גם כן לארבעה בחינות הנקראות עסמ"ב דס"ג דא"ק, כאשר דע"ב דס"ג הוא מהאזנים דא"ק עד טבורו, וסמ"ב דס"ג מטבורו ולמטה. גם כאן כל בחינה מהעסמ"ב דס"ג נחלקה לארבעה בחינות פרטיות הנקראות עסמ"ב דעסמ"ב דס"ג דא"ק, ובחינת ע"ב דעסמ"ב דס"ג נחלקת לעסמ"ב דע"ב דס"ג. ועסמ"ב דע"ב דע"ב דס"ג דא"ק, והעסמ"ב דע"ב דס"ג דא"ק, נחלקים[101] גם לבחינות דטנת"א. **צריך לדעת** כי אף פעם הרב ז"ל לא מזכיר את בחינת כללות ע"ב דע"ב דס"ג בספר אוצרות חיים, שהם **עצמות**[102] אור העינים, אלא רק מבחינת סמ"ב דע"ב דס"ג, שהם בחינת הטעמים דע"ב דס"ג הנקראים אח"פ. וגם הבחינות דמ"ה וב"ן דא"ק מתחלקות לארבעה בחינות פרטיות הנקראות עסמ"ב דמ"ה ועסמ"ב דב"ן, וכל אחת מהם מתחלקת לארבעה בחינות הנקראות

 וא"ו ה"י. מ"ה יו"ד ה"א וא"ו ה"א. ב"ן יו"ד ה"ה ו"ו ה"ה. והנה אלו הארבעה הויו"ת הנחלקים לארבע מלואין, האלו הם ארבעה בחינות אלו, הטעמים שם ע"ב. הנקודות שם ס"ג. התגין שם מ"ה. האותיות שם ב"ן. **וכל אחד מאלו הארבעה הויו"ת כלול מכולם, ויש בכל הוי"ה מהם בחינת טנת"א.**
97

תרשים ו – ט"ו.
98

ע"ח ש"ה פ"א מ"ב ד"ב ע"ב – והנה בחינת קרקפתא של זה הא"ק שהוא ראש עד בחינת מקום האזנים שלו, נקרא בחינת שם ע"ב, והוא סוד הטעמים שבו כנ"ל, עם היות שגם בבחינה זו לבדה כלולה טנת"א, אלא שאין לנו רשות לדבר בזה.
99

תרשים ו – ט"ז.
100

חסדי דוד אות ט' דמ"ט ע"ב – א"ק יש בו עסמ"ב, והם טנת"א, וכל אחד כלול מכולם, ע"ב ס"ג מ"ה ב"ן דע"ב, הם מתפשטים מראשו ועד רגליו, דהיינו ע"ב דע"ב עד האזן, ס"ג דע"ב מהאזן עד הטיבור, ומ"ה וב"ן דע"ב מהטיבור עד רגליו. ועסמ"ב דס"ג מלבישים לסמ"ב דע"ב, דהיינו מהאזן ועד רגליו. ועסמ"ב דמ"ה וב"ן מלבישין לסמ"ב דס"ג, ולמ"ה וב"ן דע"ב. דהיינו מאזן דס"ג ומטיבור דע"ב, **זהו פנימיות דא"ק.** וכולם הוציאו אורם לחוץ להלבישו, כי מע"ב דע"ב המגולה יצאו שערות הראש, שבהם תלויים כמה וכמה מיני עולמות הקודמים אל אבי"ע, **ואין רשות לדבר בהם**, אפילו בדרך משל, רק מהאזן ולמטה, וזה סוד לשכך את האזן, ואלו הלבישו מהקרקפתא עד האזנים דא"ק. ומע"ב דס"ג המגולה יצאו אורות אח"פ ושערות הזקן, והלבישו מהאזן עד הטיבור, וחיצוניות עסמ"ב דמ"ה וב"ן יצאו מהם נקודים וברודים דרך עינים ומצח דא"ק, והלבישו לא"ק מטיבור עד סוף רגליו, ועם חיצוניות עסמ"ב דב"ן יצאו חיצוניות סמ"ב, שהם נקודין תגין אותיות דס"ג, ולכן נקרא נקודים, יען שורשו נקודות דס"ג הנקרא נקודות דנקודות, ולכן הנקודות נקרא פעמים ב"ן ופעמים ס"ג. ועם חיצוניות עסמ"ב דמ"ה יצאו חיצוניות סמ"ב דע"ב. וטעם קריאת המ"ה ברודים, יען ב"ן הכולל היא תולדות מלכות דא"ק, וממנו השבעה מלכים דמיתו, ולכן שם ב"ן נקרא נקודות היא במלכות, ושם מ"ה הכולל הוא תולדות הז"א דא"ק, שהתחלתו מהיסוד הנקרא הדר, כי הוא סוד הדרת פנים זקן, דהסריס אין לו זקן, והוא מלך הדר המחייה את המלכים, וזהו ברודים כמו הדר.
101

תרשים ו – י"ז.
102

ע"ח ש"ד פ"א דרוש לרב רבי גדליה הלוי די"ח ע"א – ולפי שאין בראיית עינים הבל היוצא, אלא הסתכלות לבד, אינו נעשה אלא הכלים, **והסתכלות ההוא גדול מכל הג' הבלים הנ"ל**, כי הראייה היא י', שמיעה **ה'**, ריחא **ו'**, דיבור **ה'**, הרי ארבעה אותיות הוי"ה, שהם חבת"ם, שהם נר"ן [נ"א נרנ"ח], **הראייה היא חיה, י'** של השם הנקרא **חכמה**, כי חכמה עליונה מאירה דרך עינים, כי אם שאם היה הבל יוצא ממש דרך העינים, **לא היה** אפשר למטה לקבלה. לכן לא נמשך ממנו אלא הסתכלות לבד.

עסמ"ב דעסמ"ב דמ"ה, ועסמ"ב דעסמ"ב דב"ן, כך שבכל בחינה כללית של עסמ"ב יש ט"ז בחינות פרטיות. **כבר ביאר** הרב ז"ל האורות הנמצאים בכלים דתנה"י דא"ק עלו מעל לטבור, זאת כדי שיצאו חלק מאורות אלו דרך העינים, עם כל זאת נעשה האור הזה שעלה למעלה מהטבור בחינת מ"ן אל בחינת השורשים הפנימיים דאח"פ, שהם[103] נקראים ישסו"ת בערך ע"ב דע"ב וע"ב דס"ג הנקראים או"א עילאין, ומזדווגים הבחינות דאו"א עילאין, וזיווג זה נולד האור החדש. **צריך לדעת** הזיווג שבסוגיא זאת הנקרא ע"ב דע"ב עם ע"ב דס"ג **באמיתות הדברים הוא**[104] זיווג ע"ב דע"ב דע"ב דא"ק עם ע"ב דע"ב דס"ג דא"ק, שהם בחינת הטעמים דטעמים דע"ב וס"ג דא"ק. **כאן** ביאור הסוגיא על דרך הפשט.

לרב כרם שלמה יש[105] ביאור נפלא. והוא כי הרב ז"ל כתב[106] על בחינת א"ק - ואין לנו רשות לדבר יותר במקום גבוה כזה, **והמשכיל**[107] **יבין ראשית דבר מאחריתו**, עד כאן לשונו. ר"ל אפשר[108] ללמוד על בחינת א"ק מפרצוף א"א. לכן כמו שפרצופי או"ן וזו"ן הלבישו את א"א, כך גם האורות היוצאים מהאח"פ ודרך העינים והמצח, הלבישו לא"א. רק שההפרש הוא כי התלבשות האורות דאח"פ והנקודים לא"ק, הוא לפני התיקון. והתלבשות או"א עילאין, וישסו"ת, לא"א, הוא אחרי התיקון.

---

[103]
רחובות הנהר ד"ח ע"ג – וכן על כל זה בעלות הזו"ן דאצילות עוד לקבל מוחין דיחידה מא"א, כגון במנחה דשבת, והוא מישסו"ת שעלו כבר, ונקרא בשם א"א, מהם מקבלים עתה מוחין דיחידה לפרצוף החמישי דזו"ן, הנקרא כתר, על דרך סדר קבלת המוחין דנשמה, ועל ידי כך נגדל הז"א עד שיעור קומת א"א, שהוא עד טבורא דא"ק, אשר שם שורשו, ונקרא בשם א"א, **וישסו"ת עולים לאח"פ, שהם אורות דס"ג דבינה דא"ק, שורשי ישסו"ת, ואו"א לע"ב דחכמה דא"ק ,שהוא שורשם**, וא"א לגולגלתא כתר דא"ק שהוא שורשו.

[104]
תרשים ו – י"ח.

[105]
כרם שלמה ש"ט פ"ו אות א' – ומה שכתב, וס"ג דיליה מאוזן ולמטה עד טבורו, והוא כנגד בינה דאצילות. פירוש, כי עכשיו אינו מדבר על בחינת הספירות הפרטים של הפרצופים שלו, כי בספירות הפרטים של כל פרצוף ופרצוף שלו הוא כך הסדר שלו, החכמה הוא במוח ימין של אותו פרצוף, והבינה הוא במוח שמאל של אותו פרצוף, וכו'. אבל כאן עכשיו הוא מדבר בפרצופים השלמים שלו, שהם מלבישים זה לה, כמו שמיצינו בהתלבשות פרצופי האצילות, שהם מלבישים זה לזה. כך הוא העניין כאן, שא"א של א"ק הוא מתלבש בתוך חכמה, שהוא אבא עילאה, שהם האו"א עילאין. והואיל והאו"א עילאין הם בחינת חו"ב, לכן עד כאן נקראים מוחין. ולזה כתב לעיל. **והע"ב הוא במוחין דיליה, נגד א"א ואבא.** אבל מפני שהם או"א עילאין, לכן נקראים שניהם בשם **אבא** לבד, כמו שכתב הרב ז"ל לקמן בשער אנ"ך. ולזה הבינה שלו גם כן שהם פרצופי הישסו"ת, שהם נקראים שניהם בשם **בינה**, הם מלבישים לאו"א עילאין, ששניהם נקראים בשם אבא, ואז נראין הישסו"ת האלו קומתן מן האוזן שלו עד הטיבור של, כי הם מלבישים לאבא ואימא עילאין. וזהו שכתב **כנגד בינה דאצילות**, ר"ל ישסו"ת דאצילות. ואף על פי שישסו"ת דאצילות הם מלבישים מן החזה דא"א עד הטיבור, ולא מן האוזן שלו, **העניין הוא כי שם הוא מדבר אחר התיקון,** וודאי שנשתנה הדבר של ההלבשה מקודם התיקון, **וכאן מדבר על קודם התיקון.**

[106]
ע"ח שער א' ענף ב' מ"ת די"ב ע"ד – ואין לנו רשות לדבר יותר במקום גבוה כזה, **והמשכיל יבין ראשית דבר מאחריתו**, כמו שנבאר בע"ה בדרושים אחרים הבאים לפנינו.

[107]
קהלת ז' ח' – טוב **אחרית דבר מראשיתו** טוב ארך רוח מגבה רוח.

[108]
חסדי דוד אות ה' דמ"ח ע"ד – א"ק נקרא כתר, ונקרא קוץ הי', ושורש, ונקרא עתיק ונוקבא, **וא"א ונוקבא**, ויחידה, בערך כללות העולמות.

ועוד מערכת זו דפרצופי האצילות, הם מקבילים לפרצופי הא"ק, אפשר להבין אותה מהמערכת של קבלת מוחין. והיא[109] כל פרצוף נקרא זו"ן שהם נפש ורוח, בערך[110] לפרצוף שממעליו. וצריך אותו פרצוף לקבל עיבור יניקה ומוחין,

חסדי דוד אות ע"ו דנ"ב ע"א – ז"א יש בו נפש רוח שלמים, כל בחינה כלולה מכ"ה בחינות, דכן צריך להיות בכל בחינה כדי שתהיה שלימה, בכל בחינה צריך שיהיה בה חמשה בחינות נרנח"י, וכל אחד מהחמש כלולה מנרנח"י, הרי חמש פעמים חמש הם כ"ה בחינות. וחסר לז"א כל הכ"ה בחינות דנשמה, וכ"ה דחיה, וכ"ה דיחידה. וכשמקבל המוחין מישסו"ת הנקרא נשמה דכללות האצילות, ונכנסים בכלי הבינה דז"א, אז יש לו הכ"ה בחינות דנשמה שלימה, וכשמקבל המוחין מאו"א עילאין, הנקרא חיה דכללות האצילות, ונכנסים בכלי החכמה דז"א, אז יש לו כ"ה בחינת דחיה שלימותא. וכשמקבל המוחין מא"א הנקרא יחידה דכללות האצילות, ונכנסים בכלי הכתר דז"א, אז יש לו כ"ה בחינות דיחידה שלים. אמנם כל זה הוא בערך הכללות, **כי ישסו"ת גם כן נקרא זו"ן בערך או"א עילאין**, ואין בהם רק נפש ורוח, וצריכים עיבור, יניקה, ומוחין כדי להשלים להם נשמה, חיה, יחידה, וכשמקבלים מוחין מאו"א עילאין, הנקרא בערכם נשמה, אז יש להם נשמה שלימה לישסו"ת. וכשמקבלים המוחין מא"א הנקרא בערכם חיה, אז יש להם לישסו"ת חיה שלימה. וכשמקבלים המוחין מאח"פ דא"ק, הנקרא בערכם יחידה, אז יש להם לישסו"ת יחידה שלמה, כי מה שכתב דישסו"ת הם נקראים נשמה, והם ממשיך מוחין דגדלת לזו"ן, הוא בערך זו"ן, אמנם בערך מה שלמעלה מהם נקרא זו"ן, וחסרים נשמה, חיה, יחידה, וצריכים לקבלם משלוש מקומות שלמעלה מהם, דהיינו מאו"א עילאין, ומא"א, ומאח"פ דא"ק, כי אלו נקראים נשמה, חיה, יחידה בערך ישסו"ת. וכן או"א עילאין נקרא חיה בערך זו"ן, ונשמה בערך ישסו"ת, **וזו"ן בערך מה שלמעלה מהם**, וחסרים נשמה חיה, יחידה, וצריכים עיבור, יניקה, מוחין כדי להשלימם, ומקבלים אותם משלוש מקומות שלמעלה מהם, הנקרא בערכם נשמה, חיה, יחידה, דהיינו מא"א נשמה, ומאח"פ חיה, ומשערות הראש ע"ב דא"ק יחידה. וכן א"א נקרא יחידה בערך זו"ן, וחיה בערך ישסו"ת, ונשמה בערך או"א עילאין, **אמנם בערך א"ק הא"א נקרא זו"ן**, ואין בו רק נפש ורוח, וחסר נשמה, חיה, יחידה, וצריך עיבור, יניקה, מוחין כדי להשלימו, ומקבלם משלוש מקומות שלמעלה ממנו, הנקרא בערכו נשמה, חיה, יחידה, דהיינו מאח"פ דא"ק נשמה, ומשערות דהיינו ע"ב דא"ק, דהוא חכמה דא"ק חיה, ומקוץ היו"ד א"א דא"ק יחידה, כי אח"פ הם מס"ג, ושערות הראש מע"ב ממוחין דא"ק, והם ישסו"ת ואו"א עילאין דא"ק. נמצא כי א"א כשמקבל **מישסו"ת דא"ק, אז יש לו נשמה**, וכשמקבל **מאו"א עילאין דא"ק, אז יש לו חיה**, וכשמקבל **מא"א דא"ק אז יש לו יחידה**. כי כמו שזו"ן דאצילות שהם נפש רוח דכללות האצילות, כן א"א דאצילות שהם זו"ן דכללות א"ק, ואין בו רק נפש רוח בערך כללות א"ק, נשלמו בו הנשמה, חיה, יחידה מישסו"ת, ואו"א, וא"א דא"ק, שהם נשמה, חיה, יחידה דכללות א"ק. וכן א"ק עצמו נקרא יחידה בערך האצילות, **אמנם בערך שלמעלה הימנו נקרא גם הוא זו"ן**, ואין בו רק נפש רוח, וחסר לו נשמה, חיה, יחידה, כי הרי כל כללות א"ק עומד במקום חצי מלבוש התחתון כנודע, כי כללות המלבוש הוא סוד עסמ"ב, וכשנחלק המלבוש ונקפל חצי התחתון שהוא סוד מ"ה וב"ן, והלביש לחצי העליון שהוא ע"ב ס"ג, המקום הפנוי הנזכר לעיל, שהוא במקום שהיה חצי מלבוש התחתון נקרא אויר קדמון, והכדור הנעשה בתוכו שבתוכו עומדים עשר ספירות דא"ק נקרא טהירו, ועל גבי הטהירו בין אויר קדמון למלבוש עומדים עשר ספירות דא"ק עילאה סתימאה. הרי כי א"ק עומד במקום מ"ה וב"ן, שהוא סוד חצי המלבוש התחתון, **ולכן נקרא זו"ן בערך מה שלמעלה ממנו**, וצריך עיבור, יניקה, מוחין להשלימו, ומקבלם משלוש מקומות שלמעלה ממנו, דהיינו מא"ק סתימאה עילאה נשמה, ומאויר קדמון חיה, ומהמלבוש יחידה. **והמבין יבין כי אי אפשר לדבר יותר**. וכן נוקבא דז"א דאצילות נקרא זו"ן בערך ז"א, וחסרה נשמה, חיה, יחידה, וצריכא עיבור יניקה, מוחין להשלימה, ומקבלת אותם משלוש מקומות שלמעלה הנקראים בערכה נשמה, חיה, יחידה, מז"א נשמה, מישסו"ת חיה, מאו"א עילאין יחידה. וכן בריאה אין בה רק נפש ורוח בערך נוקבא דז"א דאצילות, ומקבלת נשמה, חיה, יחידה משלוש מקומות שלמעלה ממנה, הנקרא בערכה נשמה, חיה, יחידה, דהיינו מנוקבא דז"א דאצילות נשמה, ומז"א חיה, ומישסו"ת יחידה. וכן יצירה נקרא זו"ן בערך בריאה, ומקבלת נשמה, חיה, יחידה משלוש מקומות שלמעלה ממנו, הנקרא בערכו נשמה, חיה, יחידה, דהיינו מהבריאה נשמה, ומנוקבא דז"א דאצילות חיה, ומז"א דאצילות יחידה. וכן עשיה נקרא זו"ן בערך יצירה, ומקבלת נשמה, חיה, יחידה משלוש מקומות, הנקרא בערכה נשמה, חיה, יחידה, דהיינו מיצירה נשמה, ומבריאה חיה, ומנוקבא דז"א דאצילות יחידה. **באופן שאין פרצוף בעולם נשלם בכל בחינותו עד שיעלה שלוש מדרגות למעלה ממדרגתו**. ולכן במנחת שבת שאז נשלמים כל העולמות, **עולה א"א דאצילות, לא"א דא"ק. ואו"א**

משולש[111] הפרצופים שמעליו. והוא מקבל גדלות ראשונה, הנקרא **בנשמה**. גדלות שניה, הנקרא **חיה**. וגדלות שלישית, הנקרא **יחידה**. כדי שיהיה שלם בתכלית השלמות דנרנח"י. כך שבסוף קבלת המוחין, פרצופי האצילות עולים למקום פרצופי א"ק, ופרצופי א"ק למעלה מהם. **כאשר** לפני[112] נתינת מוחין לנוקבא יש בחינת **נפש**, לז"א **נפש ורוח**, לאימא בר"ן, לאבא ברנ"ח, ולא"א ברנח"י. **כאשר** ז"א[113] מקבל מוחין דגדלות ראשונה הנקרא בערכו אימא, הנקראים **בנשמה**, הנוקבא מקבלת את בחינת הרוח שלה, ואימא את בחינת החיה, ואבא מקבל יחידה, א"א מקבל את בחינת הס"ג דא"ק, וא"ק מקבל מהבחינה שמעליו, הנקראת א"ק דסתימא עילאה, כך שלכל פרצוף נוסף בחינת מוחין חדשה. **כאשר** ז"א[114] מקבל מוחין דגדלות שניה, הנקרא בערכו מאבא, הנקראים **חיה**, הנוקבא מקבלת את בחינת הנשמה שלה, אימא יחידה, אבא ס"ג דא"ק, וא"א מקבל את בחינת הע"ב דא"ק. **וכאשר** ז"א[115] מקבל מוחין דגדלות שלישית, מא"א הנקרא **יחידה**, הנוקבא מקבלת את בחינת החיה שלה, אימא בחינת ס"ג דא"ק, אבא ע"ב דא"ק, וא"א מקבל מגולגלתא דא"ק. וזה תכלית עליית פרצופי האצילות. וכן א"ק מקבל מוחין מהבחינות שמעליו. **כך** שז"א עולה למקום א"ק, וכל[116] פרצוף

עילאין, לאו"א דא"ק. וישסו"ת, לישסו"ת דא"ק. וז"א, לא"א דאצילות. ונוקבא דז"א, לנוק' דאצילות. ולא"א עילאין דאצילות. ובריאה, לישסו"ת דאצילות, הנקרא בריאה דאצילות. ויצירה, לז"א דאצילות, הנקרא יצירה דאצילות. ועשיה, לנוקבא דז"א דאצילות, הנקרא עשיה דאצילות. ואז נשלמו כולם בבחינת נרנח"י, וזו היא מדרגתן האמיתי.
110

ע"ח ש"ד פ"ג מ"ק די"ז ע"ב – ודע כי כל בחינת זו"ן שיש בעולמות כולם נקרא ז"ק]נ"א ו"ק[של גוף של אותו עולם, כי כן יצאו בעת אצילות הראשון, שנאצלו חסרים ג"ר לז"א ותשעה ראשונות לנוקבא. ואלו השנים צריכים שלוש זמנים, שהם עיבור, יניקה, ומוחין, להשלימם. נמצא כי כל עולם ועולם אינם צריכים עיבור, יניקה, ומוחין, רק זו"ן של אותו עולם, בערך א"א ואו"א של אותו העולם, שהם שלימים כפי אותו עולם. אמנם בבחינת הכלל יהיה, **כל החמשה פרצופים שבאותו עולם נקרא זו"ן אל עולם שלמעלה ממנו**, ויהיו חסרי מוחין בבחינת הכלל כנזכר לעיל, **והבן זה היטב.**

רחובות הנהר ד"ג ע"ג – באופן כי כל הנאצלים מראש א"ק עד סוף העשיה, **כולם בבחינת ו"ק, שהם זו"ן**, מ"ה וב"ן, אלא שנפרטים לעשר ספירות שהם עסמ"ב, אותם המ"ה וב"ן הפרטים שהם הזו"ן הפרטיים, חוזרים ונפרטים לעשר ספירות. וכן על דרך זה עד סוף העשיה. הרי נתבאר היטב מה שכתב **כי כל פרצופי כל העולמות הם נקראים זו"ן, שהם ו"ק**, כל פרצוף נקרא בן, שהוא זו"ן **בערך הפרצוף העליון שעליו**, שנקרא או"א בערכו, וגם אותו הפרצוף העליון, **גם הוא נקרא זו"ן בערך הפרצוף שלמעלה ממנו**, וכן כולם.

רחובות הנהר ד"ח ע"ד – האמנם לפי מה שמבואר לעיל, שכל פרצופי כל העולמות נקראים זו"ן, **שהם ו"ק בערך הפרצופים העליונים שעליהם**, וצריכים עיבור יניקה ומוחין, על דרך מה שמבואר בזו"ן דאצילות.

חסדי דוד אות ע"ה דנ"ב ע"א – כל זו"ן דכל **פרט, הם חסרים**, וצריכים עבור יניקה ומוחין להשלימם. אמנם כח"ב דכל פרצופים הם שלמים, בערך זו"ן דאותו פרצוף, אבל בערך הכולל כל החמשה פרצופים חסרים, **כי הרי כל פרצופי האצילות הם זו"ן**, שהם ענפי מ"ה וב"ן דא"ק, **וכן א"ק עצמו הוא נקרא אדם, גימטריא הוי"ה דאלפי"ן, מ"ה, שהוא ז"א בערך מה שלמעלה ממנו**. ולכן בערך הכללות, כלם צריכים עיבור יניקה ומוחין להשלימם.
111

תרשים ו – י"ט.
112

תרשים ו – כ'.
113

תרשים ו – כ"א.
114

תרשים ו – כ"ב.
115

תרשים ו – כ"ג.
116

תרשים ו – כ"ד.

עולה למקום שלושה הפרצופים שמעליו. הנוקבא למקום אבא, שהוא שורשה. ז"א למקום א"א, שהוא שורשו. אימא למקום ס"ג דא"ק, שהוא שורשה. אבא למקום ע"ב דא"ק, שהוא שורשו. וא"א למקום כתר דא"ק, שהוא שורשו. וגם א"ק קיבל מוחין מהפרצופים והעולמות שמעליו. **ועוד**, גם עולמות בי"ע עלו כל אחד שלוש מדרגות, כאשר עולה עולם הבריאה עלה למקום אימא, שהיא שורשו. ועולם היצירה עלה למקום ז"א, שהוא שורשו. ועולם העשיה עלה לנוקבא, שהיא שורשו.

ובחינת[117] **וֹס"ֹג**[118] **דִילֵיה** ר"ל ע"ב דס"ג דא"ק, **יוצאים**[119] אורות לחוץ ומתפשטים **מֵאוֹזֶן** דא"ק **וֹלְמַטֹה עַֹד טַבּוּרוֹ,** כאשר[120] מפנימיות א"ק יוצאים לחוץ אורות, דרך[121] נקבי האזנים דא"ק יצא אור, שנתפשט עד שבולת הזקן. ודרך[122] החוטם דא"ק יצא אור שהתפשט עד החזה דא"ק, ודרך[123] הפה דא"ק יצא אור ונמשך עד הטבור

117

יפה שעה)א(– וס"ג דיליה מאזן ולמטה עד טיבורא, והוא כנגד בינה דאצילות כו'. לא פורש בדבר בחינתו כנגד חכמה דאצילות, ואפשר שחכמה ובינה כלולים הם, כמו שכתב לקמן.

118

שפת אמת ש"ט פ"ו אות ג' די"ג ע"א – ס"ג דיליה מן האוזן ולמטה עד טבורא, והוא נגד בינה דאצילות כו'. כתב מהרש"ך]**אח**'**י** - מורינו הרב שלמה הכהן[ז"ל בספרו יפה שעה, לא פורש בדברי רז"ל בחינה כנגד חכמה דאצילות. ואפשר שחו"ב כלולים כמו שמבאר ולקמן, עד כאן. ואנן בסערים שלפנינו הכי כתוב והע"ב הוא במוחין דיליה, נגד א"א ואבא וכו', יעו"ש. והטעם לפי שגם אבא דאצילות יש בו שם ע"ב. ואם שגיתי, אתי תלין משוגתי.

119

תרשים ו – כ"ה.

120

ע"ח ש"ד פ"א מ"ק די"ז ע"ג – כבר ידעת היות ארבעה יסודות לכל, והם ראיה שמיעה ריחא דבור. והם ארבעה אותיות הוי"ה. והם סוד נשמה לנשמה ונר"ן. ונתחיל לבאר מסוד הנשמה ואילך, ואחר כך נתחיל לקודם אליה. ונאמר כי הלא נמשיל ונצייר האזנים, כי יש בהם רוח דק בתוכם, והניסיון לזה כאשר יסתום האדם אזניו, ישמע בתוכו קול הברה, מחמת הרוח הנצרר בתוכו. אחר כך מחוטם יוצא מתוכו הבל יותר נרגש מאזן. ואחר כך מן הפה יוצא הבל יותר נרגש מכולם. וכפי ערך הדברים ובחינתם, כך יהיה דקותם, כי אוזן להיותו סוד בינה ההבל היוצא ממנו הוא יותר דק, מהבל היוצא מחוטם, שהוא למטה ממנו במעלה. אמנם אם נמשיל ונאמר דרך משל, כי מסוד האוזן נמשך ממנו הבל ורוח מתוכו ולחוץ, והוא סוד נשמה. והבל היוצא מחוטם, סוד רוח. והבל היוצא מהפה, הוא סוד נפש.

121

ע"ח ש"ה פ"א מ"ת ד"כ ע"ג – והנה כאשר יצא האור דרך **נקבי האזנים,** ימנית ושמאלית, נתפשטו האורות האלו מבחוץ, **ממקום האזנים עד מקום שבולת הזקן.** ונמשך בהתפשטותו מנגד התפשטות שער הזקן, הצומח בלחיים בצדדי הפנים, וכנגדו נתפשט ונמשך אור הזה, **עד שמגיע למטה בשבולת הזקן.** ושם מתחברים האורות היוצאים משני נקבי האזנים, אמנם לא נתחברו בחבור גמור, אבל נשאר ביניהם חלל מעט.

122

ע"ח ש"ה פ"ב מ"ת דכ"א ע"ד – אחר כך בא הטעמים האמצעיים, והם בחינת אור היוצא מחוטם דא"ק, וחוטם גימטריא ס"ג. גם מכאן נמשך ויוצא אור דרך שני **נקבי החוטם,** ימין ושמאל, ימין מקיף, ושמאל פנימי, על דרך הנזכר באזן, **ונמשכו ביושר עד החזה של זה הא"ק,** וזהו עיקר האור.

123

ע"ח ש"ו פ"א מ"ת דכ"ד ע"ב – אחר כך בא הטעמים התחתונים, שמתחת האותיות, והם בחינת אורות היוצאים **דרך הפה של א"**ק, משם ולחוץ, והנה בכאן נתחברו האורות חיבור גמור, כי הרי הם יוצאים דרך צינור אחד לבד. ... והנה מן הפה הזה יצאו עשר ספירות פנימיים, ועשר מקיפים, ונמשכין מנגד הפנים עד **נגד הטבור של זה הא'**'ק, וזה עיקר האור.

דא"ק • לא גורסים **והוא**[124][125] אלא צריך לגרוס **והיא כנגד בינה דאצילות**[126] הנקראים או"א תתאין, והם[127] יסו"ת, **ובחינות**[128] **מ"ה וב"ן דיליה** ר"ל דא"ק, מתגלים **מטבורא ולמטה** עד קרקע האצילות, כאשר בחינת[129] שם ב"ן הם האורות דנקודות שיצאו **דרך** העינים, נקראים **עולם הנקודים**. וכאשר יצא בחינת[130] שם מ"ה דרך המצח דא"ק, ונתחבר עם שם ב"ן, נקראים עתה **עולם הברודים, והם כנגד זו"ן דאצילות.**

---

[124]

כרם שלמה ש"ט פ"ו אות א' – מה שכתב, והוא כנגד בינה דאצילות. ר"ל כמו שבינה דאצילות הם פרצופי ישסו"ת, והם מלבישין לאו"א עילאין, שהוא אבא. כך הוא בא"ק שבינה דיליה היא הלבישה לאבא דא"ק, והוא תחת האבא דא"ק, כמו הבינה דאצילות שהיא תחת האו"א עילאין, כי הם מלבישים לנה"י שלהם דווקא.

[125]

בית לחם יהודה ש"ט פ"ו דל"א ע"ב – והיא כנגד בינה דאצילות. כלומר כנגד אימא דאצילות, ואינו ר"ל כנגד מוח בינה, דהא רז"ל קא נקיט פרצופי האצילות

[126]

הגהות וביאורים)ד(– כל זה נראה שהוא על סדר מה שביאר רבינו בשער דרושי אבי"ע פרק ב', שכל הבחינה היה שורש משורש. ונראה שכן היא כאן, שכנגד ע"ב ס"ג מ"ה ב"ן, הוציא לחוץ בבחינות המתייחסים באצילות להם.

[127]

רחובות הנהר ד"ג ע"ד – המשל בזה, כי כל פרצופי אבי"ע דא"א דאצילות נתקנו ונעשו מן הכתרים דכל פרטי פרצופי אבי"ע דאצילות דכל העולמות, וכל פרטי ספירות שהיו בו מתחילה, נתקנו ונעשו פרצופי כתרים שהם א"א, לכל פרטי פרצופי אבי"ע דאצילות. וכן על דרך זה פרצופי אבי"ע **דאו"א עילאין דאצילות, נעשו מחכמות דפרצופי אבי"ע דאצילות,** וספירות שהיו להם נעשו חכמות **)שהם או"א וכו'(** לכל פרצופי אבי"ע דאצילות. **וכן פרצוף ישסו"ת דאצילות נעשו מבינות דכל פרצופי אבי"ע דאצילות,** וספירות שהיו בהם נעשו **בינות)שהם ישסו"ת וכו'(** לכל פרצופי אבי"ע דאצילות. וכן הזו"ן דאצילות נעשו מו"ק דפרצופי אבי"ע דאצילות, והספירות שהיו להם נעשו ו"ק שהם זו"ן, לכל פרטי פרצופי אבי"ע דאצילות.

[128]

כרם שלמה ש"ט פ"ו אות א' – והואיל והבינה היא מגעת עד הטיבור, לכן הזו"ן דא"ק, שהם מ"ה וב"ן שלו, הם מלבישים לבינה, והם מקומם מטיבורא דיליא דא"ק ולתתא, עד סוף רגליו, כמו הזו"ן דאצילות שהם מלבישים לא"א דאצילות, מטיבורא דיליה ולתתא, כך הוא הזו"ן האלו דא"ק, שהם בחינת מ"ה וב"ן, הם מטיבורא דיליה ולתתא. **נמצא שפרצופי א"ק הם דומים לפרצופי דאצילות.**

[129]

ע"ח ש"ח פ"א מ"ת דל"ד ע"א – ונבאר עתה עולם הנקודים, והם בחינת אורות היוצאין **דרך** נקבי עינים דא"ק. והנה כבר ביארנו לעיל כי ארבעה בחינות יש, והם ארבע הוי"ת, ע"ב ס"ג מ"ה ב"ן, ובכל בחינה מהם יש טנת"א. והנה המוחין של א"ק הם הוי"ה דע"ב. ומן בחינת האזנים ולמטה עד תשלום כל סיום א"ק, הוא בחינת ס"ג, עד סיום הרגלים שלו. אמנם ענין זה היה בתחלה קודם מיתת מלכים בעולם הנקודים, ואחר כך היה בחינת מ"ה וב"ן ממקום טיבור, שלו עד למטה בסיום הרגלים, כמו שנבאר בע"ה.

[130]

ע"ח ש"י פ"ד מ"ק דמ"ט ע"ב – אחר כך יצא שם מ"ה, **מהמצח דא"ק**, והוא סוד טעמים ונקודות הראשונות מס"ג, נקרא עתה מ"ה, ונתחברו עתה מ"ה וב"ן, ומהם נתקנו כל הנקודות, שהם המלכים שמתו, ושאר המלכים שלא מתו, שבין כולם נקרא אצילות. ועתה אחר התיקון **נקרא ברודים**, והוא שבא אחר הנקודים. וזה שאמר הכתוב - עקודים נקודים ברודים, שם של מ"ה היוצא עתה ממצח החדש, יש בו טנת"א.

מבאר כאן הרב ז"ל כי[131] כמו שבפנימיות א"ק יש את כל הבחינות דעסמ"ב, שהם בחינת **השורשים** בערך האורות היוצאים ממנו ולחוץ, הנקראים **ענפים**, כך הענפים האלו נקראים עסמ"ב דא"ק, והם עומדים ממש במקום השורשים, מחוץ לא"ק.

וְהִנֵּה עַל דֶּרֶךְ זֶה שֶׁבִּפְנִימִיוּתוֹ של א"ק יש את הבחינות דעסמ"ב, **כֵּן הוּא בָּאוֹרוֹת שֶׁיּוֹצְאִין מִמֶּנּוּ** ר"ל מא"ק, **שֶׁהֵם עַנְפָּיו כַּנִּזְכָּר. כִּי** בפנימיות א"ק שורש שם ע"ב הוא בראשו, לכן **שַׂעֲרוֹת רֹאשׁוֹ כְּנֶגֶד** שורש שם ע"ב, והם **עַנְפֵּי** שם ע"ב.

הרב ז"ל תמיד מעלים את בחינת א"ק, וכותב[132] - **וְהַמַּשְׂכִּיל יָבִין רֵאשִׁית דָּבָר מֵאַחֲרִיתוֹ.** ר"ל כי כדי להבין את בחינת א"ק, צריך ללמוד על הפרצופים התחתונים. **לכֵן** קוץ של יו"ד, רומז במערכת העולמות לא"ק. במערכת הפרצופים לא"א, ובמערכת הספירות לכתר, לכן[133] אפשר **לִלְמוֹד עַל מְצִיאוּת א"ק**, כאשר הרב ז"ל מדבר עליו בהעלם גדול, **מפרצוף א"א**, שאשר הרב ז"ל מדבר עליו ביותר גלוי. **וְהַמַּשְׂכִּיל יָבִין** מה שיש בפרט שהוא א"א יש בכלל שהוא א"ק.

כאן הרב ז"ל מבאר כאן כי שערות הדיקנא דא"ק, יצאו משם ממקום האח"פ, מפנימיות שם ס"ג, ולא[134] מצינו בא"א ששערות הדיקנא יוצאים מס"ג או מאח"פ, כי[135] אם ממוחא סתימאה. אלא כוונת הרב ז"ל ששערות הדיקנא מתפשטים

131

כרם שלמה ש"ט פ"ו אות ב' – ומה שכתב והנה על דרך זה שבפנימיותו וכו'. ופשוט שר"ל כמו שיש עסמ"ב **בפנימיותו** של א"ק, כן על דרך זה יש עסמ"ב **בענפים האלו שייוצאים** לחוץ מא"ק. ומונה אותם אחד לאחת, כי השערות בראש דא"ק הם כנגד הע"ב, פירוש שהם שהם ענפים שיצאו מן הע"ב שבפנים, והיו לחוץ גם כן בחינת ע"ב. וכן שערות דיקנא, שהם יוצאים כנגד מקום האח"פ, הם הענפים של שם ס"ג שבפנים, שיצאו לחוץ, וגם הם הם נקראים ס"ג.

132

ע"ח ש"א ענף ב' מ"ת די"ב ע"ד – והנה על ידי הצמצום הזה הנזכר לעיל, אשר נעשה האדם הנזכר לעיל, היה בו בחינת עצמות וכלים. כי צמצום האור גורם מציאות הווית הכלים, כמו שיתבאר לקמן בע"ה, **ואין לנו רשות לדבר יותר במקום גבוה כזה, והמשכיל יבין ראשית דבר מאחריתו,** כמו שיתבאר בע"ה בדרושים אחרים הבאים לפנינו.

133

ע"ח שט"ז פ"ה מ"ו דפ"א ע"ג – זה נרמז בזוהר פרשת תרומה דף קס"ז, בסוד אדם קדמאה אגליף ציורא דיליה גו משחתא וכו', שפירושו **כי א"ק הוא מציאות א"א.**
רחובות הנהר ד"ט ע"ב – ואף על פי ששם לא נזכר כי אם עד בחינת א"א, **כבר נודע כי בחינת א"א המוזכר בדברי הרב ז"ל, הוא בחינת א"ק שהוא א"א הכולל,** ודוק.

134

שמן ששון ש"ט פ"ו אות ב' דכ"א ע"ג – ושערות דיקנא הם מאח"פ, כנגד ענפי ס"ג כו'. הנה נראה ממה שכתב רבינו, שאלו השערות דדיקנא שכתב רבינו אין ר"ל שהם מאח"פ, שהרי לא מצינו ששערות דריקנא יוצאים מאח"פ, אלא הם מן מוחא סתימאה הם, ולא מאח"פ. אלא ר"ל מאח"פ הם מתחילים להתפשט.

135

שער מאמרי רשב"י דמ"ד ע"א – ונמצא כי זו הגבורה דעתיק יומין סודה אלף עלמין, והיא שורש כל הדינין והגבורות, ומכאן מתפשטים הדינין עד סוף כל דרגין, ואלו האלף עלמין דגבורה הם סגורים וחתומים, **ומלובשים בתוך החכמה, שהיא מוחא סתימאה דאריך אפין** כנזכר. האמנם אלו האלף עלמין שהם גבורות אינם ניכרים היותם דינים, אלא עד שמתפשטין למטה בדיקנא דאריך אפין, ושם הם מתגלים מה שהיו סתומים למעלה גו מוחא. וכבר ביארתי **כי הדיקנא זו יצאה ממוחא דאריך אפין.** וזה מה שכתוב ומהאי דיקנא אשתמודע כל מה דהוי ברישא מאלף עלמין, דחתמין בעזקא דכייא, עזקא דכליל כל עזקן. ועתה נתבאר איך התחילה **הדיקנא להתפשט מן מוחא סתימאה דאריך אפין.** והנה ההוא מוחא כליל מעשר ספירות, וברדתו להתפשט בדיקנא דיליה, הנה הראשונה המתגלית היא בחינת ספירת......

במקום האח"פ, ר"ל ממקום האזנים דא"ק עד מקום טבורו. עוד מבאר הרב ז"ל כאן כי או"א כלולים בשערות דא"ק, **ידוע** כי הדיקנא חופף[136] על או"א, והם יונקים[137] מהדיקנא שפע לזיווגם.

וכן הוציא את **שַׂעֲרות הַדִּיקְנָא**[138] דא"ק[139], הנמצאים מחוץ לא"ק ממקום האוזנים דא"ק עד טבור דא"ק, שהם משם ס"ג הכולל, והם[140] בחינת המוחין, ומפנימיות שם ס"ג הכולל יוצאים גם ענפיו לחוץ, **והם ב**מקום האזנ"פ מתחילים להתפשט, ר"ל השערות דדיקנא דא"ק, **כנגד**[141] **עֲנְפֵי ס"ג** דא"ק[142] **שֶׁבָּהֶם** **כלולים**[143]

136

ע"ח שט"ז פ"ו מ"ק דפ"ב ע"א – ואמנם סוד השפעה זו כבר ידעת, כי הלא סוד דיקנא דא"א אינה מתלבשת כלל, כי ארכה מהגרון עד טבורא דלבא, ושם מתחיל ראש ז"א. נמצא כי מגיעין שערות אלו עד שערות דז"א, ועל ידם נמשך השפעה לראש ז"א, כנזכר באדרא. אם כן נמצא כיון ששיעור קומת או"א הם מהגרון עד טבורא דלבא דא"א, ודיקנא דא"א נמשכה עד הטבור דיליה, אם כן **נמצא דהאי דיקנא חפיא על או"א**, כי אינו מתלבש בהם כנזכר לעיל, **נמצא חופף עליהם**, ואינון אתכלילו ביה.

137

ע"ח שי"ד פ"ח כלל ג' מ"ב דע"ד ע"א – ענין או"א שעליהן נאמר באדרא זוטא - כחדא נפקין וכחדא שריין כו', דע שעם כל זאת יש בהם שני מיני זוּוגים, **אחד** נקרא זוּוג שלים, **והשני** זוּוגא דלאו שלים, והוא כמו שמבואר במקום אחר ששני מזלות הם בדיקנא דא"א, מזל ח' ומזל הי"ג, **הח' משם יונק אבא, והי"ג משם יונק אימא.** והנה כשמזל הי"ג הוא לבדו משפיע באו"א, ומזדווגין על ידו, אז נקרא זוּוגא דלא שלים. וכאשר שני מזלות משפעים זה באבא, וזה באימא, ומזדווגין על ידם, אז נקרא זוּוגא שלים.

138

בית לחם יהודה שי"ט פ"ו דל"א ע"ב – ושערות דיקנא הם מאח"ף. כלומר מע"ב דס"ג, שמשם נמשכין גם כן אורות האח"ף, כי שערי דיקנא אינם נעשים מאח"ף, וכמבואר במ"ב דפרק א' דטנת"א, וז"ל - ואחר כך הוציא שערות הזקן הנמשכין מן ס"ג עצמו וכו'.

139

ע"ח ש"ה פ"א מ"ב דכ"א ע"א – ואחר כך הוציא שערות הזקן הנמשכין מן ס"ג(עצמו) הכולל, הנקרא נקודים, שמהם נעשו כללות שלוש מוחין שבו, ונמשכין תחלה סוד הטעמים דס"ג, שהוא אח"פ עד טיבורו.

140

ע"ח שי"י פ"א מ"ח דמ"ח ע"א – והנה על ידי עליית מ"ן הנ"ל, שהם (נ"א ששם) האורות הנ"ל, נזדווגו בחינת **הוי"ה דע"ב דיודי"ן, אשר הם כללות בחינת המוחין דא"ק**, עם בחינת **הטעמים דס"ג שהם אח"פ**, כנ"ל. כי אלו הטעמים דס"ג לא היה בהם שום שבירה, ולכן הם נזדווגו יחד עם בחינת הע"ב דא"ק, ואין הכוונה על האורות היוצאין מן הבל אח"פ, רק על בחינת עצמן ופנימותן ממש, וכאשר נזדוגו יחד נולד מהם אור חדש על ידי הזווג הזה.

141

תורת חכם דקמ"ט ע"א – עוד הקשו החכמים הנזכרים בסימן ד' וז"ל - בסדר אח"ף דא"ק נראה שהעין הוא למטה מאח"ף, שהם בחינת טעמים דס"ג, והעין הוא בחינת נקודות דס"ג. ובשער אח"ף ובמקום אחר נראה שהראיה היא למעלה מאח"ף עד כאן לשונו. ונראה ששורש הזה כן שבחינת המלכים דב"ן כתב בשער ט', שער השבירה, שיצאו ממלכות דא"ק, והעשר ספירות דמ"ה יצאו מז"א דא"ק. אלא שהמלכות דא"ק יש בה א"ק ואבי"ע כנודע, והזווג היא להוציא המלכים בע"ב דע"ב, וע"ב דס"ג של א"ק דמלכות דא"ק, שהם בחינת חכמה דע"ב וחכמה דס"ג, שהם בחינת או"א עילאין, הנקרא שניהם אבא, כמו שכתב מורי הרב ז"ל [**אח"י - הרש"ש**], והם בחינת ראיה, משם יצאו המלכים, ובחינת ראיה זו היא למטה מאח"ף, שאח"ף היא בחינת חג"ת דא"ק שהיא למעלה מז"א דא"ק. שז"א דא"ק הוא בחינת נה"י דא"ק, שהוא מלביש לנה"י דא"א דא"ק. **והאמת היא כי אח"ף הוא בינה דא"ק**, כמו שמבואר בשער ט' שער השבירה פרק ה' [**אח"י -** נראה לעניות דעתי יש כאן טעות סופר, והכוונה לפרק ו' דש"ט] וז"ל - וס"ג דא"ק מאזן דיליה עד טיבורא, היא כנגד בינה דאצילות, ומ"ה וב"ן דיליה מטיבורא ולתתא כנגד זו"ן דאצילות, והע"ב דא"ק הוא כנגד א"א ואבא דאצילות, עד כאן לשונו. אם כן הע"ב הכולל דא"ק הוא בחינת הראיה, שהוא למעלה מאח"ף. ועיין

או"א עילאין דא"ק, דוגמת או"א עילאין דאצילות הנמצאים תחת הדיקנא דא"א ויונקים מהם. **שביןֿ**[144] **שניהם** ר"ל בין או"א לפיֿ[145] פשטֿ[146] דברי הרב ז"ל **לקחו בינה** שהיא שם ס"ג **דמ"ה אזֿר**[147] **התיקון,** ובעומק דבריו החלוקה יותרֿ מורכבתֿ[148], כאשר או"א מתחלקים לא"א עילאין וישסו"ת. **שהוא**[149]

בפרק א' דשער תנת"א שכתב **שבחינת אח"ף שהוא טעמים דס"ג,** הם הוציאו בחינותיו לחוץ, יען אינם טעמים)צריך לגרוס טמונים תוך המ"ה והב"ן דא"ק(. ומה שביאר שקרא לנקודים בשם נקודים דס"ג, על שם שהמ"ה וב"ן מלבישים לס"ג מנקודים שלו ולמטה, וגם יש טעמים אחרים. נמצא בנקודים דס"ג לא יצאו לחוץ, והם בחינה אחרת כמו שנבאר.
142

כרם שלמה ש"ט פ"ו אות ב' – ומה שכתב **שבהם כלולים או"א,** הוא חוזר על שערות דדיקנא שיצאו מן הס"ג, והוא על דרך מה שכתב בשער תנת"א, כי שמהם נעשו כללות שלוש המוחין שבו. וזהו שכתב **שבין שניהם,** פירוש שהם או"א, דוגמתן של או"א של כאן.
143

בית לחם יהודה ש"ט פ"ו דל"א ע"ב – שבהם כלולים או"א. כלומר שכנגדם בדיקנא דא"א כלולים או"א, כי או"א הם נכללים תחת שערי דיקנא דא"א, כמבואר בפרק ו' דשער ט"ז, ולכן לא נזכרו באדרא רבא, כמבואר במבוא שערים דף ה' ע"ב, יעו"ש.
144

בית לחם יהודה ש"ט פ"ו דל"א ע"ב – שבין שניהם לקחו בינה דמ"ה. כמבואר בריש פרק י' דשער כ', יעו"ש.
145

ע"ח ש"ה פ"ה מ"ב דכ"א ע"ג – ואז נתחברו מ"ה וב"ן ונעשה משניהן עולם אצילות באופן זה, כי עתיק לוקח חמשה ראשונות מטעמים דב"ן, ושלוש ראשונות מנקודות דב"ן, וארבעה ראשונות מתגין דב"ן, וכתרים של אותיות דב"ן. וא"א לקח חמשה אחרונות דטעמים דב"ן, ואבא לקח שבעה תחתונות דנקודות דב"ן, ואימא ששה תחתונות דתגין דב"ן, וז"א ששה תחתונות)ששה תחתונות, שהם אותיות דב"ן( )ב"א ז"ת(דאותיות דב"ן. ונוקבא עשירית אותיות דב"ן)ב"א העשירית דאותיות(. ואמנם משם מ"ה לקח עתיק טעמים דמ"ה. וא"א נקודות דמ"ה. **ואו"א לקחו תגין דמ"ה.** וז"א ששה תחתונות אותיות דמ"ה. ונוקבא עשירית אותיות דמ"ה.
146

תרשים ו – כ"ו.
147

ע"ח ש"כ פ"י מ"ב דק"א ע"א – וכדי שתבין כל זה, נבאר ענין או"א היטב. הנה **אבא לוקח משם מ"ה** מבינה שבו, **הכתר והחכמה** שבעשר ספירות דבינה זו. ואימא לוקחת **בינה דבינה דמ"ה** ואפשר שגם הכתר נחלק לחצאין, חציו לו וחציו לה, אלא שכפי הנראה מדרוש שלוח הקן, בש"ע נהורין, כי כתר שלה טמיר וגניז באבא. אם כן נראה שכל הכתר לקחו אבא, ולכך נקרא טמיר וגניז יתיר מינה. וישראל סבא לקח **ו"ק דבינה דמ"ה,** ולכן נקרא ישראל סבא, הוא ז"א שבו. ותבונה לוקחת **מלכות דבינה דמ"ה,** לכן נקרא התבונה מלכות, נפש תבונה, כנזכר בתיקונים דף מ"ג. וכשם שאו"א לא מתפרשין, וישראל ורחל מתפרשין לזימנין, כן או"א נרמזין בחיבור גדול בי' ראשונה שבהוי"ה כנודע, לפי שהם חו"ב דבינה דמ"ה. אך ו"ק דבינה דמ"ה עם מלכות דבינה דמ"ה שהם ישראל סבא ותבונה, הם דומין לזו"ן, ואינם כל כך מחוברים חיבור גדול כמו או"א. ואמנם מב"ן לקח אבא ו"ק **דחכמה דב"ן,** כי הרי ג"ר לקחם עתיק לצורך הנקבה שלו, **ומלכות דחכמה דב"ן** לקח **ישראל סבא,** ולכן נרמז גם הוא בסוד נקבה **בה'** ראשונה דהוי"ה דב"ן כנודע. ואמנם מבינה דב"ן, הארבעה ראשונות שהם כח"ב חסד, לקחם עתיק, **ואז חמשה קצוות דבינה דב"ן, שהם גבורה תפארת נה"י לקחתן אימא, ומלכות דבינה דב"ן לקחה תבונה.** נמצא כי אבא יש לו מ"ה וב"ן, ואימא יש לה מ"ה וב"ן, וישראל סבא מ"ה וב"ן, ותבונה מ"ה וב"ן. אך א"א ועתיק אינם כן רק הזכרים, לקחו מ"ה לבדו, והנקבות ב"ן לבדם, לכן הם מחוברים בפרצוף אחד. אך באו"א שהם זכר ונקבה נפרדין, מוכרח שכל אחד יהיה בו מ"ה וב"ן, כדי שלא יתפרדו לגמרי. וזה סוד - הבן בחכמה וחכם בבינה.
148

שֵׁם[150] **ס"ג**[151] **הַכּוֹלֵל שְׁנֵיהֶן** ר"ל את או"א, **וְהֵם** ר"ל או"א **נִכְלָלוֹת בְּמַזָּלָא דְדִיקְנָא**

דא"א ר"ל הדיקנא דא"א חופף ומכסה על פרצופי או"א הכוללים, ומשפיע[152] בהם מהתיקון השמיני והתיקון י"ג,

ושתי[153] תיקונים אלו נקראים[154] מזלא, מלשון[155] - תזל כטל אמרתי, **וְהָבֵן**[156] **זֶה מְאֹד, כִּי הֵן הוּא**

כָּאן בא"ק, הוא כמו בפרצוף א"א, כי האח"פ שהם משם ס"ג דא"ק נכללים תחת הדיקנא דא"ק, ר"ל שבדיקנא דא"ק

לא מתלבשים האו"א דא"ק, אלא בחינת הדיקנא חופפים ומכסים את או"א דא"ק, **וְאָז**[157] [158]159 **עֲדַיִין הָיָה**

תרשים ו – כ"ז.
149

בית לחם יהודה ש"ט פ"ו דל"א ע"ב – שהוא שם ס"ג הכולל שניהם. פירוש, כי בינה דמ"ה היא שם ס"ג דמ"ה, והיא כוללת את או"א שניהם, כי בין שניהם חלקו את הבינה דמ"ה כנזכר.
150

כרם שלמה ש"ט פ"ו אות ב' – ושם לקחו בינה דמ"ה אחר התיקון, שהוא שם ס"ג. פירוש, הבינה דמ"ה שלקחו אותה אחר התיקון, שהוא שם ס"ג. פירוש, הבינה דמ"ה שלקחו אותה אחר התיקון היא בחינת שם ס"ג, כמו שס"ג דהכא שהוא בחינת בינה. ושם הבינה דמ"ה דהתם היא מספקת לשניהם, לאו"א, כי כל אחד לקח החצי, והיא כוללת לשניהם, וזהו שכתב **שהוא שם ס"ג הכולל שניהם.**
151

ע"ח שט"ז פ"ז מ"ק דע"ח ע"ד – ואמנם לפי שבשם **ס"ג יש בו שתי מציאות,** שהם מילוי יודי"ן, ומילוי אל"ף, **לכן יצאו או"א** כחדא נפקין וכחדא שריין,)כי(כולם בשם אחד של ס"ג רמוזין בו, אבא מן היו"ד, ואימא מן אל"ף.
152

ע"ח שער הכללים פ"ה ד"ז ע"ג – והענין הוא דע כי בדיקנא דא"א יש תרין מזלות, מזל עליון **נוצר חסד** שהוא תיקון שמיני, ומזל תחתון **ונקה** שהוא תיקון הי"ג. והנה אבא יונק ממזל שמיני עליון, ואימא ממזל תחתון, והנה בטש מזל עליון במזל תחתון, ומכח בטישה זו, שאין אנו יכולים לפרש פירוש בטישה זו מה ענינה, **ואז יוצאין משם חמשה חסדים ממזל עליון, וחמשה גבורות ממזל תחתון, ואז מזל עליון נותן אותן החמשה חסדים דיליה לאבא, ומזל התחתון נותן החמשה גבורות דיליה לאימא.**
153

ע"ח שי"ג פ"ט מ"ק דס"ב ע"ב – ח' נוצר חסד והוא נקרא **מזלא קדישא,** והוא הזקן מכנגד הפה ולמטה, שהוא כללות הזקן בכללותן בחיבור אחד.... כי צד העליון הנגלה לעינים תיקון אחד, ומה שהוא כנגד הגרון הם השערות שתחת אלו הראשונים, והם מתכסים באלו, הם תיקון שני. **והנה אלו שתי תיקונים נקרא מזלא,** והם **שתי מזלות,** ופירוש מזלא מלשון - תזל כטל אמרתי - תזל כטל אמרתי, שהוא משך השערות באורך מלמעלה למטה. ואין בכל הי"ג תיקונים האלו תיקונים שיהיה נקרא כך, אלא אלו השנים, העליון נקרא **נוצר** תיקון השמיני, והתחתון נקרא **ונקה** תיקון י"ג. **ושניהן** כל אחד **נקרא מזלא,** ואמנם אלו השערות הם ארוכות עד הטבור שלו.... י"ג, ונקה הוא המזל השני, ונקרא תיקון י"ג. **ואמנם שתי מזלות האלו שוכבים זה על זה,** והם דכורא ונוקבא, **ואבא יונק מן השמיני, ואימא יונקת מן הי"ג.**
154

ספר הזוהר, אידרא רבא דקל"ד ע"א – קם רבי אלעזר, פתח ואמר - הכל תלוי במזל, ואפילו ספר תורה בהיכל.
155

דברים ל"ב ב' – יערף כמטר לקחי **תזל כטל אמרתי** כשעירם עלי דשא וכרביבים עלי עשב.
156

בית לחם יהודה ש"ט פ"ו דל"א ע"ב – והבן זה מאד כי זה הוא כאן. כי גם אח"פ שהם שם ס"ג כמו כללות או"א הם נכללים תחת דיקנא דא"ק, המגעת עד סיום עולם העקודים, שהוא בטבורא דליבא, כדוגמת דיקנא דא"א המסתיימת בטבורא דליבא, כמבואר בפרק ה' דשער י"ג כלל א', יעו"ש.
157

מתפשט שם[160] ס"ג[161] **עד רגלי א"ק**[162], ר"ל כי[163] ע"ב דס"ג מתפשט ממקום האזנים דא"ק עד טבור דיליה, ומהטבור[164] ולמטה מתפשטים סמ"ב דס"ג, המלבישים את מ"ה וב"ן דע"ב, ומתלבשים תוך עסמ"ב ועסמ"ב דב"ן, כנזכר לעיל בפרקין.

יפה שעה)ב(– ואז עדיין היה מתפשט ס"ג עד רגלי א"ק כו'. לא מצינו ולא ראיני בעולם, שקודם שיצא שם ב"ן, שהיה שם ס"ג מתפשט עד רגלי א"ק, כי לא היה מתפשט רק עד הטיבור של א"ק, והוא עד גבול עולם העקודים ולא יותר, כמו שכתבו רז"ל בכל שערים דלעיל. ובשער תנת"א פרק א' כתב ז"ל - ונמשכים תחלה סוד הטעמים דס"ג, שהם אח"פ עד טיבורו. ואחר כך לא הוציא שאר בחינות, יע"ש.
158

בית לחם יהודה ש"ט פ"ו דל"א ע"ב – ואז עדיין היה מתפשט ס"ג עד רגלי א"ק. פירוש, כי כאשר נאצלו עולמות אח"ף, ושערי רישא ודיקנא דא"ק, עדיין היה מתפשט הס"ג בפנימיות הא"ק, עד סיום רגליו, כי עדיין לא נזדווגו ע"ב וס"ג דא"ק כדי להעלות למעלה מהטבור ולהניח חד פרסא. והנא סבירא ליה לרז"ל שלא היה א"ק בתחילה כלול מעסמ"ב, רק מע"ב וס"ג בלבד, כמו שמבואר בדברינו בריש פרק א' דשער הנקודים ד"ה אמנם וכו', יעו"ש. ומה שמבואר לעיל בסמוך - וס"ג דיליה מאזן ולמטה עד טבורו וכו', הוא קאי על אחר שנאצלו מ"ה וב"ן הכוללים בפנימיות הא"ק, כי אז עלו הע"ב והס"ג למעלה מהפרסא, ונשארו שם. אבל אי אפשר לומר דלעיל קאי על קודם שנאצלו מ"ה וב"ן הכוללים, ומה שכתב שהס"ג עד טבורו, היינו ס"ג דס"ג. יען כי ס"ג דס"ג הוא למטה מטבורא דא"ק, ולא למעלה מטבורא, כמבואר בהרב יפה שעה בפרק א' דטנת"א, בד"ה ואחר כך וכו', יעו"ש.
159

שפת אמת ש"ט פ"ו אות ד' די"ג ע"א – ואז עדיין היה מתפשט ס"ג עד רגלי א"ק וכו'. כתב מהרש"ך [אח"י - מורנו הרב שלמה הכהן] ז"ל בספרו יפה שעה וז"ל - לא מצינו ולא ראינו בעולם שקודם שיצא שם ב"ן, שהיה שם ס"ג מתפשט עד רגלי א"ק, כי לא היה מתפשט רק עד הטבור דא"ק, והוא וכו', ובשער תנת"א פרק א' כתב וכו', יעו"ש. והנה מהראיה שהביא משער תנת"א נראה שהבין מה שכתב רז"ל הכא ואז עדיין הכא מתפשט ס"ג עד רגלי א"ק, ר"ל מבחוץ לא"ק, שהם ענפיו. ולכן הקשה מה שהקשה, ולא היא דהכא איירי רבינו בפנימיות א"ק, ואתא לאשמועינן שלא תאמר כיון שכתב לעיל סמוך - ונראה וס"ג דיליה מאזן ולמטה עד טבורא. שמא תאמר עד כאן הוא סיום הס"ג ותו לא, לזה בה לאשמעינן ואז עדיין היה מתפשט ס"ג עד רגלי א"ק, דהיינו מ"ה וב"ן דס"ג המלובשים תוך מ"ה וב"ן הכוללים, שהם בערך ישסו"ת לגבי מה שנגלה מהטבור ולמעלה עד האוזן וכו', תוך פנימיות א"ק. ובלשון הזה עצמו כתב רז"ל לעיל בריש שער הנקודים, וז"ל - ומבחינת האזנים ולמטה עד תשלום סיום א"ק זה, הוא בחינת ס"ג עד סיום רגליו. ואם שגיתי אתי תלין משוגתי.)א"ה, עיין שער הקדמות דף ח"י ע"ב, מפרק ו' שם על האורות היוצאים מחוץ לא"ק, וקל למבין(.
160

כרם שלמה ש"ט פ"ו אות ב' – ומה שכתב ואז עדיין היה מתפשט ס"ג עד רגלי א"ק. ר"ל קודם שהוציאו הב"ן והמ"ה של החוץ, אז הס"ג של החוץ היה מתפשט עד סוף רגלי א"ק, מפני שלא היה הב"ן או מ"ה להלבישו ולכסות אותו מטיבורו ולמטה. על דרך שהיו רגלי א"א גלויים, עד שבאו זו"ן והלבישו אותו. עד שאחר כך נזדווגו הע"ב והס"ג של הפנימיות שלו, שהם חו"ב, ואז הולידו הב"ן שבפנים, והוציאו גם כן מזה הב"ן של הפנימיות ענפיו לחוץ, והם עולם הנקודים.
161

ע"ח ש"ח פ"א מ"ת דל"ד ע"א – ומן בחינת האזנים ולמטה, עד תשלום כל סיום א"ק, הוא בחינת ס"ג, עד סיום הרגלים שלו.
162

הגהות וביאורים)ה(– וקשה, הלא לעיל בסמוך כתב - וס"ג דיליה מאוזן ולמטה, עד טיבורו. וכאן אמר עד הרגלים. ויש לומר דלעיל מדבר בסדר מציאותן של האורות, והיינו אחר שיצאו מ"ה וב"ן, המלבישים את שם ס"ג, ואין ניכר בו עוד משם ס"ג מהטיבור ולמטה, וכאן קודם יציאת המ"ה וב"ן דא"ק, ודו"ק. שמן ששון.
163

אחרי שנתבאר בקצרה דרך יציאת האורות דאה"פ, הרב ז"ל מבאר[165] כאן גם בקיצור נמרץ את דרך יציאת האורות דב"ן, שהם עולם הנקודים, ואחריו יציאת שם מ"ה, והוא עולם הברודים. **כבר נתבאר** כי[166] כל שיעור קומה הוא הוי"ה אחת, הכוללת עסמ"ב פרטים. וכן[167] הוא בא"ק, יש לו עסמ"ב פרטים, והם פנימים הנקראים שורשים, וענפיהם יצאו

ע"ח ש"ה פ"א מ"ב דכ"א ע"ב, יפה שעה)א(– ואחר כך לא הוציא שאר בחינות לחוץ יען הם מלובשין תוך מ"ה וב"ן כו'. פירוש הענין כי הנה א"ק כולל עסמ"ב, וכל אחד כלול מעסמ"ב, באופן שהם י"ו בחינות בפנימיותו. והם מלובשים אלו בתוך אלו, בזה הסדר, **ע"ב הכולל** - ע"ב דע"ב הוציא לחוץ שערות הראש, והוא בפנימיות עומד כראש עד האזנים. וס"ג דע"ב זה נתפשט מן האזן על הטיבור. ומ"ה וב"ן נתפשטו מן הטיבור עד סוף רגלים. ואחר כך **ס"ג הכולל** - ע"ב דס"ג, מתפשט מן האזן עד הטיבור, ומלביש על ס"ג דע"ב. וס"ג מ"ה ב"ן, שהם שלוש בחינות דס"ג הכולל, נתפשטו מן הטיבור על למטה, מלבישים על מ"ה וב"ן דע"ב הכולל. ואחר כך ארבעה בחינות **דמ"ה הכולל**, שהם עסמ"ב דמ"ה נתפשטו מן הטיבור על למטה, מלבישים על שלוש בחינות שהם סמ"ב דס"ג הכולל. ואחר כך ארבעה בחינות **לב"ן הכולל** שהם עסמ"ב דב"ן, גם הם נתפשטו מן הטיבור ולמטה, מלבישים על כל ארבעה בחינות דמ"ה הכולל. ונמצא סדרן הוא כך ממטה למעלה, ב"ן בכללות מלביש על מ"ה דכללות בכל ארבעה בחינותיו. ומ"ה בכללות מלביש על שלוש בחינות דס"ג הכולל, שהם סמ"ב. ושתי בחינות דס"ג האמורים מלבישים על שני בחינות דע"ב הכולל, שהם מ"ה ב"ן, וכל זאת מן הטיבור ולמטה. ומן הטיבור ולמעלה עד אזנים ע"ב דס"ג הכולל, מלביש על ס"ג דע"ב הכולל, ומן האזן ולמעלה אין שם כי אם ע"ב דע"ב הכולל.

164

ע"ח ש"ה פ"א מ"ב דכ"א ע"א – וזה הס"ג היה מחציו ולמטה, שהם הנקודות שבו. מלובש מטיבור ולמטה דא"ק, תוך מ"ה וב"ן דא"ק. וכל זה הוא פנימיות א"ק עצמו, אורות וכלים.

165

ע"ח ש"ה פ"א מ"ב דכ"א ע"ב – והנה רצה להוציא גם מן מ"ה וב"ן שלו הפנימים, חיצוניותם לחוץ. ואז עלו כל בחינת ס"ג הפנימים, הטמונים תוך מ"ה וב"ן הפנימים, ועלו עמהם מ"ה וב"ן הפנימים, ואז אלו מ"ה וב"ן הם מ"ן שלהם, אל הטעמים עצמן דס"ג, שאינם מלובשין תוך מ"ה וב"ן, והם בערך או"א אל ישסו"ת. כי כמו שלצורך עיבור זו"ן מזדווגין או"א עילאין וישסו"ת נכללין עמהם, כן הכא הטעמים דס"ג מזדווגים עם כל ע"ב, ומכל שכן שנקודים תגין ואותיות דס"ג מתחברים עמהם, וטפלים להם, ולכן אינם עולין בשם. דוגמא ישסו"ת כנזכר לעיל. ואז מולידין בחינת ב"ן דחיצוניות, ולבושם לחוץ, **הרי נולדה הנקבה עתה תחלה**. ואמנם בחינת מ"ה וב"ן הפנימית של א"ק, חזרו לירד ולהתפשט בתוכו למטה מהטיבור. אחר שנתגלה שם ההוא פרסה באמצע מבפנים, ומשם היתה מאירה בחינת ב"ן פנימית לב"ן שיצא לחוץ, **הנקרא עולם הנקודות.**

166

ע"ח ש"ה פ"א מ"ב ד"כ ע"ב – דע כי אין מציאות ציור קומת אדם בעולם, שלא היה בו כללות ארבעה בחינות, אשר כוללים כל האצילות וכל העולמות כולם. ואלו הם, **ע"ב** כזה יו"ד ה"י וי"ו ה"י. **ס"ג** יו"ד ה"י ואו"ו ה"י. **מ"ה** יו"ד ה"א וא"ו ה"א. **ב"ן** יו"ד ה"ה ו"ו ה"ה. והנה אלו הארבעה הוי"ת הנחלקים לארבע מלואין, האלו הם ארבעה בחינות אלו, הטעמים שם ע"ב. הנקודות שם ס"ג. התגין שם מ"ה. האותיות שם ב"ן. **וכל אחד מאלו הארבעה הוי"ת כלול מכולם, ויש בכל הוי"ה מהם בחינת טנת"א.**

167

שער ההקדמות, דרוש א"ק די"א ע"א – דע כי א"ק הוא כללות הוי"ה אחת, וארבע אותיותיה הם ע"ב ס"ג מ"ה וב"ן שבו. ועל דרך זה יוצאות הארותיו חוץ ממנו, והם גם כן הוי"ה אחת כוללת ע"ב ס"ג מ"ה ב"ן, וא"ק מתלבש תוך אלו ההארות. והנה ההוי"ה הפנימית שבו כנזכר נאצלו בתחילה ע"ב בראשו, וס"ג מהאזן ולמטה עד טבורו. **ואחר כך יצאו הגבורות ב"ן שבו בתחילה, כי כן דרך הגבורות להתפשט תחילה**, ונתפשטו מהטבור עד סיום רגליו כנודע, כי הם סוד הבכורה. ואחר כך חזרו לעלות בסוד אור חוזר, **שהוא נקבה**, ועלו למעלה מהטבור על דרך מה שנתבאר באריך. **ואחר כך יצא אור חדש, והם החסדים דמ"ה**, ונתפשט מהטבור ולמטה, בסוד צדיקים יושבים בעולם הבא, שהם חסדים דמ"ה, ועטרותיהם בראשיהם, שהם גבורות דב"ן בראשם, בסוד אור מקיף, בסוד נקבה תסובב גבר, כעין תפילין דרבינו תם, הויי"ת להדדי, שהם ס"ג וב"ן יחד. כי הרי פנימיות א"ק נקרא עולם הבא.

לחוץ והלבישו[168] את א"ק. תחילה יצאו בחינת השערות דא"ק. תחילה יצאו בחינת השערות דא"ק, **שבהם אין לנו הסגה, ואין לנו רשות לדבר בהם,** והם[169] משם ע"ב דא"ק. ואחר כך יצאו הטעמים דס"ג, שהם אורות האח"פ, והלבישו לא"ק מהאזנים עד הטבור דיליה. וכדי להוציא את בחינת האורות דב"ן ומ"ה הוצרכו החו"ב דא"ק וס"ג דא"ק להזדווג ולהוציאם החוצה, וידוע כי אין זיווג בלי העלאת מ"ן, לכן האורות שהיו מתחת לפרסא דא"ק, שהם מ"ה וב"ן הפנימים דא"ק עלו מעל לפרסא, והם העלו מ"ן לחו"ב דא"ק כדי[171] להזדווג, ואז[172] נזדווגו ע"ב וס"ג דא"ק ויצאו האורות דב"ן **דרך העינים**, שהוא

₁₆₈

תרשים ו – כ"ח.
₁₆₉

חסדי דוד אות ט' דמ"ט ע"ב – א"ק יש בו עסמ"ב, והם טנת"א, וכל אחד כלול מכולם, ע"ב ס"ג מ"ה ב"ן דע"ב, הם מתפשטים מראשו ועד רגליו, דהיינו ע"ב דע"ב עד האזן, ס"ג דע"ב מהאזן עד הטיבור, ומ"ה וב"ן דע"ב מהטיבור עד רגליו. ועסמ"ב דס"ג מלבישים לסמ"ב דע"ב, דהיינו מהאזן ועד רגליו. ועסמ"ב דמ"ה וב"ן מלבישין לסמ"ב דס"ג, ולמ"ה וב"ן דע"ב. דהיינו מאזן דס"ג ומטיבור דע"ב, **זהו פנימיות דא"ק.** וכולם הוציאו אורם לחוץ להלבישו, כי מע"ב דע"ב המגולה יצאו שערות הראש, שבהם תלויים כמה וכמה מיני עולמות הקודמים אל אבי"ע, **ואין רשות לדבר בהם,** אפילו בדרך משל, רק מהאזן ולמטה, וזה סוד לשכך את האזן, ואלו הלבישו מהקרקפתא עד האזנים דא"ק. ומע"ב דס"ג המגולה יצאו אורות אח"פ ושערות הזקן, והלבישו מהאזן עד הטיבור, וחיצוניות עסמ"ב דמ"ה וב"ן יצאו מהם נקודים וברודים דרך עינים ומצח דא"ק, והלבישו לא"ק מטיבור עד סוף רגליו, ועם חיצוניות עסמ"ב דב"ן יצאו חיצוניות סמ"ב, שהם נקודין תגין אותיות דס"ג, ולכן נקרא נקודים, יען שורשו נקודות דס"ג הנקרא נקודות דנקודות, ולכן הנקודות נקרא פעמים ב"ן ופעמים ס"ג. ועם חיצוניות עסמ"ב דמ"ה יצאו חיצוניות סמ"ב דע"ב. וטעם קריאת המ"ה ברודים, יען ב"ן הכולל היא תולדות מלכות דא"ק, וממנו השבעה מלכים דמיתו, ולכן שם ב"ן נקרא נקודות, כי נקודות היא במלכות, ושם מ"ה הכולל הוא תולדות הז"א דא"ק, שהתחלתו מהיסוד הנקרא הדר, כי הוא סוד הדרת פנים זקן, דהסריס אין לו זקן, והוא מלך הדר המחייה את המלכים, וזהו ברודים כמו הדר.
₁₇₀

ע"ח ח"ב שט"ל דרוש א' מ"ב דס"ה ע"א – ענין מ"נ מה ענינם, והנה נודע כי כמו שהאיש נותן מ"ד לאשתו, ונמשכין מן המוח שלו, כן גם כך מן האשה מן מוח שלה יורדין מ"נ ברחם שלה, ומאלו מ"נ ומ"ד הנמשכין מן המוח של הנקבה והזכר, מהם ממש נוצר הולד שהם הנשמות, ואלו הם סוד ב' יודי"ן שיש בצורת **א',** כי **י'** עלאה הוא מוח זכר, וי' תתאה מוח נוקבא, ואות ו' בנתיים, **הוא חד פריסא דאתפרס,** הנזכר בזוהר. וי' עילאה מ"ד ויורדין עד ההוא פריסא שהוא ו', וי' תתאה הוא מ"נ ועולין לגבי ההוא פריסא.
₁₇₁

מבוא שערים ש"ב ח"א פ"ב ד"ב ע"ד – והנה אחר הצמצום והפרסא הנזכר, נמצאו שם האורות רבים מאד במקום החזה, והועיל עליהם שם לצורך מ"נ. וזה תבין ממה שכתוב בש"ה ח"א פ"א ענין או"א שנחלקו לשנים, כל אחד ואחד אבא וישראל סבא, ובינה ותבונה ועיין שם. **והמשכיל יבין כי כן היה כאן,** כי שם ע"ב דא"ק שהם המוחין דגולגלתא מלגו, ושם ס"ג שהוא מאוזן ולמטה עד הטיבור בפנימיות, ולא בבחינת האורות היוצאים לחוץ, אלא האורות בפנימיות עצמן של א"ק, **הנה ע"ב הוא דוכרא שהם המוחין שלו, נזדווגו עם הטעמים של הס"ג שהם מן האח"פ הפנימיים, שהם השרשים אל האורות והענפים היוצאים לחוץ, ואלו הטעמים שלהם שלוש הפנימים הם נוקבא, ונזדווגו יחד,** אז אלו האורות דמטיבורא ולמטה שעלו במקום החזה, היו שם בחינת מ"נ אל הנוקבא, שהיא טעמים דס"ג, ועל ידי מ"נ אלו היה הזיווג הנזכר. **ועל ידי זיווג הזה הולידו אור חדש,** וירד זה אור חדש, **ובקע בהאי פרסא,** כי הרי למעלה ממנו במקום החזה יש עתה אורות רבים מאוד, ואין כח במקום לסובלם, ובבקע הפרסא, וירד האור דרך שם מן הטיבור ולמטה, **וממלא כל אותו המקום שהיה ריקם כנזכר בזה האור החדש הנולד,** וזה שכתוב בפרשת בראשית דף ל"ב ב' וז"ל - ושאיב לעילא ויהיב לתתא וכו'.
₁₇₂

ע"ח ש"י פ"ב דמ"ח ע"א – והנה על ידי עליית מ"נ הנ"ל, שהם)ב"א ששם(האורות הנ"ל, נזדווגו בחינת הוי"ה דע"ב דיודי"ן אשר הם כללות בחינת המוחין דא"ק, **עם בחינת הטעמים דס"ג שהם אח"פ** כנזכר לעיל, כי אלו הטעמים דס"ג לא היה בהם שום שבירה, ולכן הם נזדווגו יחד עם בחינת הע"ב דא"ק,

49

עולם הנקודים, שנשברו ומתו ונפלו לבי"ע. ובתיקון[173] עולם הנקודים, חזרו ונזדווגו ע"ב וס"ג דא"ק, יצאו האורות דמ"ה דרך המצח, והוא עולם הברודים, הנקרא עולם האצילות אחר התיקון.

צריך לדעת כי סוגיה זאת היא סבוכה וקשה, כי לפי פשט דברי הרב ז"ל נראה כי הרב ז"ל מבאר כל ספירה פרטית דעולם הנקודים שמתחלקת לעשר ספירות פרטיות, והג"ר שלהם נשארו שלמות, והשבעה תחתונים נשברו ומתו, וירדו לבי"ע. אלא צריך לדעת[174] כי מבחינת העינים דא"ק יצאו[175] חמש נקודות, הנקראים חמישה נקודות דעוב. ובכל אחת מהחמש נקודות נקודות שהם א"א והוא הכתר, או"א והם חכמה ובינה, וזו"ן, היתה בחינת שבירת הכלים בכל אחת מהבחינות של חמשה הנקודות, וירדו הכלים לבי"ע דאותה נקודה.

ועוד[176] צריך לדעת כי בכל בחינה ובחינה מבחינות אבי"ע היתה שבירה בכלל ובפרט, ואפילו[177] שכותב הרב ז"ל כי הכלים נפלו למקום שעתיד להיות עולמות בי"ע[178], נפל כל כלי פנימי דשבעה תחתונות לבריאה, וכלי אמצעי ליצירה,

---

ואין הכוונה על האורות היוצאין מן הבל אח"פ, רק על בחינת עצמן ופנימותן ממש, וכאשר נזדווגו יחד, נולד מהם אור חדש על ידי הזווג הזה.
173

מבוא שערים ש"ב ח"ב פ"ג שי"א ע"ד – ואז בנזדווגו הטעמים דס"ג הנזכרים בע"ב דא"ק, שהם דכורא, גם כן בבחינת פנימיותיו, שהם המוחין שלו. ואז על ידי זיווגם הולידו אור חדש, והוא שם מ"ה דא"ק, והאור הזה יצא מבחינת מצח דא"ק. כי הנקודים יצאו תחלה מן העינים, וזה האור חדש נמשך מן המצח שלו. וכבר נתבאר בש"א ח"ד כי האוזן וחוטם והפה היוצא מהם הבל הנרגש, ומהעין יצא ההסתכלות עם שאינו בעל הבל ממש כנזכר בש"ב ח"א פ"א. אמנם מן המצח אינו יוצא לא הבל ולא ההסתכלות, רק הארה בלבד. וזהו מה שכתוב בזוהר תמיד – כד מצחא עילאה מתגלה, שאין בו רק גילוי הארה בלבד. וזהו מחמת רוב האור בתכלית אשר שהוא בו, כי הרי מבפנים כנגד המצח שם ע"ב שהם המוחין דא"ק, ושם היה מקום הזיווג שנזדווגו ע"ב עם הטעמים דס"ג. ולכן מן המצח עצמן יצא אור מ"ה הזה, וזהו מה שכתוב בזוהר – כד סליק ברעותא למברי עלמא וכולי. ר"ל כשעלו מ"ן במצח הרצון, דתרגום רצון - רעותא, למברי עלמא - הם השבעה מלכים הנקראים מלכים.
174

ע"ח ש"ט פ"ו מ"ב דמ"ה ע"ד – והרי שבין בכללות ובין בפרטות קרה להם מקרה אחד, זה כי בכללות הנה השבעה נקודות דב"ן אשר בחינתם אינה אלא שתי נקודות לבד, הנה כולם נשברו. ואם בפרטות כי כל השבעה תחתונים של כל אחד מן הג"ר גם כן נשברו. ואמנם יש הפרש אחד ביניהן, והוא כי שלוש נקודות הראשונים כולם, כל נקודה מהם יצאה בבחינת עשר ספירות נקודות, אלא שהג"ר של כל עשר ועשר הנ"ל נשארו שלמות, ושבעה תחתונות שבכל עשר ועשר נשברו.

רחובות הנהר ד"ב ע"ג – ונמצא כי כל מקום שכתב הרב דג"ר יצאו שלמות, וז"א יצא בששה חלקי הנקודה לבד, ונוקבא בחלק אחד מלכות שבה לבד, היינו בג"ר ובזו"ן דכל אחד ואחד מחמשה נקודות הכוללות דכל פרצוף, אבל החמש נקודות כוללות דאותו פרצוף יצאו שלמות, וכמבואר בפרק ו' משער שבירת הכלים, וז"ל - ואל תתמה אם יצאו התחתונות אחר שבירת העליונות, וגם איך כל ג"ר שבכל נקודה של חמשה נקודות לא נשברו, והשבעה תחתונות דנקודות ראשונות נשברו, התשובה היא כי בכל נקודה ונקודה יש מין אור אחד שוה לערך הנקודה ההיא, ואז האור שלהם של הג"ר יוכלו לקבל, ושבעה תחתונות שבו לא יכלו לקבל. וכן על דרך זה בכל נקודה ונקודה מהחמשה נקודות אירע כך, עד כאן. באופן דכל דרושי הרב המדברים בפרצופי עתיק, וא"א, ואו"א, וזו"ן, אינו מדבר על הכוללים, כי אם בחמשה פרצופים דנקודה אחת דעשר ספירות דפרצוף אחד מפרצופי אבי"ע, וממנה נקיש אל השאר.
175

תרשים ו – כ"ט.
176

ספר ליקוטי הש"ס, ליקוטים מעץ החיים, ליקוטים לזכירה מעץ החיים – ידוע כי קודם בריאת העולם של העשיה, ויצירה, ובריאה, ואצילות, אז בנה הקדוש ברוך הוא כמה עולמות אבי"ע, וחזר ומחריבן, ואמר דין לא הניין לי, כי גברו בהם הדינין והקליפות עד מאוד. וכאשר הגיע להאציל את השישה קצוות של האצילות, לא הצליחו במלכות, ותיכף נשברו ומיתו, לא דמיתו ממש, רק שירדו ממדריגתם, דהיינו שנפרדו הכלים של

השׁשׁה קצוות אשר נשברו, למטה במקום עולמות בי"ע. והרוח תשוב אל האלהי"ם חיים במעי אימא עילאה, כי בשלוש עליונות לא שלטה בהם השבירה.

רחובות הנהר ד"ב ע"א – וכמו שאחר כך כתב הרח"ו זלה"ה עצמו בפשיטות, ובאורך וביותר פרטות בשער הלקוטים, ובשער מאמרי הרשב"י ע"ה, ובכמה מקומות, יש כי לא בפרטי החמשה נקודות בלבד היה מקרה המלכים, אלא יה היה בכל מין עשר ספירות ועשר ספירות דכל פרצוף **דפרטי אבי"ע**, וכמו שכתב בדרוש הדעת וז"ל - כל פרצופי אבי"ע כלולים ממ"ה וב"ן, שהם חסדים וגבורות, וכל בחינה משתיהם יש בה נרנח"י שבכל פרצוף, ותחלה יצאו שבעה מלכים, והם זו"ן שבעה קצוות בבחינת נפש, הנקרא שבעה מלכות שבשבעה הקצוות מבחינת ב"ן, **ונשברו**, ואחר כך באו שבעה קצוות של מ"ה........................

נהר שלום, דרוש הדעת דמ"ב ע"ד – כל פרצופי אבי"ע כלולים ממ"ה וב"ן, שהם חסדים וגבורות, וכל בחינה משתיהם יש בה יחידה, חיה, נשמה, רוח, נפש שבכל פרצוף. **ותחלה יצאו שבעה המלכים והם זו"ן, שבעה קצוות שבכל פרצוף, בבחינת נפש, הנקרא שבעה מלכות שבשבעה קצוות, מבחינת ב"ן, ונשברו**. ואחר כך באו שבעה קצוות של מ"ה, מבחינת נפש, והמשיכו עמהם נפש דב"ן, ונתקנו. ואחר כך על דרך זה באו רוח, ונשמה, וחיה, יחידה דמ"ה, והמשיכו את רוח, נשמה, וחיה, ויחידה דב"ן שלא נאצלו עדיין, ובאו כולם כלולים בסוד תוספת בזו"ן, שהם שבעה הקצוות שבכל כלל ובכל פרט.
177

ע"ח ש"ט פ"ג מ"ת דמ"ב ע"ד – ונבאר סדר יציאת שבעה מלכים, ונתחיל מן הראשון שהוא הדעת אשר זה יצא ראשונה, וכאשר לא היה יכול הכלי לסבול כנ"ל, נשבר הכלי וירד למטה בעולם הבריאה, ר"ל במקום שהיה עתיד להיות עולם הבריאה אחר כך, כי הרי עדיין לא נברא עולם הבריאה.
178

ע"ח ש"ט פ"ז מ"ב דמ"ו ע"ב – והנה כאשר יצאו כל האצילות מבחינת ב"ן לבד, והיה כולל עתיק, וא"א, ואו"א, וזו"ן. ואז יצאו תחלה כל הכלים שלהם זה תחת זה עד סיום עולם האצילות, ואחר כך יצאו אורות דב"ן כל פרטי אצילות, ויצא תחלה כתר דעתיק דאצילות, שבו נכללין כל האורות, ונתקיים, ואחר כך יצאה חכמה דעתיק בכלי שלו, ובו היו כלולים כל שאר האורות ונתקיים, ואחר כך יצאה בינה דעתיק, ובו כלולין כל שאר האורות ונתקיים, ואחר כך יצאו שבעה תחתונות דעתיק,)נ"א דדעת(הדעת למטה כל אחד כלול בכלי שלו, ובו כלולים כל שאר האורות, והיה נשבר, וירד **פנימיות הכלי לבריאה, וחיצוניות הכלי ירד ביצירה, וחיצוניות של חיצוניות בעשייה**, ואחר כך האור ההוא נשאר בלי כלי, ושאר האורות ירדו בכלי השני של השבעה תחתונות, וגם הוא נשבר על דרך הנזכר לעיל,)נ"א נשאר ע"ד הנ"ל(והאור שלו נשאר בלי לבוש, ושאר האורות ירדו לכלי שלמטה ממנו, וכן על דרך זה עד שנגמרו שבעה תחתונות שלו, ואחר כך נכנס הכתר דאריך אנפין בכלי שלו................

טעמי מצות, פרשת שופטים, מצות עגלה ערופה דק"ד ע"א – והנה כל מצות סובבות על מציאות השבעה מלכים דמיתו ותיקונם, כי ימצא חלל זו"א דנקודים, שנתרוקן חלל חיותו ונשברו כליו באדמה, היינו סוד התבונה, שגברו הדינים שהם ק"כ צרופים, גימטריא חל"ל באדמ"ה. וכן אדמה מלשון ארץ אדום, דהיינו בינה, שמלכו ומתו. אשר הוי"ה אלהי"ך נתן לך, פירוש שענין זו חלל ושבירה זו היא בכוונה מכוונת, לצורך בירור הטוב מהרע, **כי לא היתה מיתת מלכים ושבירתם על צד המקרה**. והנה נפילתם ושבירהם ירדו עד תשלום עשיה, **כי כלים שלהם נפלו בבריאה, ומהם ביצירה, ומהם בעשיה**. וזהו חלל בבריאה, נופל ביצירה, בשדה עשיה.

נהר שלום דכ"ד ע"ד – והנה ידוע כי מיתת המלכים היתה בזו"ן דפרטות, ר"ל בזו"ן דעתיק, ובזו"ן דא"א, ובזו"ן דאבא, ובזו"ן דאימא, ובזו"ן דז"א, ובזו"ן דנוקבא, וכל פרצוף מאלו הפרצופים כלול מכל הפרצופים הנזכרים. וזה היה בפרט האחרון דפרטי פרטות, וכמבואר לעיל בהקדמה, וזה היה בפנימיות וחיצוניות פנימיות, ובחיצוניות ופנימיות דחיצוניות, דפנים ודאחור. **והכלים עם הרפ"ח ניצוצות דמלכים דעתיק נפלו לעתיק דבי"ע, ודא"א לא"א דבי"ע, ודאו"א לאו"א דבי"ע, ודזו"ן לזו"ן דבי"ע. באופן זה כי הכלים הפנימיים דמלכים הנזכרים נפלו לפרצופי הבריאה. והכלים האמצעיים ליצירה. וכלים החיצוניים שלהם לעשיה**. ונתבאר בשער השמות ובכמה מקומות, כי כדי לברר הכלים ושארית הרפ"ח דכל פרט, יורדים כל הפרצופים העליונים דאצילות בימי החול בסוד גלות השכינה, ומתלבשים בפרצופים שכנגדם למטה בבי"ע. עתיק דאצילות בעתיק דבי"ע, וא"א בא"א, ואו"א באו"א, וזו"ן בזו"ן. כלים פנימים שלהם בבריאה,

וכלי חיצון לעשיה. ולפי פשט דבריו בי"ע עדיין לא נברא עד אחר שבירת הכלים, עם כל זאת מדובר[179] הוא באבי"ע
דעובי, ר"ל באצילות דאבי"ע דעובי היתה שבירה, והכלים נפלו לבי"ע דאבי"ע, כאשר הכלים דשבעה מלכים דאצילות
דאצילות, נפלו לבי"ע דאצילות, הכלים דשבעה מלכים דאצילות דבריאה, נפלו לבי"ע דבריאה, הכלים דשבעה מלכים
דאצילות דיצירה, נפלו לבי"ע דיצירה, והכלים דשבעה מלכים דאצילות דעשיה נפלו לבי"ע דעשיה. ולכן לא היתה
השבירה רק בזו"ן הכוללים, אלא בכל בחינת זו"ן בכל שיעור קומה, פרצוף, ספירה ונקודה היה בחינת שבירת הכלים,
וירידה לבי"ע דאותה בחינה. כך שאין לך נאצל נברא נוצר או נעשה שלא היה בו בחינת שבעה המלכים דמיתו, לכן כל
בחינת זו"ן בין בכללות ובין בפרטות היה בהם בחינת מיתה.

‏וֹאחרי שיצאו ענפי האורות דע"ב וס"ג דא"ק להלבישו עד טבור דיליה, **אָזֹר**[180] **כך כְּשֶׁרְצָה** א"ק
לְהוֹצִיא את ענפי האורות דמ"ה וב"ן מפנימיותו, להלבישו מטבורו ולמטה, **שֶׁהֵם**[181] **עַנְפֵי זֹו"ן** דא"ק,
עלו האורות הטמונים בפנימיות הא"ק, הנמצאים מן הטבור ולמטה עד סוף רגליו, והם מ"ה וב"ן הפנימים דא"ק, ועל
לפרסא דא"ק, ובגלל ריבוי האור מעל לפרסא, אורות אלו היו למ"ן, ועלו לחו"ב דא"ק, שהם ע"ב וס"ג דא"ק.[182] **אֵ֫ז**[183]
נִזְדַּוּוֹגוּ ע"ב ס"ג דא"ק **הַפְּנֵימֵיים, שֶׁהֵם**[184] **זֹו"ב** ר"ל או"א דא"ק **מַמָּשׁ, וְאָ֫ז**[185] **נִבְרָא**[186]

ואמצעיים ביצירה, וחיצוניים בעשיה. ובי"ע הנזכר מתלבשים בבי"ע דחול, וזה לצורך שארית בירורי כלים
ואורות דמלכים דזו"ן דעתיק, וא"א, ואו"א, וזו"ן דאצילות שנפלו לבי"ע על סדר הנזכר. **כי הכלים הפנימים
של מלכי עתיק, וא"א, ואו"א, וזו"ן דאצילות נפלו לבריאה. וכלים האמצעיים של המלכים הנזכרים
ליצירה. וכלים החיצוניים שלהם לעשיה,** כנודע. ועל כן בימי החול יורדים הכלים דפרצופים העליונים
דאצילות על דרך הנז"ל, לברר בחינותיהם שנשארו בבי"ע.
רחובות הנהר ד"ב ע"ב – ובהגיע האור לגבול האצילות, אירע בהם ענין ביטול המלכים, ונפלו הכלים פנימי
אמצעי וחיצון עם אורות דרפ"ח, **לבי"ע התחתונים** דאותה הספירה.
179

תרשים ו – ל'.
180

כרם שלמה ש"ט פ"ו אות ב' – זהו מה שכתב כאן **ואחר כך כשרצה להוציא מ"ה וב"ן שהם ענפי זו"ן.**
ר"ל אף על פי שלא היו עדיין המ"ה והב"ן של הפנים נאצלים, עכשיו הם מתאצלים, ואחר כך הם יוצאים
ענפיהם לחוץ.
181

בית לחם יהודה ש"ט פ"ו דל"א ע"ב – שהם ענפי זו"ן. דקדק לומר ענפי זו"ן, ולא אמר זו"ן. לפי שכל
כוונתו היתה כדי להלביש גופו מבחוץ, מטבור ולמטה. אלא שממילא הוכרח להאציל מ"ה וב"ן בפנימיותו,
שאם אין שורש, אין ענף.
182

כרם שלמה ש"ט פ"ו אות ב' – וזהו מה שכתב **אז נזדווגו ע"ב וס"ג הפנימיים, שהם חו"ב ממש.** פירוש,
אף על פי שע"ב הוא הכתר והחכמה, כמו שכתב לעיל, אף על פי כן עכשיו הע"ב שנזדווג עם הס"ג, שהיא
הבינה, הוא חכמה.
183

בית לחם יהודה ש"ט פ"ו דל"א ע"ב – אז נזדווגו ע"ב וס"ג הפנימיים. ועל ידי זווגם, עלו למעלה מהטבור
ונעשית הפרסא, ונשארו למעלה.
184

בית לחם יהודה ש"ט פ"ו דל"א ע"ב – שהם חו"ב ממש. כלומר שהם או"א ממש, ואין שניהם בחינת
מוחין, כי המוחין הם מע"ב שהוא אבא בלבד, כמו שנתבאר לעיל.
185

יפה שעה)ג(– ואז נברא העולם במידת דין. ויצאת בת בתחילה, שהוא שם ב"ן בפנים דא"ק, ואחר כך יצאו
ענפיו לחוץ כו', והולידו בן, שהוא שם מ"ה בפנים ובחוץ כו', האי הולדה בפנים שכתב רז"ל, לא זכיתי להבין,
שהרי בפנים אינו צריך הולדה, ואינו דבר חדש שמולידים, כי אשר כבר היה מתחלה מ"ה וב"ן הכוללים

הָעוֹלָם בְּמִדַּת הַדִּין, וְיָצְאָה[187] בַּת מִתְוַזְּלָה, שֶׁהִיא[188] שֵׁם ב"ן בְּפָנִים דְּא"ק. וְאַזוֹר[189] כָּךְ יָצְאוּ עֲנָפָיו שֶׁל שֵׁם ב"ן לַחוּץ, דֶּרֶךְ הָעַיִן דָּא"ק, והתפשטו אורות אלו מִטַּבּוּרוֹ דָּא"ק וּלְמַטָּה עד סיום רגליו, והוא עולם הנקודים שהמלכים דיליה נשברו ומתו, וְלֹא נִתְקַיְּמוּ הכלים שֶׁל הָעֲנָפִים שֶׁבְּזוּוּג כי לא יכלו לסבול את האור בתוכם, ר"ל שהכלים[190] דשבעה תחתונות דנקודים נשברו ומתו, וירדו לבי"ע.

עַד שֶׁחָזְרוּ ע"ב וס"ג דא"ק, שהם או"א דא"ק לְהִזְדַּוֵּוג, וְהוֹלִידוּ[191] בֵּן ר"ל שהוציאו מפנימיות א"ק לחוץ, שֶׁהוּא שֵׁם מ"ה שֶׁהָיָה בִּפְנִים דא"ק, ושם מ"ה החדש יצא לְבִּזוּוּג[192] דרך המצח דא"ק,

---

מטיבורא דא"ק ולתתא, כמו שכתב רז"ל בפרקין, ובשער טנת"א פרק א' ממ"ב יע"ש. והם בכלל רל"ב שערים הידועים שהם בפנים. והם הם אשר עלו למ"ן מן הטיבור דא"ק ולמעלה, כדי שיזדווגו ע"ב הכולל עם ע"ב דס"ג הכולל, שעל ידי זוווג נולדה הבת תחלה, ויצא שם ב"ן לחוץ. ומה הולדה שייך בפנים, שכתב רז"ל שהוא שם ב"ן בפנים דא"ק. וכן כתב - והולידו בן שהוא שם מ"ה בפנים ואשר להיות כבר היה מקודם. אם לא שנאמר, שהכוונה היא לומר בפנים, שהיה בפנים והולידו להוציאו לחוץ, ואין הולדה אלא יציאתה לחוץ.
186

שפת אמת ש"ט פ"ו אות ה' די"ג ע"ב – ואז נברא העולם במידת הדין, ויצאת בת בתחילה, שהוא שם ב"ן בפנים דא"ק, ואחר כך יצאו ענפיו לחוץ וכו', והולידו שם מ"ה בפנים ובחוץ וכו', כתב הרש"ך]אח"י - הרב שלמה הכהן[בספר יפה שעה דף ל' ע"א וז"ל - האי הולדה בפנימיותו שכתבה רבינו לא זכיתי להבין, שהרי וכו', אם כן שנאמר שהכוונה היא לומר בפנים, שהיה בפנימיות והולידו להוציאו לחוץ, ואין הולדה אלא יציאתו לחוץ, עד כאן לשונו. ואחרי נשיקת ידי ורגלי קודשו אפשר לומר לפי המורם משער טנת"א, דמ"ה וב"ן הכוללים עלו למ"ן, ונכנסו תוך בחינת הטעמים דס"ג, שהם כדוגמת אימא לגבי הע"ב שבמוחין דא"ק, שהוא דוגמת אבא. כי זה דרך עליית כל מ"ן, שעולים תוך פנימיות הנוקבא, ונעשה הזווג הקדוש בניהם, ומ"ה וב"ן אלו נתחדשו מן הזווג, ויצאו מתוך פנימיות הבינה שהיא בחינת טעמים דס"ג בסוד הלידה, תחילה תוך פנימיות א"ק, ונתפשט פנימיות המ"ה והב"ן עד למטה במקומם הראשון. ואחר כך יצאו חיצוניותם לחוץ, ואם כן שפיר שייך למימר בהם הולדה בפנים ובחוץ, ודו"ק. ואם שגיתי אתי תלין משוגתי.
187

גמרא שבת דע"ז ע"ב – רבי זירא אשכח)מצא(לרב יהודה, דהוה קאי אפיתחא דבי חמוה)שהיה עומד בפתח הבית של חמיו(, וחזייה דהוה בדיחא דעתיה)וראה שדעתו של רב יהודה בדוחה ושמחה עליו מלמוד התורה(. ואי בעי מיניה כל חללי עלמא)ואם תשאל ממנו כל שאלה שמצויה בחלל העולם(, הוה אמר ליה)היה משיב על תשובה על השאלה(.)כשראה רבי זירא את ההזדמנות הזאת, שהיא שעת כושר, שאל אותו שאלה(אמר ליה)רבי זירא לרב יהודה(מאי טעמא עיזי מסגן ברישא)מה הטעם שהעיזים, הרומזים לדינים הולכים תמיד בראש העדר(והדר אימרי)ואחריהם הולכים הכבשים, הרומזים לחסדים(. אמר ליה)רב יהודה לרבי זירא(כבריתו של עולם)כמו שנברא העולם( )דברישא חשוכא)בתחילה ברא הקדוש ברוך הוא את החושך, שהוא בחינת הדין, שם ב"ן(. והדר נהורא)ואחר כך נברא האור, שהוא בחינת חסד, שם מ"ה(.
188

בית לחם יהודה ש"ט פ"ו דל"א ע"ב – שהיא שם ב"ן בפנים דא"ק. כי גם שם ב"ן בפנים דא"ק לא היה ב"ן.
189

בית לחם יהודה ש"ט פ"ו דל"א ע"ב – ואחר כך יצאו ענפיו לחוץ. קאי על הב"ן ולא על הס"ג, ופשוט.
190

ע"ח שי"א פ"ה מ"ת דנ"ב ע"א – ועתה נבאר תחלתן איך היו בעת יציאתן הראשונים בהיותן בלי תיקון. דע כי כאשר יצאו אלו העשר נקודות, יצאו בבחינת אורות וכלים, ואמנם יצאו בלתי תיקון, ולסיבה זו לא יכלו הכלים לסבול האורות שלהם, שהם עצמות שבתוכם, וְנִשְׁבְּרוּ וּמֵתוּ כמו שנבאר לקמן בע"ה.
191

ונקרא[193] מ"ה חדש, **והוא מידת הרוזמים** בערך לשם ב"ן שהוא מידת הדין, **ונתקיים**[194] **העולם**[195], **כמו**[196] **שאמרו**[197] רז"ל על פסוק[198] ביום עשות הוי"ה שהוא שם מ"ה,

---

הגהות וביאורים)ו(– האי הולידו, פירוש הוציאו לחוץ, שהיה מתחילה בפנים.
192

ע"ח ש"י פ"ג מ"ת דמ"ח ע"ג – והנה מציאת מקום התפשטות כל אלו פרצופי הזכרים והנקבות, הנעשין מהתחברות מ"ה וב"ן כנזכר לעיל. הנה מקומם במקום שהיו תחלה הנקודות שיצאו דרך נקבי העינים, והוא מטבורא דא"ק עד סוף רגליו, **ואור המצח הנקרא שם מ"ה**, אף על פי שיצא מלמעלה **מן המצח**, הנה מתפשט משם ולמטה, ומתחיל מציאותו מן הטבור עד סוף סיום רגליו כנזכר לעיל. ......והנה האור הזה **דמ"ה החדש היוצא מן המצח** כנזכר לעיל, הוא סוד המלך השמיני, הנזכר בפרשת וישלח, הנקרא הדר, אשר לא נזכר בו מיתה בתורה, כי לא מת כמו כל האחרים, אדרבא הוא מתקן ומקיים השבעה מלכין קדמאין שמתו, הקודמין אליו כנזכר לעיל.
193

ע"ח ש"י פ"ב מ"ת דמ"ח ע"ב – והנה **אור שם מ"ה החדש הזה היוצא מן המצח דא"ק**, הוא אחרון מכולם, לכן אין בו לא בחינת הבל כמו השלושה, ולא בחינת הסתכלות כמו נקודת העין, ואין בו רק בחינת הארה לבד. וזו שנזכר תמיד בזוהר באדרא זוטא - במצחי אתגלי כו', כי אין בה רק גילוי הארה לחוד, גם זה מה שכתוב בזוהר במקומות רבים - כד סליק ברעותיה למברי עלמא דאצילות. פירוש, כי מצח הרצון דא"ק, סליק ברעותיה למברי עולם האצילות, **על ידי אור מ"ה חדש היוצא ממנו אשר**, על ידו נתקן כל האצילות כמו שנבאר בע"ה. ונמצא כי פירוש רעותא הוא סוד מצח הרצון הנזכר, כי תרגום רצון רעותא. והנה לפי שבחינת ע"ב הוא בראש א"ק, שהם בחינת המוחין, ומקומם הנזכר הוא מבפנים, **כנגד מקום המצח**, ושם נזדווגו המוחין שהם בחינת ע"ב עם בחינת ס"ג, שהם אח"פ, הטעמים דס"ג, שהם למטה מהמוחין בסוף הראש, ולכן מרוב האור שיש שם בזה המצח על ידי הזיווג הנזכר לעיל, **יצא אור חדש ממנו ולמטה, שהוא שם מ"ה החדש.**
194

בראשית א' א' – בראשית ברא אלהי"ם את השמים ואת הארץ. **מפרש רש"י** - ברא אלהי"ם, ולא אמר ברא הוי"ה. שבתחילה עלה במחשבה לבראותו **במידת הדין**, ראה שאין העולם מתקיים, הקדים **מידת רחמים** ושיתפה למידת הדין.
195

בראשית רבה י"ב ט"ו – הוי"ה אלהי"ם. למלך שהיו לו כוסות ריקים, אמר המלך אם אני נותן לתוכן חמין)מידת הדין(הם מתבקעין, צונן)מידת הרחמים(הם מקריסין. ומה עשה המלך, ערב חמין בצונן)מ"ה וב"ן ביחד(ונתן בהם ועמדו. כך אמר הקדוש ברוך הוא, אם בורא אני את העולם במדת הרחמים, הוי חטייה סגיאין. במדת הדין היאך העולם יכול לעמוד. אלא, הרי אני בורא אותו **במדת הדין ובמדת הרחמים**, והלואי יעמוד
196

כרם שלמה ש"ט פ"ו אות ב' – והוא כמו שאמרו חז"ל על פסוק - **ביום עשות הוי"ה אלהי"ם ארץ ושמים**. ר"ל **אחד**, מפני שכתוב **הוי"ה אלהי"ם**, הוי"ה הוא **מידת הרחמים**, ואלהי"ם הוא **מידת הדין**. ופירושו הוא, כי שיתף מידת הרחמים, שהוא שם מ"ה החדש, במידת הדין, שהם שם ב"ן. ואז נתקיים העולם ונעשית העולם כלולים משם ב"ן ומשם מ"ה. **ועוד**, מפני שכתוב תחילה **ארץ**, שהיא המלכות דא"ק, הנקראת ארץ. ואחר כך כתוב **ושמים**, שהוא שם מ"ה החדש, שהוא שם מ"ה דא"ק שנקרא שמים כנודע, ולזה כתוב ארץ בתחילה, ואחר כך ושמים.
197

גמרא חגיגה די"ב ע"א – תנו רבנן, בית שמאי אומרים - שמים נבראו תחלה ואחר כך נבראת הארץ, שנאמר - בראשית ברא אלהי"ם את השמים ואת הארץ. ובית הלל אומרים - ארץ נבראת תחלה ואחר כך שמים, שנאמר - ביום עשות הוי"ה אלהי"ם ארץ ושמים. אמר להם בית הלל לבית שמאי - לדבריכם אדם בונה עלייה ואחר כך בונה בית, שנאמר - הבונה בשמים מעלותיו ואגודתו על ארץ יסדה, אמר להם בית שמאי

מידת הרחמים, **אלהי"ם** שהוא שם ב"ן, מידת הדין, **ארץ** שהיא הנוקבא **ושמים** שהוא ז"א, **והבן אמרם העולם**, כי[199] מציאת העולם הם השבעה תחתונות לבד חג"ת נה"י והמלכות, בסוד הפסוק[200] - עולם חסד יבנה, ר"ל בנין העולם מתחיל מספירת החסד, **ובעומק**[201] לפי דרוש הדעת[202] החסד הוא[203] פרצוף אבא, **שהם זו"ן** והם מ"ה וב"ן. **אלא**[204] **בראשונה היו זו"ן**[205] נקבות ר"ל

לבית הלל - לדבריכם אדם עושה שרפרף ואחר כך עושה כסא, שנאמר - כה אמר הוי"ה השמים כסאי והארץ הדום רגלי. וחכמים אומרים - זה וזה כאחת נבראו, שנאמר - אף ידי יסדה ארץ וימיני טפחה שמים קורא אני אליהם יעמדו יחדו. ואידך מאי יחדו)לפי אחרים מה פרוש יחדיו(, דלא משתלפי מהדדי)שלא ניתקים זה מזה, ר"ל השמים והארץ(, קשו קראי אהדדי)המקראות שהביאו בית שמאי ובית הלל סותרים זה את זה(. אמר ריש לקיש - כשנבראו ברא שמים ואחר כך ברא הארץ, וכשנטה נטה הארץ, ואחר כך נטה שמים. מאי)מה זה(שמים, אמר רבי יוסי בר חנינא - שש מים. במתניתא תנא)בברייתא שנו(- אש ומים, מלמד שהביאן הקדוש ברוך הוא וטרפן זה בזה, ועשה מהן רקיע.
198

בראשית ב' ד' – אלה תולדות השמים והארץ בהבראם ביום עשות הוי"ה אלהי"ם ארץ ושמים.
199

כרם שלמה ש"ט פ"ו אות ב' – והשבעה תחתונות הם נקראים עולם, כמו שכתוב - אמרתי עולם חסד יבנה, מחסד ואילך. וזהו שסיים **והבן אמרם עולם**, ר"ל לשון רז"ל שתפסו בלשונם שם **עולם**, ואמרו **נברא העולם במידת הדין ואחר כך שיתף עמו מידת הרחמים**. והעולם הם **זו"ן** האלו של ב"ן שהם השבעה תחתונות, והשבעה תחתונות דשם מ"ה גם כן נקרא בשם **עולם**.
200

תהלים פ"ט ג' – כי אמרתי עולם חסד יבנה שמים תכן אמונתך בהם.
201

רחובות הנהר ד"ח ע"א – באופן כי כל העשר ספירות דכל פרצוף אבי"ע, נחלקים לשלוש קוים, קו ימין חח"ן, חכמה נקרא פרצוף דעתיק דכורא, **וחסד פרצוף אבא**, ונצח פרצוף ז"א. וקו שמאל בג"ה, בינה נקרא פרצוף נוקבא דעתיק, וגבורה פרצוף אימא, והוד פרצוף נוקבא דז"א. וקו האמצעי דת"י, דעת כלול מחסדים וגבורות, נקרא א"א ונוקבא. ותפארת פרצופי ישסו"ת. יסוד פרצופי יעקב ורחל.
202

נהר שלום, דרוש הדעת דמ"א ע"ג – ונתחיל מן הראשון, הנה ספירת הכתר היא נשמת האצילות, ונחלק לשלוש מוחין חב"ד, שהם נר"ן, שלוש חלקי הנשמה. כיצד עתיק ונוקבא חו"ב והם נשמה ורוח, ואריך ונוקבא הם זו"ן שבכתר, ונקרא דעת, ונפש, ושלשתם שלשה חלקי הנשמה. אחר כך ספירות חכמה ובינה, הם רוח דאצילות, ונחלקים לשלוש מוחין חב"ד, שהם נר"ן, שלוש חלקי הרוח. כיצד או"א חכמה ובינה, והם נשמה ורוח, והדעת שהוא זו"ן שבהם, שהם ישסו"ת, נקרא נפש, ושלשתם שלשה חלקי הרוח. ואחר כך ספירת הדעת, היא נפש דאצילות, ונחלק לשלשה מוחין חב"ד, שהם נר"ן, שלוש חלקי הנפש. כיצד, זו"ן חכמה ובינה, והם נשמה ורוח, והדעת של הדעת, שהוא זו"ן שבהם, הם יעקב ולאה, ונקראים נפש, ושלשתם הם שלשה חלקי הנפש. וכל הבחינות הנזכרים כלולים מעשר, ומתלבשים זה בתוך זה.
203

תרשים ו – ל"א.
204

כרם שלמה ש"ט פ"ו אות ב' – וזהו שכתב אלא בראשונה היו זו"ן נקבות מצד הדין, שהוא שם ב"ן, ואחר כך היו זו"ן זכרים משם מ"ה. ור"ל כי בין בתחילה ובין בסוף נקרא בשם **עולם**. והכל נכלל בדבריהם של רז"ל. וזהו שסיים **כי כל מ"ה וב"ן נקרא עולם**. ר"ל השבעה תחתונות דב"ן, שהם **מ"ה וב"ן דב"ן**. ובין השבעה תחתונות דמ"ה, שהוא **מ"ה וב"ן דמ"ה** החדש. כי הוי"ק נקרא מ"ה, והשביעית נקראת ב"ן. ולכן בין השבעה תחתונות דמ"ה, ובין השבעה תחתונות דב"ן, נקראים בשם **עולם**, ופשוט.
205

מ"ה וב"ן דב"ן, **מצד דין, שהוא שם ב"ן. ואזור כך היו זו"ן זכרים, משם מ"ה** ר"ל מ"ה וב"ן דמ"ה. **כי**[206] **כל מ"ה וב"ן נִקְרָא בשם עולם.**

ידוע כי[207] חמשה נקודות דכללות יצאו דרך העין א"ק ועמדו בעובי, אחת אחרי השניה, ולכל[208] נקודה ונקודה מהם יש חמשה פרצופים פרטים, והם העשר ספירות דאותו פרצוף דאותה נקודה. הג"ר[209] דכל ספירה וספירה דאותו פרצוף,

---

ע"ח ש"ט פ"ז דמ"ו ע"ב – דע כי אין לך ספירה וספירה, אפילו בעשר ספירות הפרטיות שבכל פרצוף ופרצוף, שאין בו **בחינת זכר ונקבה, והם ב"ן דנקודות ומ"ה החדש**. ואמנם אין ענין ב"ן הזה והנקבה זו בחינת מלכות העשירית שיש בכל ספירה וספירה, שהיא בחינה עשירית שבכל ספירה וספירה, אלא שיש בכל ספירה עשר בחינות, וכולם דמ"ה, ועשר בחינות וכולם דב"ן, והתשע ראשונות דמ"ה וב"ן הם נקרא ט' בחינות הראשונות של ספירה ההוא, והבחינה עשירית שהוא מלכות ספירה עצמה, היא כלולה ממ"ה וב"ן. **כלל הדברים בקיצור נמרץ כי אין לך שום ניצוץ קטן בכל האצילות, שאין בו מ"ה וב"ן.** **גמרא בבא בתרא דע"ד ע"ב** – אמר רב יהודה, אמר רב, כל מה שברא הקדוש ברוך הוא בעולמו, **זכר ונקבה בראם.**

206

תרשים ו – ל"ב.

207

רחובות הנהר ד"ב ע"א – ידוע כי חמשה נקודות יצאו מעינים דא"ק, מבחינת ב"ן, וכולן יצאו שלימות, כל אחת שלימה בכל חלקי הנקודה ההיא, באופן שכל אחת ואחת כוללת חמשה פרצופים, עתיק וא"א, וא"ו, וזו"ן. **וסדר שבירת הכלים היה בכל נקודה ונקודה מהם, דכל אחת ואחת,** הג"ר - עתיק וא"א וא"ו שבו נתקיימו, **ושבעה תחתונות זו"ן שבו נשברו,** כמבואר כל זה באורך בעץ חיים שער ט' פרק ו', ופרק ג' משער י"ז, ובכמה מקומות משער הלקוטים, ומשער מאמרי הרשב"י ע"ה. וכן במבוא שערים ש"ב ח"ג פ"ו, יעו"ש. .... כי לא בפרטי החמשה נקודות בלבד היה מקרה המלכים, אלא היה בכל מין עשר ספירות, ועשר ספירות דכל פרצוף דפרטי אבי"ע. וכמו שמבואר בדרוש הדעת, וז"ל - כל פרצופי אבי"ע כלולים ממ"ה וב"ן, שהם חסדים וגבורות, וכל בחינה משתיהם יש בה נרנח"י שבכל פרצוף. ותחלה יצאו שבעה מלכים, והם זו"ן, שבעה קצוות שבכל פרצוף, בבחינת נפש, הנקרא שבעה מלכיות שבשבעה הקצוות, מבחינת ב"ן, ונשברו, ואחר כך באו שבעה קצוות של מ"ה, מבחינת נפש, והמשיכו עמהם נפש דב"ן, ונתקנו. ואחר כך על דרך זה באו רוח ונשמה וחיה ויחידה דמ"ה, והמשיכו את רוח נשמה חיה יחידה דב"ן שלא נאצלו עדיין, ובאו כולם כלולים בסוד תוספת בזו"ן, שהם שבעה קצוות **שבכל כלל ובכל פרט....** ...באופן שכל עשר ספירות דכל פרצוף דפרטי אבי"ע, נכללים בחמשה נקודות, ובכל נקודה ונקודה מהם, היה מקרה המלכים, באופן שדברי האר"י זלה"ה חיים וקיימים.

208

תרשים ו – ל"ג.

209

ע"ח ש"ט פ"ז מ"ב דמ"ו ע"ב – והנה כאשר יצאו כל האצילות מבחינת ב"ן לבד, והיה כולל עתיק, וא"א, וא"ו, וזו"ן. ואז יצאו תחלה כל הכלים שלהם זה תחת זה עד סיום עולם האצילות, ואחר כך יצאו אורות דב"ן כל פרטי אצילות, **ויצא תחלה כתר דעתיק דאצילות,** שבו נכללין כל האורות, ונתקיים, ואחר כך יצאה חכמה דעתיק בכלי שלו, ובו היו כלולים כל שאר האורות ונתקיים, ואחר כך יצאה בינה דעתיק, ובו כלולין כל שאר האורות ונתקיים, **ואחר כך יצאו שבעה תחתונות דעתיק,**)נ"א דדעת(הדעת למטה מכל אחד כלול בכלי שלו, ובו כלולים כל שאר האורות, והיה נשבר, וירד **פנימיות הכלי לבריאה, וחיצוניות הכלי ירד ביצירה, וחיצוניות של חיצוניות בעשייה,** ואחר כך האור ההוא נשאר בלי כלי, ושאר האורות ירדו בכלי השני של השבעה תחתונות, וגם הוא נשבר על דרך הנזכר לעיל,)נ"א נשאר על דרך הנזכר לעיל( )והאור שלו נשאר בלי לבוש, ושאר האורות ירדו לכלי שלמטה ממנו, וכן על דרך זה עד שנגמרו שבעה תחתונות שלו. ואחר כך **נכנס הכתר דאריך אנפין** בכלי שלו, בכלי שלו ובו כלולין שאר האורות על דרך הנזכר בעתיק. ואחר כך **נכנס הכתר דאבא** בכלי שלו, ובו כלולים שאר האורות ונתקיים, וירדו שאר האורות בכלי החכמה שלו ונתקיים, ושאר האורות ירדו בכלי בינה דאבא ונתקיים, אחר כך ירדו האורות של שבעה תחתונות בכלי אחד

שהם עתיק וא"א, ואו"א, נשארו שלימים ולא נשברו, והשבעה תחתונות שלהם, שהם זו"ן דאותה ספירה מאותו פרצוף, היה בהם היה מקרה המלכים. הנקודה הכללית הראשונה, הנקראת א"א, וכאן בפרקין נקראת **כתר**, יש בכללות חמשה **פרצופים**, ולכל[210] פרצוף מפרצופים אלו יש העשר ספירות פרטיות, שהם כחב"ד חג"ת נהי"מ דאותו פרצוף. **לדוגמה** פרצוף עתיק יומין כלול מעשרה ספירות, הכח"ב דכתר דעתיק יומין נשארו שלימות, והחג"ת נהי"מ דכתר דעתיק, נשברו[211] הכלים שלהם, וירדו[212] לעולמות בי"ע התחתונים דאותה ספירה, כאשר הכלי הפנימי ירד לעולם הבריאה, הכלי האמצעי לעולם היצירה, והכלי החיצון לעולם העשיה. אחרי יציאת הכל דנקודה זאת. **ואחריו** פרצוף א"א, הג"ר שלו נשארו שלימות, והשבעה תחתונות נשברו. **וכן** בפרצוף אבא, ובפרצוף אימא, ז"א ונוקבא דאותה נקודה כללית.

כאן הרב ז"ל מבאר סוגיה זאת בסוד **העובי**, וקורא לנקודה הראשונה כתר, שהיא בעצם פרצוף א"א. **וכן** בשאר[213] הנקודות הכלליות העומדות בעובי, שהם, הנקודה השניה פרצוף אבא, הנקודה השלישית פרצוף אימא, הנקודה הרביעית פרצוף ז"א, והנקודה החמישית פרצוף הנוקבא. **כך** שבחינת[214] מקרה המלכים דמיתו היתה **בין הכלל ובין בפרט.**

שלהם, ונשברו וירדו בבי"ע, ושאר האורות נכנסו לכלי שני דשבעה תחתונות, ונשברו וירדו לבי"ע, וכו' על דרך הנזכר לעיל, עד תום כל השבעה.

נהר שלום דכ"ד ע"ד – והנה ידוע כי מיתת המלכים היתה בזו"ן דפרטות, ר"ל בזו"ן דעתיק, ובזו"ן דא"א, ובזו"ן דאבא, ובזו"ן דאימא, ובזו"ן דז"א, ובזו"ן דנוקבא, וכל פרצוף מאלו הפרצופים כלול מכל הפרצופים הנזכרים. וזה היה בפרט האחרון דפרטי פרטות, וכמבואר לעיל בהקדמה, וזה היה בפנימיות וחיצוניות דפנימיות, ובחיצוניות ופנימיות דחיצוניות, דפנים ודאחור. **והכלים עם הרפ"ח ניצוצות דמלכים דעתיק נפלו לעתיק דבי"ע, ודא"א לא"א דבי"ע, ודאו"א לאו"א דבי"ע, ודזו"ן לזו"ן דבי"ע. באופן זה כי הכלים הפנימיים דמלכים הנזכרים נפלו לפרצופי הבריאה. והכלים האמצעיים ליצירה. וכלים החיצוניים שלהם לעשיה.** ונתבאר בשער השמות ובכמה מקומות, כי כדי לברר הכלים ושארית הרפ"ח דכל פרט, יורדים כל הפרצופים העליונים דאצילות בימי החול בסוד גלות השכינה, ומתלבשים בפרצופים שכנגדם למטה בבי"ע. עתיק דאצילות בעתיק דבי"ע, וא"א בא"א, ואו"א באו"א, וזו"ן בזו"ן. כלים פנימיים שלהם בבריאה, ואמצעיים ביצירה, וחיצוניים בעשיה. ובי"ע הנזכר מתלבשים בבי"ע דחול, וזה לצורך שארית בירורי כלים ואורות דמלכים דזו"ן דעתיק, וא"א, ואו"א, וזו"ן דאצילות שנפלו לבי"ע על סדר הנזכר. **כי הכלים הפנימים של מלכי עתיק, וא"א, ואו"א, וזו"ן דאצילות נפלו לבריאה. וכלים האמצעיים של המלכים הנזכרים ליצירה. וכלים החיצוניים שלהם לעשיה,** כנודע. ועל כן בימי החול יורדים הכלים דפרצופים העליונים דאצילות על דרך הנז"ל, לברר בחינותיהם שנשארו בבי"ע.
210

מבוא שערים ש"ב ח"ג פ"ו דט"ו ע"א – ונמצא כי מלבד מה שביארנו בשער הזה, בענין השבעה מלכים דרך כללות, בעשר ספירות השורשיות, הנה גם בכל **פרצוף ופרצוף מאלו החמשה פרצופים,** אחר כל שלשה ספירות ראשונות מהפרצוף ההוא, היה בו ענין השבעה מלכים.
211

תרשים ו – ל"ד.
212

רחובות הנהר ד"ב ע"ב – ובהגיע האור לגבול האצילות, אירע בהם ענין ביטול המלכים, ונפלו הכלים פנימי אמצעי וחיצון עם אורות דרפ"ח, **לבי"ע התחתונים** דאותה הספירה.
213

תרשים ו – ל"ה.
214

נהר שלום, דרוש הדעת דמ"ב ע"ד – כל פרצופי אבי"ע כלולים ממ"ה וב"ן, שהם חסדים וגבורות, וכל בחינה משתיהם יש בה יחידה, חיה, נשמה, רוח, נפש שבכל פרצוף. ותחלה יצאו שבעה המלכים, והם זו"ן, שבעה קצוות שבכל פרצוף, בבחינת נפש, הנקרא שבעה מלכיות שבשבעה קצוות מבחינת ב"ן, ונשברו. ואחר כך באו שבעה קצוות של מ"ה, מבחינת נפש, והמשיכו עמהם נפש דב"ן, ונתקנו. ואחר כך על דרך זה באו רוח ונשמה וחיה יחידה דמ"ה, והמשיכו את רוח נשמה וחיה ויחידה דב"ן שלא נאצלו עדיין, ובאו כולם כלולים בסוד תוספת בזו"ן, שהם שבעה הקצוות, **שבכל כלל ובכל פרט.**

וְהִנֵּה בְּצֵאת ב"ן[215] דעסמ"ב דב"ן, **שֶׁהִיא** בחינת **הַנֻּקְבָּה**[216] דרך העין דא"ק, **וְכוּלָה**[217] היתה דינין, **הִנֵּה**[218] נודע כי בכל אזור **מֵהָאַרְבַּע**[219] שמות עסמ"ב **הַנִּזְכָּרִים לְעֵיל**, יֵשׁ בּוֹ כְּלָלוּת אַרְבַּעְתָּן הנקראים[220] עסמ"ב דעסמ"ב, או טנת"א דעסמ"ב.

וְהִנֵּה[221] **בְּשֵׁם ס"ג כְּבָר נִתְבָּאר לְעֵיל הֱיוֹת** בו בפרטות שמות **ע"ב ס"ג מ"ה ב"ן** דס"ג, **שֶׁהֵם טַנַת"א** דס"ג, כאשר ע"ב דס"ג הם אורות דאח"פ, וס"ג[222] דס"ג על פי הפשט הוא פנימיות עולם הנקודים, הנקראים גם[223] עסמ"ב סמ"ב דס"ג שהם טנת"א דס"ג, **וְכוּלָם**[224] **נִכְלָלִין** ר"ל[225] נשרשים

215

רחובות הנהר ד"ג ע"ב – ובתחילה יצא שם ב"ן, שהוא שבעה קצוות זו"ן, שהם **מ"ה וב"ן דב"ן** דא"ק, והם הם השבעה מלכים דב"ן דמיתו, ואינם רק שבעה מלכים, אלא נפרטו לעשר ספירות, שהם עסמ"ב, והם עתיק, וא"א, ואו"א, וזו"ן דב"ן דאצילות. ואחר כך בתיקון יצא שם מ"ה החדש, שהוא שבעה קצוות זו"ן, שהם **מ"ה וב"ן דמ"ה** דא"ק, ונפרטו גם הם לעסמ"ב על דרך הנזכר לעיל.

216

כרם שלמה ש"ט פ"ו אות ג' – מה שכתב בצאת הנקבה וכולה דינין, מפני שרצונו לפרש מעשה השבירה שאירע בה, והוא לסיבת שכולה דינין, לכן אירע בה מעשה השבירה.

217

שער מאמרי רשב"י דס"י ע"א – והענין הוא כי כאשר עלה ברצון המאציל העליון, להאציל האצילות עם הארץ העליונה, יצאו המלכים הראשונים **בתחילה בסוד הדין הגמור**, בתוך המחשבה העליונה. וכמו שאומר הכתוב - **ואלה המלכים** אשר מלכו בארץ אדום, ובתוכם מעורבים הקליפות והדינים בלתי קדושה, ומרוב הדינים ארעא אתבטלת, שהיא המלכות.

218

ע"ח ש"ה פ"א מ"ת ד"כ ע"ד – דע כי אין מציאות ציור קומת אדם בעולם, שלא היה בו כללות ארבעה בחינות, אשר כוללים כל האצילות, וכל העולמות כולם. ואלו הם, **ע"ב** כזה - יו"ד ה"י וי"ו ה"י. **ס"ג** - יו"ד ה"י וא"ו ה"י. **מ"ה** - יו"ד ה"א וא"ו ה"א. **ב"ן** - יו"ד ה"ה ו"ו ה"ה. והנה אלו הארבעה הויו"ת הנחלקים לארבע מלואין האלו, הם ארבעה בחינות אלו, הטעמים שם ע"ב. הנקודות שם ס"ג. התגין שם מ"ה. האותיות שם ב"ן. **וכל אחד מאלו הארבע הויו"ת כלול מכולם**, ויש בכל הוי"ה מהם בחינת טנת"א. והנה בחינת קרקפתא של זה הא"ק, שהוא ראש עד בחינת מקום האזנים שלו, נקרא בחינת שם ע"ב, והוא סוד הטעמים שבו כנזכר לעיל, עם היות שגם בבחינה זו לבדה כלולה טנת"א, אלא שאין לנו רשות לדבר בזה.

219

כרם שלמה ש"ט פ"ו אות ג' – ומה שכתב וכבר ידעת כי ארבעה אלו כלולין מעשר ספירות. ר"ל כי העשר ספירות אלו דנקודים, הם נחלקים מהארבעה, שהם ע"ב ס"ג מ"ה ב"ן, וזהו גם כן מה שסיים **ונמצא כי שם ב"ן** נחלק לעשרה נקודות, **ולארבעה בחינות**. ופירושו הוא, לעשרה נקודות שהם הם בחינת ארבעה בחינות.

220

תרשים ו – ל"ו.

221

תרשים ו – ל"ז.

222

ע"ח ש"ח פ"א מ"ב דל"ה ע"ד – ע"ב דא"ק הוא ברישא דיליה, אחר כך בא הס"ג דיליה, **והתחיל מן אח"פ**, וכל אלו השלוש חלוקים הם טעמים, **והם ע"ב דס"ג**, ובחינה שלישית שהיא הפה נקרא עקודים. **אחר כך בא הס"ג דס"ג, והיא נקודות מתחילין מן העין דא"ק....**

223

בָּמלכות של הָעֶשֶׂר סְפִירוֹת דְּעֲקוּדִים אשר[226] גם בה יש את ארבעה הבחינות דטנת"א, עַיֵּין[227] שָׁם וְתמצאנו.

ע"ח ש"ו פ"ג מ"ת דכ"ה ע"ג – והנה נתבאר שלושה בחינות הטעמים, **אמנם גם שלוש בחינות הנקודות ותגין ואותיות כלולים בהם**, אלא שאינם נגלים כלל כאן, עד למטה באורות עינים, כמו שנבאר במקומו בע"ה.
224

בית לחם יהודה ש"ט פ"ו דל"א ע"ב – וכולם נכללים בעשר ספירות דעקודים, עיין שם ותמצאנו. הוא בפרק ג' דעקודים, שכתב אמנם גם שלוש בחינות נת"א כלולים בהם וכו', אי נמי יש לפרש שכוונתו על מה שכתב בפרק ה' דשער העקודים, כי אור הראשון של העקודים הוא טעמים, ואור האחוריים הוא נקודות, ואור הרשימו הוא תגין, ואור הניצוצות הנופלין הם אותיות, יעו"ש.
225

ע"ח ש"ז פ"ג מ"ק דל"ב ע"א – והנה דע כי הלא קודם בחינת העקודים אלו, יש למעלה מהם שרשי אלו העשר ספירות כתר, חכמה, בינה, כו', עד המלכות. ולמטה משורש מלכות זו, שם הוא התחלת אור הכתר הנ"ל, פניו למעלה נגד השורש שלו, ואחוריו למטה נגד כלי הכתר, של בחינת העקודים. והנה כל החיות הצריך אל העקודים האלו, כולם נמשכין אליהם מהמשורשים אלו העליונים, ועוברים דרך אור הכתר הנ"ל, וכל זה בחינת חיות לבד, אך לא בחינת שפע ממש, רק כאשר יהיה אור הכתר לא מטי בכלי שלו, כי אז יעלו ויקבלו שפע גדול משורשיהם כמו שנבאר בע"ה.

נהר שלום דכ"ה ע"ה – והנה ענין שם מ"ב הוא זה, **הנה נודע כי כל עולם ופרצוף עליון, הוא מקור ושורש למה שלמטה ממנו כנודע**, כי במלכות דיצירה נתפשטו עשרה ענפים, מעשר ספירות דיצירה, והם שרשים לעשר ספירות דעשיה. וכן במלכות דבריאה נתפשטו עשרה ענפים, מעשרה ספירות דבריאה, והם שרשים לעשר ספירות דיצירה. וכן במלכות דאצילות נתפשטו עשרה ענפים מעשר ספירות דאצילות, והם שורש עשר ספירות דבריאה. **ובמלכות דעקודים נתפשטו ענפי עשר ספירות דעקודים, והם שורש לעשר ספירות דאצילות.** וכן על דרך זה מעולם לעולם שלמעלה מנו, עד שנמצא שכולם ענפים מסתעפים מעשר ספירות דא"ק, שהם שורש ומקור לכל העולמות, והם משורשים ביחידה שלו, **וכל זה בכללות, וכן הוא בפרטות, מפרצוף לפרצוף, וכן בפרטי פרטות, מספירה לחברתה.** והנה טבע האור העליון חפצו, וחשקו, ותאוותו, לעלות למקורו ושורשו, להכלל ולהדבק שם כשלהבת קשורה בגחלת, ואם כ כה יעשה יתבטל מהות תיקונו, לפיכך שם המאציל לכל בחינה יראה פנימית, שלא יעלה האור ההוא ויכנס פנימה יותר מהראוי לו, וגם יראה חיצונית וחק וגבול, שלא ירד למטה, ויצא יותר ממדריגתו. והנה יראה זו היא שם מ"ב, שהוא בחינת גבורה, כמספר יראה, ושם זה הוא האוחז ומעכב לאור העליון שלא יעלה יותר מהראוי לו, ושלא ירד יותר מגבולו.

דעת ותבונה פ"ה דל"ו ע"ב – ודע הקדמה אחת כי בספירת המלכות של העשרה ספירות שבבחינת הפה של א"ק, יש בה נשרשים עשרה ספירות אחרות, הנקראים עשרה שרשים של העשרה ספירות של עולם העקודים, וכן על דרך זה **בספירת המלכות של העשרה ספירות דעקודים, יש בה עשרה שרשים של העשרה ספירות דעולם הנקודים**, וכל דרך זה הוא בכל העולמות כולם, בכללות העולמות, וכן בכל פרטיהם. ובכל פרטיות עשרה ספירות שיש בכל בחינה ובחינה, יש במלכות ספירות העשרה ספירות שרשים של העשרה ספירות אשר בבחינה שלמטה ממנה, והדברים מובנים.
226

ע"ח ש"ו פ"ה מ"ת דכ"ז ע"ב – והרי הוא ארבע בחינות אור, **והם סוד ארבעה בחינות טנת"א** כנזכר לעיל, שהיו **כולם נכללין כאן בענין העקודים**, כי זה פרטן, אור ראשון **טעמים**. אור אחוריים **נקודות**, כי הנקודות הם לעולם דין. ואור רשימו **תגין**. ואור של ניצוצין הנופלין על ידי הכאות האורות זה בזה כנזכר לעיל, הוא **אותיות**.
227

וְהִנֵּה[228] גַם בְּשֵׁם בְּ"ן כְּלוּלִים מֵאַרְבַּעְתָּן הַנִּקְרָאִים[229] עסמ"ב דב"ן, **וּכְבָר יָדַעְתָּ כִּי אַרְבָּעָה אֵלּוּ** העסמ"ב דב"ן **כְּלוּלִין בְּעֶשֶׂר סְפִירוֹת** הַנִּקְרָאִין עשר ספירות דב"ן, כַּאֲשֶׁר שם דב"ן הוּא בחכמה דב"ן, ס"ג דב"ן בבינה, מ"ה דב"ן הם חג"ת נה"י, וב"ן דב"ן במלכות דב"ן, **וְנִמְצָא כִּי שֵׁם בְּ"ן נֶחֱלָק לְעֶשֶׂר נְקוּדוֹת** שהם[230] העשרה מלכויות דעסמ"ב דב"ן, **וּלְאַרְבָּעָה בְּחִינוֹת** שהם ב"ן דעסמ"ב דב"ן.

הרב ז"ל ביאר לעיל בפרקין כי לארבעה הפרצופים דא"א וזו"ן, יש את בחינת העסמ"ב. כאן מבאר הרב ז"ל את בחינת הכתר, שהוא פרצוף א"א, והוא הפרצוף החמישי בכל שיעור קומה, עם כל זאת לא מבאר הרב ז"ל את בחינת ההוי"ה דכתר, לאיזה בחינה היא של שמות עסמ"ב הוא שייך, ונראה לעניות דעתי כי בחינת הכתר שהוא בחינת א"א, והוא בחינה כללות היחידה בבחינות הנרנח"י, וכמו[231] שהיחידה היא שורש לנרנח"י, וכוללת כולם, כך גם הכתר הוא שורש לכל בספירות, וכולל את כל הבחינות דעסמ"ב.

ע"ח ש"ו פ"ה מ"ת דכ"ז ע"ד – ודע כי במלכות של עולם העקודים, נשארו בה עשר שרשים של עשר הנקודים, כמו שנבאר בע"ה. ועל דרך זה בכל אצילות, כי המלכות של השרשים אשר בפה א"ק, היא כלולה מעשר, והם עשר שורשים אל עשר דעקודים. ובמלכות דעקודים יש עשר שורשים אל עשר ספירות דנקודים. (וכן במלכות דנקודים יש עשר שורשים, והם שורשים דעשר ספירות דברודים). ועל דרך זה בשאר העולמות.
[228]

רחובות הנהר ד"ב ע"ד – הרי נתבאר היטב מה שכתבנו, כי אפילו א"ק עצמו הוא זו"ן, שהם ו"ק, שהם מ"ה וב"ן בערך הקודם אליו. ואלו המ"ה וב"ן הכוללים שבו נפרטים, לעסמ"ב שהם, עשר ספירות, שהם החמשה פרצופים שבו, כל זה בפנימיותו. **וכן על דרך זה במ"ה וב"ן הכוללים בחיצוניותו, שנפרטים לעסמ"ב**, שהם עשר ספירות, שהם חמשה פרצופים שבו. **ואותם המ"ה וב"ן הפרטים, שהם זו"ן, שהם הו"ק שבחיצוניותו, המתפשטים מטבורו ולמטה, נפרטים גם הם לעסמ"ב**, שהם עשר ספירות, והם המ חמשה פרצופי האצילות, המלבישים לא"ק מטבורא דיליה ולתתא. ואינם רק זו"ן, שהם שבעה קצוות, אלא שנפרטו לעשר ספירות, ומהם נעשו עתיק, וא"א, ואו"א, וזו"ן דאצילות. ובתחילה יצא שם ב"ן שהוא שבעה קצוות זו"ן שהם מ"ה וב"ן דב"ן דא"ק, והם הם השבעה מלכים דב"ן דמיתו, ואינם רק שבעה מלכים, אלא נפרטו לעשר ספירות, **שהם עסמ"ב, והם עתיק, וא"א, ואו"א, וזו"ן דב"ן דאצילות**. ואחר כך בתיקון, יצא שם מ"ה החדש, שהוא שבעה קצוות זו"ן, שהם מ"ה וב"ן דא"ק, ונפרטו גם הם לעסמ"ב, על דרך הנזכר לעיל, **ובירר ותיקן לע"ב ס"ג מ"ה ב"ן דב"ן**, כמו שנבאר בע"ה.
[229]

תרשים ו – ל"ח.
[230]

תרשים ו – ט"ל.
[231]

ע"ח ח"ב שמ"ב פ"א מ"ב דפ"ט ע"א – וכן על דרך זה יש בכאן, כי בין הבורא יתברך ובין הנברא, שהיא הבחינה הכוללת הרוחניות, יש בחינת באמצע, אשר עליה נאמר - בנים אתם להוי"ה אלהיכ"ם, אני אמרתי אלהי"ם אתם. ונאמר - ויעל אלהי"ם מעל אברהם. ואמר רז"ל - האבות הן הן המרכבה. והכוונה כי יש ניצוץ קטן מאד, שהוא בחינת אלהו"ת, נמשך ממדריגה האחרונה שבבורא, וזהו הניצוץ מתלבשת בכח ניצוץ אחד נברא, שהוא נשמה דקה במאד, **ובניצוץ זה הנקרא יחידה, יש בה שרשי ארבעה בחינות הרוחניות, שהם נרנ"ח.**

רחובות הנהר ד"ט ע"ב – הכונה בזה כי יש ניצוץ קטן מאד שהוא בחינת אלהו"ת, נמשך ממדריגה אחרונה שבבורא, וזה הניצוץ מתלבש בכח ניצוץ אחד נברא, שהוא נשמה דקה במאד, **הנקרא יחידה, ובניצוץ זה הנקרא יחידה יש בה שרשי ארבעה בחינות רוחניות שהם נרנ"ח**, עד כאן לשונו.

אמנם[232] **כפי האמת הם זזמשׁה בזזיׁנות** ולא ארבעה בחינות או"א וזו"ן, **כי הכתר** שהוא השורש, הוא נעלם, והוא **למעלה מהארבעה** הבחינות הנזכרות לעיל דעסמ"ב, **הוא** ר"ל הכתר, **ועצמו** פרצופי או"א וזו"ן **הם זזמשׁה פרצׁופים, הכוללים עׁשר ספירות כנודע,** כאשר הכתר הוא א"א, חכמה **אבא**, בינה אימא, חג"ת נה"י ז"א, והמלכות **נוקבא. והנה**[233] **בכל אזזד מאלו הזזמשה פרצופים** הנזכרים, **יש בו עשר ספירות גׁמורות** בפרטות.

מתחילת[234] שער הנקודים עד כאן היה מובן כי שמקרה המלכים היה בכללות דעולם האצילות שלפני התיקון, הנקרא עולם הנקודים. ר"ל כי השבעה מלכים דנקודים התחתונים הם הם מתו ונשברו, והכלים שלהם ירדו לבי"ע. כאן הרב ז"ל מבאר כי בפרטות כל ספירה וספירה מהספירות דנקודים, הם[235] בעצם חמשה נקודות **שעומדים בעובי**, הנקראים א"א או"א וזו"ן, כאשר כאן הרב ז"ל קורא להם כתר חו"ב וזו"ן. וכל[236] נקודה ונקודה כוללת עשר ספירות פרטיות,

---

נהר שלום דכ"ה ע"א — הנה נודע כי כללות ארבעה בחינות נרנ"ח, כוללים כל הנמצאים, וכל אחד כלול ומורכב מכולם, כי הנרנ"ח דחיה היא בחינת החיה שבכל אחד מנרנ"ח. וכן הנרנ"ח דנשמה, הוא בחינת הנשמה שבכל אחד מנרנ"ח. וכן הרוח הוא הרוח שבכולם. והנפש היא הנפש דכולם. **אבל היחידה היא כוללת כולם, בלי היכר.** וארבעה בחינות אלו הם בחינת ארבע אותיות הוי"ה, והם בחינת חב"ם, והם בחינת אבי"ע, והם בחינת ארמ"ע, והם בחינת דצח"ם, והם **שבכללות ושבפרטות,** וכל בחינה נפרטת לאין קץ.
232

כרם שלמה ש"ט פ"ו אות ג' — ומה שכתב, אמנם כפי האמת הם חמשה וכו'. ר"ל כי הואיל והכתר הוא **נעלם,** לכן אין אנחנו מחשבין כי אם ארבעה, שהם חכמה בינה, חג"ת נה"י, ומלכות. שהם טנת"א, ושהם ע"ב ס"ג מ"ה ב"ן. אבל באמת הם **חמשה** בחינות, וכל אחד מחמשת אלו הם כלולים מעשר ספירות.
233

בית לחם יהודה ש"ט פ"ו דל"א ע"ג — והנה בכל אחד מאלו החמשה פרצופים יש בו עשר ספירות גמורות. חמשה פרצופים הנזכרים הם הנקראים חמשה נקודות הכוללים, שיצאו מעיני א"ק שכל נקודה מהם היא כלולה מעשר ספירות, וכח"ב שבה נפלו אחוריהם באצילות, ושבעה מלכים שבה נשברו פנים ואחור שלהם, ונפלו לבי"ע. וכל דרושי רז"ל האמורים בכל מקום אינם כי אם בכח"ב ושבעה מלכים של נקודה אחת מהחמשה נקודות הנזכרים הכא, וכמבואר באורך בריש הקדמת רחובות הנהר, יעו"ש.
234

כרם שלמה ש"ט פ"ו אות ד' — עד עכשיו לא פירש הרב ז"ל מעשה השבירה כי אם בזו"ן דאצילות, דהיינו בשבעה תחתונות דכללות האצילות. אבל עכשיו משמיענו כי אלו הזו"ן שאמרנו לעיל שאירע בהם מעשה השבירה, הם הזו"ן דכתר, שהם השבעה תחתונות דנקודה הראשונה דאצילות. ולכן מנה האורות כאן כדרך שמנה האורות שם, שאיך נתרוקנו מכלי אל כלי. באופן מה שביאר לעיל על הזו"ן דכללות, הוא הדין על זו"ן דכתר, שהם השבעה תחתונות דא"א, שהוא הנקודה הראשונה דאצילות, ואין צורך להאריך בזה, כי הכל מובן ממה שכתוב לעיל.
235

רחובות הנהר ד"ב ע"ב — ידוע כי חמשה נקודות יצאו מעינים דא"ק מבחינת ב"ן, וכולן יצאו שלימות, כל אחת שלימה בכל חלקי הנקודה ההיא, באופן שכל אחת ואחת כוללת חמשה פרצופים, עתיק, וא"א, ואו"א, וזו"ן. וסדר שבירת הכלים היה בכל נקודה ונקודה דכל אחת ואחת מהם, הג"ר עתיק וא"א ואו"א נתקיימו, ושבעה תחתונות זו"ן שבו נשברו.
236

נהר שלום, דרוש הדעת דמ"א ע"ב — דע כי אף על פי שהוזכר תמיד היותם עשר ספירות, אינם רק חמש ספירות, **וכל ספירה הוא פרצוף אחד,** וכולל עשר מדות, והם א"א ואו"א וזו"ן. וזה פרטם כי ספירת הכתר כוללת עשר מדות, ונקראת א"א. וספירת החכמה כוללות עשר מדות, ונקראת אבא. וספירת בינה כוללת עשר מדות, ונקרא אימא. וספירת הדעת דחסדים כוללת עשר מדות, ונקראת זעיר, אך כשנאצל לא היו בו רק שש מדות, חג"ת נה"י שבדעת, והם הם החג"ת נה"י הנקרא אצלינו מכלל העשר ספירות אצילות, אבל אינן רק מדות, ולא

ובכל אחת מחמשה הנקודות דנקודים היה מקרה המלכים הפרטי דאותה נקודה, כאשר הכתר דאותה נקודה נפגם, חו"ב נתבטלו, ושבעה התחתונות מתו ונשברו, והכלים דשבעה תחתונות **ירדו לבי"ע דאותה ספירה דבי"ע.** לדוגמה, כלי הפנימי של התפארת דנקודת הכתר דנקודים, נפל לכלי הכתר דכתר דבריאה. והכלי האמצעי של נקודת התפארת דכתר דנקודים, נפל לכלי הכתר דכתר דיצירה. והכלי החיצון של נקודת התפארת דכתר דנקודים, נפל לכלי הכתר דכתר דעשיה. וכן כל שאר הספירות הפרטיות של הספירות הכלליות דנקודים. כך שבעצם מה שנתבאר עד עכשיו בשער הנקודים ובשער זה, שער השבירה היה כללות נקודה אחת מחמשה הנקודות דעובי, ורק צריך **החכם שמבין בדעתו** שמקרה המלכים קרה בדיוק בכל חמשה הנקודות דעובי.

[237]**והנה בראשונה** בעולם הנקודים יצאו המלכויות דשם ב"ן דרך העין דא"ק, והם נקראים ב"ן דעסמ"ב דב"ן, **ויצאה הנקודה הראשונה דב"ן** דעסמ"ב דב"ן דרך העין דא"ק, ומתגלה מהטבור דיליה ולמטה, **והוא** נקרא נקודת א"א הכללית, והוא **הכתר**[238] **דב"ן, והיא** בחינת הכתר **כלולה מעשר ספירות** פרטיות, **ויצאו כל העשר ספירות** הפרטיות **שבה כלולים בכלי הכתר** [דמ"ה ע"ד 90] **שבה, שהיא הכתר דכתר** דנקודים, **ונשאר שם אור הכתר** דכתר, **בכלי הכתר דכתר** דנקודים, וכלי הכתר דכתר דנקודים לא נשבר, כי[239] יכול היה כלי הכתר דכתר דנקודים לסבול את כל האורות בתוכו[240].

ספירות כמו השלוש ספירות הראשונים. וספירת הדעת דגבורה כוללת עשר מדות, ונקרא נוקבא דזעיר, אך כשנאצלה לא היה בה רק מדה אחת לבד, העשירית, והיא מלכות שבדעת הנזכר. והיא היא המלכות הנקראת אצלינו מכלל העשר מדות ספירות, אבל אינה רק מדה אחת, ולא ספירה, ואלו החמשה פרצופים נרמזו בשם ההוי"ה, בקוצו של יו"ד ובארבעה אותיותיו, ולפי שהכתר אינו מכלל העשר ספירות, והושם ספירת הדעת במקומו, לכן נרמז בקוץ היו"ד, ולא באות ממש. ונמצא כי עיקר הפרצופים הם ארבעה, או"א וזו"ן, והם ארבעה אותיות ההוי"ה, והם נכללות בשלוש ספירות בלבד, שהם חב"ד, ודעת כלול משתי עיטרין.

237

יפה שעה)ד(– והנה בראשונה יצא נקודה הראשונה, והוא כתר דב"ן כו'. ואחר כך יצא הנקודה השניה, שהיא חכמה דב"ן כו'. ואחר כך יצא נקודה השלישית, שהיא בינה דב"ן כו'. ואחר כך יצאו שבעה נקודות דב"ן, שהם כללות שתי נקודות לבד כו'. מפורש יוצא מדברי רז"ל, שהשלוש נקודות ראשונות יצאו אחד לאחד, והשתי נקודות אחרונות יצאו שניהם כאחד.

238

שפת אמת ש"ט פ"ו אות ו' די"ג ע"ב – לא פורש בדברי רז"ל אם כשיצא אור הכתר דעתיק, ובו כלולים כל האורות. אם הוא כל האורות שממנו ולמטה, דהיינו א"א וא"א וזו"ן, או אור עשר ספירותיו דווקא, וכן השאר. אך מדברי רז"ל שכתב - ובו כלולים כל שאר האורות, ושנה ושלש, משמע דכייל)אך בפרק ו' שם לאו הכי משמע(הכל, וכן לא פורש האחוריים דא"א, דכל אחד היכן נופלים, אם בסוף האצילות ממש, במקום נוקבא דז"א הכוללת, או במקום המלכות דכל אחד, והסברא נותנת במלכות דכל אחת. ואפשר לומר שזהו שרמז הרב ז"ל שכתב באבא וירדו באצילות עצמו בסופו וכו', יעו"ש. ואם שגיתי אתי תלין משוגתי.)עיין במורנו הרש"ש שחמשה נקודות הכוללות לא יצאו זה מזה, כן כתב בהקדמת המרח"ו, וגם שכולם מלבישים זה לזה בשוה מטיבור דא"ק עד סוף האצילות(.

239

ע"ח ש"ח פ"ד מ"ת דל"ח ע"ב – נמצא שיצא אור הכתר תחלה, ונכנס בכלי שלו, **והיו כלולים בו כל התשעה אורות.** ואחר כך נשאר אור הכתר בכלי שלו.... דע כי כאשר אור הכתר נכנס תחלה בכלי שלו, **היו שאר האורות בטלים בו בערכו,** שהוא גדול מכולם יחד, ולכן היה יכולת בכלי שלו לסובלו, ולסבול תשעה אורות האחרים, ולא נשבר.

240

תרשים ו – מ'.

אחרי שנשאר אור הכתר דכתר דנקודים בכלי שלו, **וחזרו וירדו התשעה אורות** התחתונות של אור הכתר דנקודים, והתלבשו **בכלי החכמה דכתר** דנקודים, גם[241] כלי החכמה דכתר דנקודים יכול היה לסבול את אורו ואת השמונה האורות התחתונים דכתר דנקודים. **ונשאר שם אור החכמה** דכתר דנקודים, **בכלי החכמה דכתר** דנקודים[242].

אחרי שנשאר אור החכמה דכתר דנקודים בכלי שלו, **וחזרו וירדו שמונה אורות** התחתונות דאור הכתר דנקודים, מכלי החכמה דכתר דנקודים, והתלבשו **בכלי הבינה דכתר** דנקודים, וגם[243] כלי הבינה דכתר דנקודים יכול היה לסבול את האור שלו, ואת האורות דשבעה התחתונות דכתר דנקודים, **ונשאר שם בכלי הבינה דכתר** דנקודים **אור הבינה** דכתר דנקודים, וירדו שבעה האורות התחתונים דכתר דנקודים, לכלי הדעת דכתר דנקודים.

ואחזר[244] **כך יצא אור הדעת** דכתר דנקודים, מכלי הבינה דכתר דנקודים, ועמו[245] האורות דחג"ת נהי"ם דכתר דנקודים, והתלבשו **בכלי הדעת** דכתר דנקודים, **ונשבר** כלי הדעת דכתר דנקודים, **והאור**[246]

241

ע"ח ש"ח פ"ד מ"ת דל"ח ע"ג – וכן כאשר יצאה אור החכמה, ונכנס בכלי שלו, **היו השמונה אורות כלולים בו.**
242

תרשים ו – מ"א.
243

ע"ח ש"ח פ"ד מ"ת דל"ח ע"ג – וכן בצאת אור הבינה, כלולה משבעה אורות, ונכנסים בכלי שלה, **היו הכלים יכולים לסבול**, ולא נשברו, כי כולם הם בטלים בערך או"א, דמיון הבנים שבתחילה עומדים כלולים במוח אביהם, בסוד טיפת מוח, וכן בהיות בנים בסוד עיבור במעי אמן, יכולין להיות שם, **והיא יכולה לסובלם.**
244

שפת אמת ש"ט פ"ו אות ז' די"ג ע"ב – אחר כך יצא אור הדעת בכלי שלו ונשבר, והאור שלו עלה למעלה, והכלי נפל למטה וכו', עד התחתון שהיא המלכות דכתר דב"ן, גם היא נשברה, ואירע בה וכו'. והרי שהם שבעה תחתונות אשר בכתר הזה, אחר כך וכו', ואם תאמר היאך היה שבירה בשבעה תחתונות דכתר דב"ן, ובשבעה תחתונות דחו"ב דב"ן, והלא לעיל בשערים הקודמים קא עביד רבינו ז"ל חלוק, ואמר פגם בכתר, ביטול באו"א שבירה בשבעה תחתונות. ר"ל הכתר שלקח הארת הכלי שלו מן האוזן עצמה הארתו גדולה, ולכן לא נשבר הכלי שלו, האמנם לפי שלקחו בסופו, דהיינו בשבולת הזקן, לכן גם היה פגם בעלמא בסופו, דהיינו אחורי נה"י שלו שנתלבשו תוך או"א בסוד המוחין, נפגמו פגם לבד. ואו"א שלקחו מחוטם ופה לבד, נתבטלו כל האחוריים שלהם, אך לא בחינת הפנים. וזו"ן שלא קבלו אלא מחוטם ופה לבד, וגם שלקחו אותו מתחת השבולת, מגוף א"ק, לכן נשברו פניהם ואחוריהם. ואם כן מאחר שהיה הארת או"א והכתר דנקודים גדולה כל כך, למה היה שבירה בשבעה תחתונות של כל אחד ואחד מהם. ולענינות דעתי לומר, דלעיל מיירי רז"ל בכלל ואפשר שעל דרך מה שכתב בכלל, הוא בפרט, **ר"ל דכל אחד מחמשה נקודות הכוללות, בחינת הכתרים שלהם קבלו הארת כליהם מן האוזן. ובחינת חו"ב דכל אחד חמשה נקודות הכוללות, קבלו הארת כליהם מחוטם פה בשבולת הזקן. וכל שבעה מלכים דכל אחד מחמשה נקודות הכוללות, קבלו הארת כליהם מחוטם פה מתחת שבולת הזקן, למטה מגוף הא**"ק. ולכן היה שבירה ממש בכל שבעה תחתונים דכל נקודה ונקודה, מחמשה נקודות הכוללות. והפגם שהיה בנה"י דכתר ובאחורי או"א דכל נקודה

שֶׁלֹּא עֲלֹה לְמַעְלָה ר"ל נשאר בעולם האצילות, **וְהַכֵּלִי**[247] דדעת דכתר דנקודים מת ונשבר, **וְנָפַל**[248] **לְמַטָּה** לעולמות בי"ע, לכלים דדעת דכתר דבי"ע, כלי פנימי בדעת דכתר דבריאה, כלי אמצעי בדעת דכתר דיצירה, וכלי חיצון בדעת דכתר דעשיה. וכן[249] בשאר כל הכלים דשאר כל הפרצופים **דעובי**, כל כלי נפל למקומו בבי"ע דאותה נקודה.

ונקודה, דהיינו שבאחורי נה"י דכתר שבכל נקודה ונקודה. ובביטול אחוריהם של או"א דכל נקודה ונקודה מחמשה נקודות הכוללות, נפגמו אלו הנה"י. ואם שגיתי איתי תלין משוגתי.
245

תרשים ו – מ"ג.
246

בית לחם יהודה ש"ט פ"ו דל"א ע"ג – והאור שלו עלה למעלה. כלומר נשאר למעלה.
247

ע"ח ש"ט פ"ג מ"ת דמ"ב ע"ד – ונבאר סדר יציאת שבעה מלכים, ונתחיל מן הראשון שהוא הדעת, אשר זה יצא ראשונה. וכאשר לא היה יכול הכלי לסבול כנזכר לעיל, **נשבר הכלי וירד** למטה בעולם הבריאה, ר"ל במקום שהיה עתיד להיות עולם הבריאה אחר כך.
248

ע"ח ש"ט פ"ז מ"ב דמ"ו ע"ב – והנה כאשר יצאו כל האצילות מבחינת ב"ן לבד, והיה כולל עתיק, וא"א, ואו"א, וזו"ן. ואז יצאו תחלה כל הכלים שלהם זה תחת זה עד סיום עולם האצילות, ואחר כך יצאו אורות דב"ן כל פרטי אצילות, ויצא תחלה כתר דעתיק דאצילות, שבו נכללין כל האורות, ונתקיים, ואחר כך יצאה חכמה דעתיק בכלי שלו, ובו היו כלולים כל שאר האורות ונתקיים, ואחר כך יצאה בינה דעתיק, ובו כלולין כל שאר האורות ונתקיים, ואחר כך יצאו שבעה תחתונות דעתיק,)נ"א דדעת(הדעת למטה כל אחד כלול בכלי שלו, ובו כלולים כל שאר האורות, והיה נשבר, **וירד פנימיות הכלי לבריאה, וחיצוניות הכלי ירד ביצירה, וחיצוניות של חיצוניות בעשייה**, ואחר כך האור ההוא נשאר בלי כלי, ושאר האורות ירדו בכלי השני של השבעה תחתונות, וגם הוא נשבר על דרך הנזכר לעיל,)נ"א נשבר ע"ד הנ"ל(והאור שלו נשאר בלי לבוש, ושאר האורות ירדו לכלי שלמטה ממנו, וכן על דרך זה עד שנגמרו שבעה תחתונות שלו, ואחר כך נכנס הכתר דאריך אנפין בכלי שלו...............

נהר שלום דכ"ד ע"ד – והנה ידוע כי מיתת המלכים היתה בזו"ן דפרטות, ר"ל בזו"ן דעתיק, ובזו"ן דא"א, ובזו"ן דאבא, ובזו"ן דאימא, ובזו"ן דז"א, ובזו"ן דנוקבא, וכל פרצוף מאלו הפרצופים כלול מכל הפרצופים הנזכרים. וזה היה בפרט האחרון דפרטי פרטות, וכמבואר לעיל בהקדמה, וזה היה בפנימיות וחיצוניות דפנימיות, ובחיצוניות ופנימיות דחיצוניות, דפנים ודאחור. **והכלים עם הרפ"ח ניצוצות דמלכים דעתיק נפלו לעתיק דבי"ע, ודא"א לא"א דבי"ע, ודאו"א לאו"א דבי"ע, ודזו"ן לזו"ן דבי"ע. באופן זה כי הכלים הפנימיים דמלכים הנזכרים נפלו לפרצופי הבריאה. והכלים האמצעיים נפלו ליצירה. וכלים החיצוניים שלהם לעשיה.** ונתבאר בשער השמות ובכמה מקומות, כי כדי לברור הכלים ושארית הרפ"ח דכל פרט, יורדים כל הפרצופים העליונים דאצילות בימי החול בסוד גלות השכינה, ומתלבשים בפרצופים שכנגדם למטה בבי"ע. עתיק דאצילות בעתיק דבי"ע, וא"א בא"א, ואו"א באו"א, וזו"ן בזו"ן. כלים פנימיים שלהם בבריאה, ואמצעיים ביצירה, וחיצוניים בעשיה. ובי"ע הנזכר מתלבשים בבי"ע דחול, וזה לצורך שארית בירורי כלים ואורות דמלכים דזו"ן דעתיק, וא"א, ואו"א, וזו"ן דאצילות שנפלו לבי"ע על סדר הנזכר. **כי הכלים הפנימיים של מלכי עתיק, וא"א, ואו"א, וזו"ן דאצילות נפלו לבריאה. וכלים האמצעיים של המלכים הנזכרים ליצירה. וכלים החיצוניים שלהם לעשיה**, כנודע. ועל כן בימי החול יורדים הכלים דפרצופים העליונים דאצילות על דרך הנז"ל, לברר בחינותיהם שנשארו בבי"ע.

רחובות הנהר ד"ב ע"ב – ובהגיע האור לגבול האצילות, אירע בהם ענין ביטול המלכים, ונפלו הכלים פנימי אמצעי וחיצון עם אורות דרפ"ח, **לבי"ע התחתונים** דאותה הספירה.
249

ואזור כך יצא אור הֹחֶסֹד דכתר דנקודים, מכלי הדעת דכתר דנקודים, **ובֹו** היו **כֹלֹלִין שבעה אורות (נ"א ששֹה)** האורות[250] התחתונים דכתר דנקודים, והכלי דחסד דכתר דנקודים מת **וֹנֹשׁׄבֹר, וֹהֹאור** דחסד דכתר דנקודים **עֹלֹה לֹמֹעֹלֹה** ר"ל נשאר בעולם האצילות, **וֹהֹכֹלֹי**[251] **נֹפֹל לֹמֹטֹה** לכלים שכנגדו בבינה דכתר דבי"ע, כמו שמבואר לעיל בכלי הדעת דכתר דנקודים.

ואזור כך יֹצֹא אור הֹגֹבורה דכתר דנקודים, מכלי החסד דכתר דנקודים שמת ונשבר, והתלבש **בכלי הֹגֹבורה** דכתר דנקודים, **ובֹהֹ**[252] **כֹלֹלֹים זֹחֹמֹשֹׁה אורות** התחתונים דכתר דנקודים, **ואֹירֹע בֹהֹ**[253] מה שקרה לכלי הדעת והחסד דכתר דנקודים **כֹנֹזֹכֹר לֹעֹיֹל** ר"ל שמת ונשבר כלי הגבורה דכתר דנקודים, ואור הגבורה דכתר דנקודים נשאר באצילות, והכלי דגבורה דכתר דנקודים נפל לכלים שכנגדו בכלי החכמה דכתר דבי"ע, כמו שמבואר לעיל בכלי הדעת דכתר דנקודים.

וכיוצֹא בֹזֹה, אחר כך **אור התפֹארת דכתר** דנקודים יצא מכלי הגבורה דכתר דנקודים שנשבר, עם[254] האורות התחתונים דכתר דנקודים, והתלבשו בכלי התפארת דכתר דנקודים. וגם[255] הוא מת ונשבר, והאור דתפארת דכתר דנקודים נשאר באצילות, והכלי דתפארת דכתר דנקודים נפל לכלים שכנגדו בכלי הכתר דכתר בי"ע, כמו שמבואר לעיל בכלי הדעת דכתר דנקודים.

רחובות הנהר ד"ב ע"ג — והכלים דשבעה תחתונים דזו"ן דעתיק, וא"א, ואו"א, וזו"ן, דכל נקודה **נפלו הפנים שלהם לבריאה, והאמצעי ליצירה, והחיצון לעשיה,** כל פרצוף לפרצוף שכנגדו בבי"ע. **כלים דזו"ן דעתיק לעתיק דבי"ע, ודא"א לא"א דבי"ע, וכן כולם.** וכלים דאחוריים דג"ר שהם א"א ואו"א דעתיק, וא"א, ואו"א, וזו"ן, נפלו למקום זו"ן דכל אחד מהם באצילות עצמו, ולא אתקרי בהו מיתה. וזה בערך זו"ן, אמנם בערך הפרצופים העליונים מהם הם גם הם נקראו זו"ן, אף על פי שכלולים הם מעשר ספירות בנרנח"י שלמים, אותו הכללות הוא בערך הפרצופים התחתונים מהם, אבל בערך הפרצופים העליונים מהם, כל אותו הכללות אינו כי אם פרטי הו"ק לבד, לכן גם הם נקראו זו"ן, ומקום זו"ן בערכם הוא כמו בי"ע בערך זו"ן, וכן א"א בערך עתיק, ועתיק בערך מה שלמעלה ממנו, ודי למבין בערך. כי הכל מיוסד על ערכי הכינויים לבד, אבל אין ביניהם שינוי כלל, אלא לפי זכות האורות, ושינוי עילוי המקומות, כך הוא שינוי מיעוט הרגשתם בתחתונים. ודי למבין ראשית דבר מאחריתו.
250

תרשים ו – מ"ד.
251

ע"ח ש"ט פ"ג מ"ת דמ"ג ע"א — ואחר כך יצא החסד, **ונשבר הכלי,** וירד בבינה דבריאה, והאור ירד במקום כלי היסוד דאצילות, כי כבר אור הדעת הקדים לקחת מקום של המלכות.
252

תרשים ו – מ"ה.
253

ע"ח ש"ט פ"ג מ"ת דמ"ג ע"א — ואחר כך יצאה גבורה, **ונשברה,** וירד הכלי בחכמה דבריאה, והאור ירד בכלי דנצח הוד דאצילות שהם שני פלגי דגופא.
254

תרשים ו – מ"ו.
255

ע"ח ש"ט פ"ג דמ"ג ע"א — ואחר כך יצאה התפארת, **ונשבר והכלי,** ירד בכתר דבריאה, והאור נשאר במקומו, שהוא בתפארת דאצילות.

אחר כך אור הנצח הוד דכתר דנקודים יצא מכלי התפארת דכתר דנקודים שנשבר, עם האורות התחתונים דכתר דנקודים, והתלבשו[256] בכלי הנצח הוד דכתר דנקודים. וגם[257] הוא מת ונשבר, והאור דנצח הוד דכתר דנקודים נשאר באצילות, והכלי דנצח הוד דכתר דנקודים נפל לכלים שכנגדו בכלי נצח הוד דכתר דבי"ע, כמו שמבואר לעיל בכלי הדעת דכתר דנקודים.

אחר כך **אור היסוד דכתר** דנקודים, יצא מכלי הנצח הוד דכתר דנקודים שנשבר ומת, ויצא[258] אור היסוד עם האור מלכות דכתר דנקודים. וגם[259] הוא מת ונשבר, והאור דיסוד דכתר דנקודים נשאר באצילות, והכלי דיסוד דכתר דנקודים נפל לכלים שכנגדו בכלי הגבורה דכתר דבי"ע, כמו שמבואר לעיל בכלי הדעת דכתר דנקודים.

הספירה האחרונה נתלבש בה רק האור השייך לה, עם כל זאת גם היא נשברה, והסיבה היא כי שורשה הוא המלכות דעקודים, והמלכות[260] דעקודים נקראת - אספקלריא דלא נהרא דלית לה מגרמה כלום. וכאשר[261] אור המלכות דנקודים שאב אורות ממלכות דעקודים לכלי שלו, האור היה חלש, ולכן גם כלי המלכות דנקודים היה חלש, ונשבר כשנתלבש האור שלו בכלי דיליה.

עד התחזתונה, שהיא ספירת **מלכות כתר דב"ן**, ר"ל גם הכלי דיסוד דכתר דנקודים מת ונשבר, והאור דיסוד דכתר דנקודים נשאר באצילות, ואור המלכות דכתר נקודים התלבש בכלי המלכות דכתר דנקודים, ולא יכול היה הכלי דמלכות דכתר דנקודים לסבול את האור שלה, **גם היא**[262] ר"ל הכלי דמלכות דכתר דנקודים, מתה

256

תרשים ו – מ"ז.

257

ע"ח ש"ט פ"ג מ"ת דמ"ג ע"ד – אחר כך מלכו נצח הוד.... ....ואז ירדו נצח הוד במקומם האמיתי, ומלכו שם בכלי שלהם, **ונשברו**, ואז האור שלהם עולה עד הגבורה, כי עלה שם הוד להיותו גם הוא קו שמאל, ואז גם הנצח הוד עלה עמו שם, כי נצח הוד שני פלגי דגופא אינון כנזכר לעיל והכלי שלהם ירד בנצח הוד דבריאה.

258

תרשים ו – מ"ח.

259

ע"ח ש"ט פ"ג מ"ת דמ"ג ע"ד – אחר כך יצא אור היסוד.... ....ואז יצא היסוד ונכנס בכלי שלו, ומלך במקומו, **ונשבר** ועלה האור דרך קו האמצעי, ועלה עד מקום דעת העליון, והכלי ירד בגבורה של בריאה.

260

ע"ח ש"ו פ"ה מ"ת דכ"ז ע"ב – ונתחיל לפרש הענין, הנה אור המלכות לא השאיר רשימו, וכל בחינה נסתלקה כולה ועלתה, וזה הטעם שנקראת מלכות - **אספקלריא שאינה מאירה דלית לה מגרמה כלום**. כי לא השאיר בה שום רושם, אך מן הרשימו שנשאר ביסוד לבדו מאיר גם כן אליה. עוד יש טעם אחר אל הנזכר והוא מה שמבואר לעיל כי כאשר חזרו האורות לירד נשאר כתר דבוק במאציל, ולא ירד כלל, נמצא שחכמה חזרה למקום הכתר, כו', ומלכות במקום היסוד, ונשאר כלי של המלכות בלתי אור כלל, ולכן נקרא כלי של מלכות אספקלריא דלא נהרא.

261

ע"ח ש"ח פ"ה מ"ת דט"ל ע"א – ונשאר כלי המלכות ריקם, אשר לסבה זאת נקרא המלכות - **אספקלריא דלא נהרא דלית לה מגרמה כלום**, ונקרא עניה ודלה,)וכל זה(כי האור שנכנס אחר כך בכלי של המלכות, **אינה אור שלה**, רק אור חדש מזווג או"א כמבואר אצלינו. וזה ענין מה שכתוב - לעיל אספקלריא דלא נהרא, דלית לה מגרמה כלום, רק האור שלה הוא ממקום אחר, **וזכור ענין זה**. והנה כיון שכל אלו הכלים של הנקודים נעשים בהסתכלות העין בעקודים כנזכר לעיל, לכן כיון ששם)נ"א שכאן(היה חסר בחינת אור המלכות מן הכלי שלה, גם זה הכלי של המלכות דנקודים היה חסר, ולא יכלה לקבל אור שלה, ונשברה.

262

ע"ח ש"ט פ"ג מ"ת דמ"ג ע"ד – אחר כך יצא אור המלכות למלוך בכלי שלה, ומלכה שם, **ונשברה**, ואז האור שלה עלתה גם כן בדעת דרך קו האמצעי, והכלי שלה ירד בחסד של בריאה.

ונשׁברה, ואור המלכות דכתר דנקודים נשאר באצילות, והכלי[263] דמלכות דכתר דנקודים נפל לכלים שכנגדו בחסד

דכתר דבי"ע, **ואירע בה** ר"ל במלכות דכתר דנקודים **כנזכר לעיל** כמו בכלי הדעת דכתר דנקודים◆

הרי כי כמו שבכללות עולם הנקודים, מתו[264] ונשברו שבעת המלכים התחתונים, כן **אירע** בפרטות **מיתת שׁבעה המלכים בכתר דב"ן, שהם השׁבעה תחתונות שבכתר זה,** והוא

נקודת א"א דעובי, ומקרה זה קרה בכל שאר הנקודות דעובי◆

הרב ז"ל מבאר[265] כי כמו שמקרה המלכים קרה בנקודה הראשונה **דעובי** שיצאה **דרך** העין דא"ק, שהיא נקודת א"א, והיא נקודת הכתר, אותו מקרה היה בדיוק גם בנקודה השניה שהיא החכמה, והשלישית שהיא הבינה, כאשר הג"ר שלהם התקיימו, והשבעה התחתונות ירדו לבי"ע דאותה נקודה. **צריך לדעת** כי כאשר הרב ז"ל כותב שהג"ר לא נשברו, ונתקיימו, הכוונה[266] היא כי הם נשארו באצילות דאותה נקודה, עם כל זאת האחוריים דא"א התבטלו, ובאחוריים דנה"י דכתר היה פגם, וירדו למקום הזו"ן דאצילות דאותה נקודה. ומקרה[267] המלכים היה גם בעליונים וגם בתחתונים בשווה בעובי[268].

263

תרשים ו – מ''ט.

264

תרשים ו – נ'.

265

כרם שלמה ש''ט פ''ו אות ד' – וכן מה שכתב - אחר כך יצאה הנקודה השניה, שהיא חכמה דב"ן, וגם היא כלולה מעשר ספירות, ואירע לה כמקרה כתר, כי ג"ר שבה יצאו ולא נשברו, ומדעת ולמטה נשברו. וכן מה שכתב - אחר כך יצאה הנקודה השלישית, שהיא בינה דב"ן, וגם היא כלולה מעשר ספירות, ואירע לה כמקרה הראשונה, כי ג"ר שבה נשארו שלמות, ומן הדעת כולם נשברו. ר"ל **כל אלו הג"ר הכוללות השבעה תחתונות דכל אחת ואחת, נשברו, שהם הזו''ן דכל אחת ואחת. והג"ר דכל אחת ואחת נתקיימו,** ולא נשברו. אבל היה פגם באחוריים שלהם, כמו שנזכר לעיל, **שהם בחינת אחוריים דא''א שירדו באצילות, וכן אחוריים דנה''י דא''א.** ופשוט הוא כי הירידה שלהם אף על פי שהייתה בבריאה, הוא כל אחד באותו מקום של פרצוף הבריאה שכנגדו, דהיינו השבעה תחתונות דכתר דאצילות הם נפלו במקום פרצוף הכתר דבריאה, וכן אחוריים דא"א ודנה"י דכתר מה שנפלו לאצילות, הוא גם כן במקום הזו"ן דזה הכתר דאצילות. וכן על דרך זה בנקודה השניה והשלישית, שהם חו"ב, גם כן היו על דרך זה, שהאחוריים דנה"י דכתר ודחו"ב שלהם נפלו למקום הזו"ן שלהם נפלו באצילות עצמו, ההשבעה תחתונות שלהם נפלו למקום הפרצופים דההחו"ב דבריאה על דרך סדר הנזכר לעיל על זו"ן דכללות, איך נפלו לבריאה.

266

ע''ח ש''ט פ''ב מ''ת ד''מ ע''ד – והענין כי מן האדרא זוטא נראה שלא ירדו רק השבעה מלכים בלבד, וממדרשים אחרים בספר הזוהר משמע **כי גם באו''א יש ביטול, ופגם וכמעט אפילו בכתר.** ואמנם הענין הוא כי ודאי שמכל עשר נקודות נפלו מהם בחינות, ובכולם היה ביטול, **רק זו''ן נפלו כולם** בין בבחינת היותן אחור באחור, ובין בבחינת היותן פנים בפנים, **והנה זו נקרא מיתה, כי הכל ירד לגמרי.** אבל אבא ואימא שלא ירד מהם רק **בחינת אחוריים יקרא ביטול, ולא מיתה.** וכתר שלא נפלו ממנו רק בחינת נצח הוד יסוד שלו שנכנסו בסוד מוחין דאבא ואימא כנזכר לעיל, אשר אין בחינת זו נכנסה אפילו בערך אחוריים, **לכן לא נקרא ביטול בכתר רק פגם בעלמא.** עוד יש טעם אחר והוא **כי אינו נקרא מיתה רק מי שהולך מעולם לעולם,** ונבדל מעולמו. ולכן שבעה מלכים שהיו באצילות, וירדו אל הבריאה, **יקרא מיתה ממש,** כמו שמבואר באדרא קל"ה – לא תימא דמיתו, אלא כל מאן דנחית מדרגא קדמאה דהוי ביה, קרי ביה מיתה, כמו שכתוב וימת מלך מצרים. אמנם אחורי או"א אף על פי שנפלו, לא ירדו בבריאה, אלא נשארו בעולם האצילות עצמו, לכן להיותן שלא במקומן יקרא ביטול אבל לא יקרא מיתה.

267

וידוע כי הכלים דמלכים דמיתו נפלו לבי"ע, כלי פנימי לבריאה, כלי אמצעי ליצירה, כלי חיצון לעשיה. **גם כאן** בכל[269] נקודה ונקודה, המלכים דמיתו נפלו לבי"ע דאותה נקודה. ואחוריים של הג"ר דאותה נקודה שנתבטלו, ירדו למקום זו"ן דאותה נקודה.

אזור[270] כך יצאה הנקודה השנייה דרך העין דא"ק, ונתגלה מהטבור דא"ק ולמטה, **והנקודה הזאת** היא נקודת אבא, **שהיא וזכמה דב"ן, וגם היא כלולה מעשר ספירות** פרטיות,

---

הגהות הרמ"ז והרב"ש אות קמ"ג – נראה לעניות דעתי נתן, דאיכא למידק טובא, למה שכתב בספר הדרושים די"ג, שבכל הפרצופים, דהיינו עתיק ואריך וא"א וזו"ן, בכל אחד ואחד נפלו שבעה תחתונות שלהם, וחו"ב שבכל פרצוף ופרצוף, נפלו האחוריים שלהם. והכתר דכל אחד ואחד לא נפל רק אחוריים דנה"י שלו. אם כן השבירה היה שוה לכולם, **ומקרה אחד לעליונים ותחתונים....**
268

מבוא שערים ש"ב ח"ו דט"ו – אמנם ודאי שהחמשה בחינות מלכים הם, בחמשה פרצופים, אחר כל ג"ר שבכל פרצוף ופרצוף. **ונמצא כי מלבד מה שביארנו בשער הזה בענין השבעה מלכים דרך כללות, בעשר ספירות השרשיות, הנה גם בכל פרצוף ופרצוף מאלו החמשה פרצופים, אחר כל שלשה ספירות ראשונות מהפרצוף ההוא, היה בו ענין השבעה מלכים.** אמר הצעיר חיים צריך עיון, אם ענין מלכים אלו שבכל פרצוף מהחמשה, היה הכל קודם התיקון, כי איך בנוקבא דז"א היה בה בחינת שבעה מלכים, אחר צאת ג"ר שבה, והרי בפרק ב' מחלק ב' נתבאר, כי מעולם לא יצא רק הכתר של הנוקבא לבד. ואם נאמר כי זה אייירי אחר התיקון, כי אחר שיצא הדר מלך השמיני לתקן העולמות, התחיל לתקן את אריך, ואז מחדש היה בו שבמ"ה בחינות שבעת המלכים, עד שהוצרכו להתעבר בבינה שבו, ומשם יצא אור חדש הנמשך מהדר הנזכר, ותקנם. וכן בבוא תיקון ז"א, קודם שיתוקן, אירע שנית ענין המלכים בשבעה תחתונות שבו, שבמ"ה עד שנתעברה הבינה דז"א בהם ותיקנם, וכן אירע בכל אחד מהחמשה פרצופים זה ניחא, כי מלכות דמ"ה כלולה מעשר, אמנם מה שנתבאר לעיל, כי יצאו הג"ר שבכל פרצוף קודם שום תיקון רק מתוקנות קצת, זה יורה דאייירי קודם צאת הדר המלך השמיני, וצריך עיון.
269

רחובות הנהר ד"ב ע"ג – גם נודע כי המלכים יצאו בתחילה בבחינת כלים דנפש לבד, שהם המלכות דכל מלך, וכל מלכות כלולה מעשר. וגם הג"ר יצאו בבחינת כלים דנפש, אלא שכל אחת מהג"ר כלולה מעשר מלכיות, וכל מלכות כלולה מעשר. אמנם זה הכללות שהיה בהם עדיין לא היה מבורר ומתוקן כראוי, עד שיצא שם מ"ה החדש ותיקנם ותיקנם בבחינת פרצוף כראוי, כמו שנבאר בע"ה. **והכלים דשבעה תחתונות דזו"ן דעתיק, וא"א, ואו"א, וזו"ן דכל נקודה, נפלו הפנים שלהם לבריאה, והאמצעי ליצירה, והחיצון לעשיה, כל פרצוף לפרצוף שכנגדו בבי"ע.** כלים דזו"ן דעתיק לעתיק דבי"ע, ודא"א לא"א דבי"ע, וכן כולם. **וכלים דאחוריים דג"ר שהם א"א ואו"א דעתיק וא"א ואו"א וזו"ן נפלו למקום זו"ן דכל אחד מהם באצילות עצמו,** ולא אתקרי בהו מיתה.
270

שמן ששון ש"ט פ"ו אות ה' דכ"א ע"ד – אחר כך יצאה הנקודה השנייה שהיא בחינת חכמה כו'. ואחר כך יצאו השבעה נקודות כו'. וצריך לבאר יציאה זאת אם היא מבינה הכוללת דא"ק, או הנקודות יצאו זה מזה. דנקודת הכתר הוציא נקודת החכמה, ונקודת החכמה הוציא לבינה כו'. אלא שקשה, דאם כן איך יצאו התחתונות אחר שבירת העליונות, ועיין לקמן בפרקין מה שכתב כל נקודה משתי בחינות האלו לבד כלולה מעשר ספירות, וכל אלו נשברו על דרך הנזכר לעיל, עד כאן. וצריך לומר דהלא כפי מה שכתב לקמן בסמוך, משמע דהשבירה היה בכללות שתי נקודות, אשר לא יצאו רק ז"א בשש נקודות, ונוקבא בנקודה אחת, וזה נקרא כללות. ואם כן איך קאמר כאן דכל אחד משתי נקודות היה מעשר ספירות, ועוד מה שכתב - וכל אלו נשברו על דרך הנזכר לעיל. הלא אין שבירתם שוה, דבשלוש נקודות ראשונות יצאו כל אחת מעשר ספירות כנזכר, ועד הגיעם האור רק לדעת, אז התחיל השבירה, אבל כאן תכף התחיל מן הדעת ולא יצאו הג"ר, שנשארו באימא דכללות. ולזה דע דכוונת רבינו הוא כך, דהנה כל נקודה משלוש נקודות ראשונות, היה כל אחד כלולה מעשר ספירות, המשל בזה, כתר שבכתר כלול מעשר ספירות. חכמה שבכתר מעשר ספירות. בינה שבכתר. מעשר ספירות. ז"א שבכתר שהיא שבעה תחתונות דכתר, גם הוא יצא מעשר ספירות, פרצוף

68

וְאֵירַע לָהּ לנקודה השניה, שהיא נקודת החכמה דב"ן, **כְּמִקְרָה** שקרה לנקודת הַכֶּתֶר דב"ן, **כִּי גָ"ר שֶׁבָהּ יָצְאוּ, וְלֹא נִשְׁבְּרוּ, וּבְצֵאת הַדַּעַת** דחכמה דב"ן **הִתְחַזִילוּ לְהִשָׁבֵר (נ"א לְשַׁבּוּר)**, אחד אחרי השני, **עַד תַּשְׁלוּם הַשִׁבְעָה תַּחְתּוֹנוֹת, שֶׁהֵם שִׁבְעָה מְלָכִים שֶׁבָהּ**, ר"ל בנקודה השניה, נקודת החכמה, והיא נקודת אבא.

אַחַר כַּךְ יָצְאָה נְקוּדָה שְׁלִישִׁית דרך העין דא"ק, ונתגלתה מהטבור דא"ק ולמטה, ונקודה זאת היא נקודת אימא, **שֶׁהִיא בִּינָה דב"ן**, וְגַם הִיא כְּלוּלָה מֵעֶשֶׂר סְפִירוֹת פרטיות, **וְאֵירַע לָהּ כְּמִקְרָה רִאשׁוֹנָה** כמו נקודת א"א ונקודת אבא, **כִּי גָ"ר שֶׁבָהּ נִשְׁאֲרוּ שְׁלֵימוּת, וְהַשִׁבְעָה תַּחְתּוֹנוֹת הַמִּתְחַזְיִלִין מִן הַדַּעַת** דבינה **שֶׁבָהּ, כּוּלָם נִשְׁבְּרוּ** ומתו, וירדו לבי"ע.

וְאַחַר [271] **כַּךְ יָצְאוּ** דרך העין דא"ק **שִׁבְעָה נְקוּדוֹת** התחתונות **דב"ן, שֶׁהֵם כְּלָלוּת שְׁתֵּי נְקוּדוֹת לְבַד** כַּנּוֹדָע שהם הנקודה הרביעית והחמישית, **שֶׁהֵם זו"ן דב"ן**, אֲשֶׁר כָּל נְקוּדָה מִשְׁתֵּי בְּחִינוֹת הָאֵלוּ לְבַד, כְּלוּלָה מֵעֶשֶׂר [272] סְפִירוֹת, וְכָל אֵלוּ

שלם, ובג"ר שבו לא היה שבירה, ושבעה תחתונות נשברו. כן על דרך זה בנקודת החכמה. וכן על דרך זה בנקודת הבינה. לא כן בשתי נקודות אחרונות שהם זו"ן דכללות, שהג"ר הכולל כל אחד מעשר ספירות על דרך הנזכר לעיל, לא יצא, ונשארו באימא דכללות והז"א שבו הכל כל אחד מעשר ספירות פרצוף שלם, כולו נשבר, אפילו ג"ר שבו, וזה נקרא ג"ר דז"א דכללות. לא כן בשלוש נקודות הראשונות, אפילו ג"ר דווקא לא נשברו, רק שבעה תחתונות לבד, ודוק. וזה מבואר לקמן בפירקין וז"ל - וכן בכל שבעה מלכים, דכל אחד מהשלוש נקודות הראשונות דב"ן דכללות, לא יצאו הג"ר דשבעה מלכים עצמו בפרטות, ונשארו בבינה כו', יע"ש.....
271

בית לחם יהודה ש"ט פ"ו דל"א ע"ג – ואחר כך יצאו שבעה נקודות דב"ן וכו' וכל אלו נשברו. קא סלקא דעתך השתא שגם הג"ר והמלכות דנקודה הרביעית, שהוא ז"א יצאו ונשברו כמו הו"ק שבו. וכן יצאו גם תשעה תחתונות דנקודה החמישית, שהיא הנוקבא, וכולם נשברו עם הכתר שבה. ואחר כך חוזר ומפרש דבריו, באומרו - ואמנם יש הפרש וכו'. כלומר ומה שכתב לעיל - וכל אלו נשברו. הכוונה היא על מה שיצא מהם, שהם ו"ק דז"א וכתר דנוקבא, הם נשברו.
272

הגהות וביאורים)ז(– לכאורה יפלא, הא לקמן בסמוך כתב דהשתי נקודות תחתונות, שהם כללות שבעה תחתונות דב"ן, לא יצאו כל אחד כלול מעשר ספירות, רק ז"א בששה נקודות, ומלכות בנקודה אחת כו'. אך דע דכוונת רבינו הוא כך, דהנה כל נקודה משלוש נקודות ראשונות היה כל אחד כלול מעשר ספירות. המשל בזה, כתר שבכתר כלול מעשר ספירות, חכמה שבכתר גם כלול מעשר ספירות, בינה שבכתר כלול בעשר ספירות, ז"א שבכתר שהוא שבעה תחתונות דכתר, גם הוא יצא מעשר ספירות, פרצוף שלם, ובג"ר שבו לא היה שבירה, ושבעה תחתונות נשברו. וכן על דרך זה בנקודת החכמה. וכן על דרך זה בנקודת הבינה. לא כן בשני נקודות אחרונות שהם זו"ן דכללות, שהג"ר הכולל כל אחד מעשר ספירות על דרך הנזכר לעיל לא יצא, ונשארו באימא דכללות, והז"א שבו הכל מעשר ספירות, פרצוף שלם כולו נשבר אפילו ג"ר שבו, וזה נקרא ג"ר דז"א דכללות. לא כן השלוש נקודות ראשונות, אפילו ג"ר דווקא לא נשברו, רק שבעה תחתונות לבד, ודו"ק. וזה מבואר לקמן בפירקין, וז"ל - וכן בכל שבעה מלכים, דכל אחד מהשלושה נקודות הראשונות דב"ן דכללות לא יצאו הג"ר בשבעה מלכים עצמם בפרטות, ונשארו בבינה, יעו"ש. ומה שכתב וכל אלו

נשברו על דרך הנזכר לעיל, הכתר דכל נקודה מהם נפגם. האחוריים דא"א דכל נקודה נתבטלו, וירדו למקום זו"ן דאותה נקודה. ושבעה התחתונות של כל נקודה, מתו ונפלו לבי"ע דאותה נקודה.

צמזז. גם צריך להבין כי האורות נפלו ממקומם, ונשארו בעולם האצילות, וכן אמר לקמן שנשארו בחינת ג"ר דנקודים דזו"ן, ועיין לקמן.

הרב ז"ל מסכם כאן את הסוגיה, ומבאר כי בין בכללות[273] ובין בפרטות היתה שבירה של השבעה התחתונות. וגם בכללות שהם חמשה נקודות דא"א או"א וזו"ן, וגם בפרטות כל נקודה ונקודה היתה שבירת הכלים בשבעה התחתונות שבה. והשאלה היא אם כל חמשת הנקודות יצאו מהעין דא"ק, מה ההבדל באיכות ובכמות בין הנקודה הראשונה לשניה, וכן לשאר הנקודות, הרי כולם יצאו מאותו מקור. בפרקין לקמן, וגם מרן[274] הרש"ש מבאר כי אפילו לשכל נקודות יצאו מאותו מקור, **לכל נקודה ונקודה יש מן אור אחד ששוווה בערך אותה נקודה,** לכן כל הנקודות הם שונים אחת מהאחת, באיכות ובכמות. **עוד צריך לדעת** כי יש סוגיות שהרב ז"ל כותב כי בנקודה החמישית, שהיא הנוקבא, המלכות, יצא בחינת הכתר של הנקודה, כמו בסוגיה שלפנינו, ויש[275] מקומות שהרב ז"ל מבאר כי מה שיצאה בנקודה החמישית היא בחינת המלכות דאותה נקודה[276].

והרי שבין בכללות חמשה הנקודות דא"א או"א וזו"ן, שהם בעובי, **ובין בפרטות** כל נקודה ונקודה דא"א או"א וזו"ן, שהם באורך, **קרה להם מקרה אזוד זה** של המלכים דמיתו.

נשברו על דרך הנזכר לעיל עם מה שכתב לעיל הוא נכון דמה דכל שלא יצאו משני נקודות אחרונות היה הג"ר הכוללות, אבל הג"ר דו"ק כבר יצאו, ובתחלה נכנסו בכלי הכתר התשעה אורות, ואחר כך בחכמה ובבינה, ובהגיע לאור הדעת אז היה המקרה על דרך הנזכר לעיל בשלוש נקודות, ודוק. שמן ששון.
[273]

[אח"ין כלל – כללות היא בחינה כללית של כל נקודה ונקודה מחמשת הנקודות. פרטות הם העשר הספירות הפרטיות שבכל נקודה ונקודה מחמשה הפרצופים הכללים.
[274]

רחובות הנהר ד"ב ע"ג – ונמצא כי כל מקום שכתב הרב דג"ר יצאו שלימות, וז"א יצא בששה חלקי הנקודה לבד, ונוקבא בחלק אחד, מלכות שבה לבד, **היינו בג"ר ובזו"ן דכל אחד ואחד מחמשה נקודות הכוללות דכל פרצוף.** אבל **החמשה נקודות כוללות דאותו פרצוף יצאו שלימות,** וכמבואר בפרק ו' משער שבירת הכלים וז"ל - ואל תתמה איך יצאו התחתונות אחר שבירת העליונות, וגם איך כל ג"ר שבכל נקודה של חמשה נקודות לא נשברו, והשבעה תחתונות דנקודות ראשונות נשברו. **התשובה היא כי בכל נקודה ונקודה יש מין אור אחד שוה לערך הנקודה ההיא,** ואז האור שלהם של הג"ר יוכלו לקבל, ושבעה תחתונות שבו לא יכלו לקבל. וכן על דרך זה בכל נקודה ונקודה מהחמשה נקודות אירע כך, עד כאן. באופן דכל דרושי הרב המדברים בפרצופי עתיק וא"א ואו"א וזו"ן, אינו מדבר על הכוללים, כי אם בחמשה פרצופים דנקודה אחת, דעשר ספירות דפרצוף אחד מפרצופי אבי"ע, וממנה נקיש אל השאר.
[275]

ע"ח ש"ג פ"ג מ"ב די"ז ע"ב – ודע כי כל בחינת זו"ן שיש בעולמות כולם נקרא שבעה קצוות [נ"א ששה קצוות] של גוף של אותו עולם, כי כן יצאו בעת אצילות הראשון שנאצלו חסרים ג"ר לז"א, ותשעה ראשונות לנוקבא, ואלו השתים צריכים שלוש זמנים, שהם עיבור יניקה ומוחין להשלימם.
ע"ח ש"י פ"ה מ"ב ד"ן ע"א – ונתוספו תשעה כלים הראשונים בנוקבא, זולת כלי מלכות שבה, **שכבר היה בה מעיקרא,** וגם נתלבשו אלו באלו, וגם נתלבשו כל כלים דעתיק ודא"א ודאו"א וז"א, בתוך כלים שלה.
[276]

תרשים ו – נ"א.

נתבאר לעיל כי מקרה אחד לכל החמשה נקודות הכוללות, ר"ל הג"ר דכל אחד ואחד התקיימו, והשבעה תחתונות נשברו, וירדו לעולמות בי"ע, כמבואר לעיל. כאן הרב ז"ל **הופך את הקערה על פיה**, מבאר[277] שיש הפרש בין הג"ר הכוללים לזו"ן הכוללים, והוא שהג"ר הכוללים יצאו בעשר ספירות שלמות, וז"א יצא עם שש ספירות בלבד והמלכות בנקודה אחת בלבד, ונקודת הכתר שלה. הרב[278] כרם שלמה מבאר כי גם בסוגיא זאת יצאו שתי הנקודות התחתונות שהם זו"ן שלמות בעשר ספירות, הג"ר שלהם נשארו שלמות, ר"ל בכתר היה פגם, וחו"ב היה ביטול. ומה שכתוב כאן הרב ז"ל על שבירת כל הזו"ן הכוונה היא על העשר ספירות הפרטיות של הו"ק דז"א, והעשר ספירות הפרטיות של הכתר דנוקבא. או[279] אפשר להבין סוגיה זאת על נקודה אחת כללית, וממנה תלמד על השאר. הרב[280] תורת חכם מבאר

277

תרשים ו – נ"ב.
278

כרם שלמה ש"ט פ"ו אות ה' – ומה שכתב לעיל, ואחר כך יצאו שבעה נקודות דב"ן שהם כללות שתי נקודות לבד כנודע וכו'. וכל אחת כלולה מעשר ספירות, וכל אלה נשברו. נמצא שגם הזו"ן דכללות יצאו כל אחת מעשר ספירות, וכל העשר ספירות שלהם נשברו, ולא הו"ק לבד דז"א, והנקודה דכתר דנוקבא לבד נשברה, אלא כל העשר ספירות של כל אחד ואחד משתי נקודות אלו. אלא פשוט הוא שכאן מדבר על הג"ר דכללות הז"א, לא יצאו ולא נשברו, וכן התשע אחרונות דכללות הנוקבא לא יצאו ולא נשברו, **ולהעיל מדבר על כל נקודה ונקודה משבעה תחתונות דז"א שהיא כלולה מעשר ספירות, כולם יצאו ונשברו, וכן כל העשר ספירות דנקודת הכתר דנוקבא יצאו ונשברו.** ובזה נתקים מה שנתבאר לעיל, כי כל העשר ספירות שבשתי נקודות האחרונים נשברו, ר"ל במה שיצאו מהם, דהיינו הו"ק דז"א והכתר דנוקבא כל העשר ספירות שבהם נשברו.
279

מבוא שערים ש"ב ח"ב פ"א ד"ה ע"ב – ואמנם התשובה לזה, דע כי האמת היא, שמתחילה לא היו רק חמשה נקודים לבד, וכל אחד כלולה מעשרה. ומכל נקודה מהם, נעשית אחר כך פרצוף אחד שלם אחר התיקון, כמו שנבאר בע"ה בשערים הבאים, כל אחד ואחד במקומו. ואמנם היה חילוק ביניהם, והוא, כי להיות שאלו החמשה נקודים אינם שוים במעלתם, כי הג"ר הם חשובות כאחד כנודע, לכן היה להם תוספת מעלה על השתי אחרונות. וגם אלו השתים יש לעליונה תוספת על התחתונה. ואמנם השלוש ראשונות, עם שבערך השתים תחתונות הם חשובות כאחד, עם כל זה יש תוספת לכל אחד על חבירתה, והענין כי השלוש ראשונות יצתה כל נקודה מהם שלימה. וכלולה בעשר בחינותיה. והנקודה הרביעית, יצתה חסרה, ולא נכללה רק משש בחינות התחתונים, וארבעה בחינות עליונות שבה, לא יצאו, ונשארו דביקות במאצילם, **שהוא העין דא"ק**. והנקודה החמישית, יצתה בחינתה העשירית העליונה שבה, וכל תשע חלקיה תחתונים נשארו דבקים במאצילם גם כן.

ע"ח ח"ב ש"מ פ"ו מ"ב דפ"א ע"ב – והנה בעת צאת המלכים יצאו הג"ר שהם א"א ואו"א שלימים בעשר ספירות, אך היה מבחינת שם ב"ן לבד, שהוא בחינת נפש, עם השלוש כלים שלו לכל אחד, אך לא היו מתוקנים בבחינת פרצוף, כיון שלא בא עדיין שם מ"ה, שהוא הרוח. והז"א יצא בבחינת ו"ק לבד דב"ן, עצמות וכלים, בלי תיקון פרצוף. והנוקבא יצאה בחינת ספירה אחת לבד, עצמות וכלים משם ב"ן.
280

תורת חכם דקי"ח ע"ב – עוד כתב מורי הרב ז"ל, על מה שכתב הרב בפרק ה' משער י"א, שער המלכים וז"ל - הניחום באימא שלהם, אם הבנים. כך כתב לעיל בשער ט', שער שבירת הכלים פרק ו', כי ג"ר דז"א ותשעה אחרונות דנוקבא נשארו בבינה, אם הבנים דכללות. אמנם **]אח"י** - הג"ר דנקודת הז"א, ותשעה תחתונות דנקודת הנוקבא, שהם] זו"ן דפרטות דעתיק וא"א ואו"א **נשארו בבינה בדפרטות שלהם.** אבל במבוא שערים כתב שגם זו"ן דכללות יצאו כל אחד כלולים עשר ספירות, **והג"ר דזו"ן שבהם נשארו בבינה הפרטית שלהם**, עד כאן לשונו. וכפי מה שכתבת בכוונת התקיעות, שגם ז"א דכללות לוקח מוחין מאימא דכללות, **מתיישב העניין**, וכוונתו **שהיה שבירה בכללות ופרטות**, שבערך הפרטות **שהם זו"ן דפרטות, נקרא שהג"ר לא נשברו**. ובערך הכללות, **דהיינו ג"ר דז"א הכולל נקראים גם הם ו"ק, ונשברו**. וכן אימא הכוללת בערך העליון ממנה נקראת ז"א דכללות, **והיא בחינת ו"ק**, ונשברו אף ג"ר שלה. וכן על דרך זה כל הפרצופים הכוללים.

תורת חכם דקי"ט ע"א – וכתב מורי הרב ז"ל, ואפשר כי הם בזו"ן דכל אחד משושה פרצופים הנזכרים, עד כאן לשונו. ובודאי שהכוונה היא כמו שכתבת במקום אחר, שהג"ר נקרא ז"א בערך העליון מהם, והם

סוגיה זאת לפי **תורת הערכין**, והוא לכל נקודה ונקודה מהחמשה נקודות באופן פרטי נשברו ומתו שבעה התחתונות שבה. עם כל זאת כל[281] נקודה נקראת ו"ק בערך הנקודה הקודמת אליה, ולכן בערך הנקודה הקודמת אליה כל הנקודה כולל הג"ר שבה נשברה.

עוד מבאר הרב ז"ל בסוגיה[282] זאת כי הג"ר והמלכות של הנקודה הרביעית, שהיא נקודת ז"א, והתשע ספירות התחתונות של הנקודה החמישית, שהיא נקודת הנוקבא, **נשארו בבנקודה השלישית**, שהיא נקודת אימא דכללות דב"ן, שהיא שורש הבנים. לקמן[283] הרב ז"ל מתלבט היכן נשארו חלקי שתי הנקודות דזו"ן, אם בעולם העקודים או באימא הפרטית של אותה נקודה, או בעין דא"ק כמבואר במבוא שערים. **אבל העיקר** הוא[284] דברי מרן הרש"ש שמבאר בפרקין שמבאר שהרב ז"ל חזר[285] בו בסוגיה זאת, ומה שכתב הרב ז"ל לקמן[286] בפרק ז' דשער זה, ובספר[287] מבוא

יורדים בלילה לבי"ע, שהם הו"ק דעתיק, הנקרא בי"ע דעתיק בערך העליון שלו. וכן הו"ק שלו נקרא ג"ר דז"א בערך ג"ר דא"א, הנקרא בי"ע בערכם, ונקרא ג"ר לז"א דעתיק, שירדו לבי"ע דעתיק. שהג"ר דא"א דעתיק, נקרא בי"ע דעתיק. וכן על דרך זה ג"ר דא"א נקרא ג"ר דא"א שיורדים לבי"ע, שהם ו"ק דא"א, הנקרא בי"ע בערכם. וכן על דרך זה בכולם. וז"ל מורי הרב ז"ל בענין מה שכתב הרב ז"ל - בקידוש דסעודת שחרית דשבת, כי בעליית זו"ן, כל העולמות העליונים עולים. כתב הוא ז"ל וז"ל - נמצא שכל דברי הרב **בזו"ן הוא בכל פרצופי כל העולמות, שכלם נקראים זו"ן**, וכולם נתקנים כאחד תיקון שוה, עד כאן.
281

תרשים ו – נ"ג.
282

תרשים ו – נ"ד.
283

ע"ח שי"א פ"ה מ"ב דנ"ב ע"ב – צריך עיון, בענין יציאת הנקודות של המלכים, שיצא נקודת ז"א בבחינת ששה נקודות לבד, והשאר לא יצא. וכן דנוקבא לא יצאת אלא חלק העשירית לבד כנזכר לעיל. **היכן נשארים שאריתם, אם נשאר בשרשם בעולם העקודים, במלכות. או אם נאמר הניחום באימא שלהם,** אם הבנים, בין בכללות בין בפרטות. כי ממנו יצאו, וצריך עיון.
284

רחובות הנהר ד"ב ע"א – ידוע כי חמשה נקודות יצאו מעינים דא"ק מבחינת ב"ן, **וכולן יצאו שלימות, כל אחת שלימה בכל חלקי הנקודה ההיא,** באופן שכל אחת ואחת כוללת חמשה פרצופים, עתיק וא"א, ואו"א, וזו"ן. **וסדר שבירת הכלים היה בכל נקודה ונקודה מהם דכל אחד ואחד מהם.** הג"ר, עתיק וא"א שבו נתקיימו, ושבעה תחתונות זו"ן שבו, נשברו.
285

שער מאמרי רשב"י, פרשת פקודי דל"ג ע"ב – נמצא כי גם באותם השבעה מלכים שמתו ונפלו למטה מעולם האצילות, גם הם יכולים עתה להתקן כמו שנבאר בע"ה. והענין הוא כי עתה הם מרוחקים מן הא"ס בתכלית ההרחק, כי הנה עתה הם חמשה פרצופים גמורים, כל אחד מעשר ספירות גמורות. כי הכתר נעשה פרצוף א"א, והחכמה נעשה פרצוף אבא, ובינה נעשת פרצוף אימא, והו"ק נעשה פרצוף ז"א, ועשירית נעשית פרצוף נוקבא דז"א. אם כן יש עתה הרחק רב מאד ביניהם, ולכן עתה יש יכולת אל השבעה מלכים דמתו להתקן, ולהתברר, ולהתבסם, וכנזכר באדרת נשא דף קל"ה ע"ב - דמנהון אתבסמו ומנהון לא אתבסמו. **ודע כי כל זה שביארנו לעיל, הוא בדרך כללות בענין העשר ספירות הכוללות כל עולם האצילות,** ואמנם גם כל פרצוף ופרצוף מן ארבעה [**אח**]"י - נראה לעניות דעתי שצריך לגרוס **חמשה**] הפרצופים הראשונים, היה ענין זה של בטול המלכים, **כי אחר כל ספירה, השלוש שבכל פרצוף מהם אירע בהם בטול השבעה תחתונות שבאותו פרצוף,** וכנגדם אנו אומרים ומזכירים ארבעה [**אח**]"י - שבעה] פעמים ענין תחיית המתים, בברכת אתה גיבור כמבואר שם, ועיין שם.
286

ע"ח ש"ט פ"ז מ"ב דמ"ו ע"ד – ונמצא כי כל השבעה תחתונות שבכל פרצוף ופרצוף דחמשה פרצופים שבשם ב"ן, הם שבעה מלכים, באופן שהם חמשה פעמים שבעה מלכים, וכל בחינה מאלו יש פנים ואחור בכלים, וכן באור, והכל מבחינת ב"ן. וכל מלך מאלו כלול מעשר ספירות, ונכללות בארבעה בחינות שהם הוי"ה של הספירה ההוא, שהם חבת"ם [**אח**]"י - חכמה, בינה, תפארת, מלכות] שבאותו הספירה, וכל אחד

שערים, וכן[288] הוא בדברי מרן הרש"ש. **כך** שכל מה שנתבאר לקמן בכל שער ח' ובשער ט' בפרקים בפרק א-ה הוא[289] בנקודה אחת, ופשוט כאן צריך לדעת לדעת שזה קרה בחמש נקודות שבעובי שהם א"א או"א וזו"ן.

מאלו הארבעה פרטיות כלול עשר בחינות, וכל בחינה נקרא שם אלהי"ם, אחד פנים ואחור, כי כל אחד מאלו השבעה מלכים הוא ספירה אחת, כלולה מארבעה ספירות ראשונות)נ"א ראשיות ר"ל חבת"ם(כנזכר לעיל, וכל אחד מהם כלול מעשר כנזכר לעיל.
287

מבוא שערים ש"ב ח"ג פ"ו די"ד ע"ד – ודע, כי אף על פי שביארנו שהם שלוש פרצופים, שלוש מיני מלכים, **הנה חמשה פרצופים הם**, כי גם באו"א ישנם. אמנם להיות שאו"א אתכלילן במזלא דדיקנא דאריך, אשר חופפת ומכסה אותם וטמירין בגוה, אשר לסיבה זו לא נזכר או"א באדרא ראשונה דנשא, ובכלל א"א הם, כי לכן אין בהם פרצוף בשיעור קומה עד סוף האריך, יען אינם רק חו"ב של העשר ספירות שרשיות ומקוריות. ואינם נמשכים עד הסוף, וכיון שהם נכללין בא"א, לא הזכרונום. וגם באדרא לא נזכר רק שלוש מיני המלכים הנזכרים. **אמנם ודאי שחמשה בחינות מלכים הם, בחמשה פרצופים**, אחר כל ג"ר שבכל פרצוף ופרצוף. ונמצא כי מלבד מה שביארנו בשער הזה בענין השבעה מלכים מערבה דרך כללות בעשר ספירות השרשיות, **הנה גם בכל פרצוף ופרצוף מאלו החמשה פרצופים, אחר כל שלשה ספירות ראשונות מהפרצוף ההוא, היה בו ענין השבעה מלכים**. אמר הצעיר חיים צריך עיון, אם ענין מלכים אלו שבכל פרצוף מהחמשה, היה הכל קודם התיקון, אם כן קשיא, כי איך בנוקבא דז"א היה בה בחינת שבעה מלכים, אחר צאת ג"ר שבה, והרי בפרק א' מחלק ב' נתבאר, כי מעולם לא יצא רק הכתר של הנוקבא לבד. ואם נאמר כי זה איירי אחר התיקון, כי אחר שיצא הדד מלך השמיני לתקן העולמות, התחיל לתקן את אריך, ואז מחדש היה בו]**אח**"י – לא גורסים **שבמ**"ה, כך הוא בהגהות וביאורים[בחינות שבעת המלכים, עד שהוצרכו להתעבר בבינה שבו, ומשם יצא אור חדש הנמשך מהדד הנזכר, ותקנם. וכן בבוא תיקון ז"א, קודם שיתוקן, אירע שנית ענין המלכים בשבעה תחתונות שבו, שבמ"ה]**אח**"י – לא גורסים **שבמ**"ה, כך הוא בהגהות וביאורים[. עד שנתעברה הבינה דז"א בהם ותיקנם, וכן אירע בכל אחד מהחמשה פרצופים זה ניחא, כי מלכות כלולה מעשר, אמנם מה שנתבאר לעיל. כי יצאו הג"ר שבכל פרצוף קודם שום תיקון רק מתוקנות קצת, זה יורה דאיידי קודם צאת הדר המלך השמיני, וצריך עיון.
288

רחובות הנהר ד"ב ע"ב – אמנם לפי מה שנודע מכמה מקומות, ובפרט בדרוש שביעי משער שלושים, כי אין כל פרצוף נקרא בשם פרצוף, אלא עד שיהיה כלול מעשר ספירות, אשר כל ספירה מהם כלולה מאבי"ע. ונמצא כי כל פרצוף מפרטי פרצופי אבי"ע, הוא כלול מעשר ספירות כוללות, והם עשרה פרצופים, מלבישים זה את זה בשוה, מתחילים מטיבורא דא"ק עד סוף העשיה, וכמו שנבאר לקמן בע"ה. **וכל ספירה מאותם העשר ספירות דכל פרצוף יצא מעינים דא"ק**, וירדו דרך אח"פ, וקבלו הארתם וירדו והלבישו לתנה"י דא"ק, ובהגיע האור לגבול האצילות, אירע בהם ענין ביטול המלכים, **ונפלו הכלים פנימי אמצעי וחיצון, עם אורות דרפ"ח לבי"ע התחתונים דאותה הספירה**, כמו שכתוב בדרושי הרב ז"ל. וכן היה בכל ספירה מעשר ספירות דכל פרצוף דפרטי פרצופי אבי"ע, שבצאת הכלים והאור שלה מעיני א"ק, ובהגיע האור לגבול האצילות, היה בהם ביטול המלכים באצילות שבהם, כסדר המפורש בדרושי הרב ז"ל, אבל לא בבי"ע התחתונים. **באופן שכל דרושי הרב אינם מדברים אלא בפרצופי אבי"ע דספירה אחת מעשר ספירות דכל פרצוף מפרטי פרצופי אבי"ע**, הרי איך היה ביטול המלכים בבי"ע, ואיך אינו אלא באצילות שבהם כנזכר לעיל.
289

ע"ח ח"ב ש"ל פ"ז מ"ב דל"ב ע"ב – והבן זה מאד מאד **ענין נקודה בכל מקום מה ענינה, שהיא עשייה**, של הבחינה ההוא. אך לשון ספירה הוא בהיותה שלימה בכל חלקי אבי"ע שבה, והבן היטב שלוש חלוקות אלו, נקודה וספירה ופרצוף. **כי נקודה היא עשייה שבספירה**, וספירה הוא בחינת **הספירה שלימה מאבי"ע שבה**, ופרצוף הוא **קשר עשר ספירות**, וכל ספירה מהם שלימה מאבי"ע, **רזכור מאד מאד כלל זה**.

כִּי בִּכְלָלוּת הִנֵּה הַשִּׁבְעָה נְקוּדוֹת דב"ן אֲשֶׁר בְּזִוּוּגָתָם אֵינָה אֶלָּא שְׁתֵּי נְקוּדוֹת לְבַד שהם הנקודה הרביעית והנקודה החמישית הִנֵּה כֻּלָּם נִשְׁבְּרוּ. וְאִם בִּפְרָטוּת, כִּי כָּל הַשִּׁבְעָה תַּחְתּוֹנוֹת שֶׁל כָּל אֶחָד מִן הַג"ר, גַּם כֵּן נִשְׁבְּרוּ.

וְאָמְנָם[290] יֵשׁ הֶפְרֵשׁ אֶחָד בֵּינֵיהֶן, וְהוּא כִּי שָׁלֹשׁ נְקוּדוֹת הָרִאשׁוֹנִים שהם נקודת א"א ואו"א כֻּלָּם, כָּל נְקוּדָה מֵהֶם יָצָאָה בִּבְחִינַת עֶשֶׂר נְקוּדוֹת פרטיות, אֶלָּא שֶׁהַג"ר הראשונים שֶׁל כָּל עֶשֶׂר וְעֶשֶׂר הַנִּזְכָּרִים לְעֵיל נִשְׁאֲרוּ שְׁלֵמוֹת, וְשִׁבְעָה תַּחְתּוֹנוֹת שֶׁבְּכָל עֶשֶׂר וְעֶשֶׂר של הנקודת דא"א ואו"א נִשְׁבְּרוּ.

בסוגיה זאת מבאר ברב ז"ל כי בנקודה הרביעית יצאו ששה בחינות, והכח"ב והמלכות שהיא העשירית שבנקודה הרביעית, ונשארו בחינות אלו בנקודה השלישית שהיא אם הבנים, נקודת אימא. בהגה להגוב"י כתב - נ"ב צריך למחוק וכן העשירית שבו. הבל"י כתב בהגה דיליה - כן העשירית שבו. עיין בהגוב"י שמחק תיבת וכן העשירית שבו. ובמחילה מכבודו לא דק, כי גם נקודה הרביעית היא דומה ממש לשלוש נקודות הכוללים, שיש בכל אחד מהם עשר ספירות גמורות, וכן כתב רז"ל בהדיא לעיל בסמוך וז"ל - אשר כל נקודה משתי בחינות האלו לבד כלולה מעשר ספירות וכו'. וכך כתב בהדיא בפרק ה' דשער התיקון, יעו"ש, עד כאן לשון הבל"י. עם כל זאת מבואר[291] בספר מבוא שערים כי ארבעה הספירות הראשונות של הנקודה הרביעית הם נשארו במאצילים, ר"ל כחב"ד דנקודה הרביעית נשארו במאצילים. והבוחר יבחר.

עוד צריך להבין את ענין אימא אם הבנים, שהיא אם הבנים. אם היא האימא דזו"ן, יוצא שהנקודות דזו"ן לא יצאו מהעין דא"ק אלא מהנקודה השלישית, וזה הפך כל הדרוש הזה, ואיך יצאו אם נשברה כבר הנקודה דאימא. עיין דק דק בהגהה לבל"י בפרקין וז"ל - שהיא בחינת אימא לכללות דב"ן והיא שורש הבנים. אם אימא דכללות היא שורש הבנים, שהם השתי נקודות דזו"ן, אם כן מוכרח לומר דשני נקודות הנזכרים הם נולדו מנקודה השלישית, ולא יצאו מעיני א"ק גופיה. ולפי זה יש לתמוה......

אָמְנָם שְׁתֵּי נְקוּדוֹת תַּחְתּוֹנִים[292] שהם הנקודות דזו"ן בעובי, שֶׁהֵם כְּלָלוּת שִׁבְעָה תַּחְתּוֹנוֹת דב"ן כַּנּוֹדָע, לֹא [דמ"ו ע"א 91] יָצְאוּ כָּל אֶחָד בִּבְחִינַת עֶשֶׂר סְפִירוֹת,

---

290

כרם שלמה ש"ט פ"ו אות ה' – מה שכתב, ואמנם יש הפרש אחד ביניהם וכו'. אף על פי שההפרש שביניהם אמר אותו לעיל, כי אלו נשברו כולם, ואלו לא נשברו כי אם השבעה תחתונות שלהם בלבד. עכשיו מדבר על עיקר היציאה שלהם, שאלו הג"ר דכללות כשיצאו מה היו כלולים בכמה ספירות. ואלו השתים תחתונים שהם זו"ן דכללות מה היו כלולים בכמה ספירות בעת יציאתם. וזה אמר כי הג"ר בעת יציאתם היו כלולים כל אחד מעשר ספירות, והשתים תחתונות בעת יציאתם היו כלולים אחד משש ספירות, ואחד מנקודה אחת לבד, והשאר שלהם הם נשארו בבטן אימא עילאה, ולא יצאו עכשיו, כי אם בעת התיקון.

291

מבוא שערים ש"ב ח"א ד"ה ע"ב – ואמנם השלוש ראשונות, עם שבערך השתי תחתונות, הם חשובות כאחד, עם כל זה יש תוספת לכל אחד על חבירתה, והענין כי השלוש ראשונות יצתה כל נקודה מהם שלימה. וכלולה בעשר בחינותיה. והנקודה הרביעית, יצתה חסרה, ולא נכללה רק משה בחינות התחתונים, וארבע בחינות עליונות שבה, לא יצאו, ונשארו דבוקות במאצילם, שהוא העין דא"ק. והנקודה החמישית, יצתה בחינת העשירית העליונה שבה, וכל תשעה חלקיה התחתונים נשארו דבקים במאצילם גם כן.

292

השמ"ש [א] – נ"ב. דע כי מהרח"ו ז"ל חזר בו בספר מבוא שערים בשער ב' ח"ג פ"ו, וכתב שם שגם השתי נקודות התחתונות, שהם כללות זו"ן גם הם יצאו הג"ר של כל אחד ואחד, ונתקיימו, והשבעה תחתונות של כל

כְּמוֹ הַשְּׁלוֹשָׁה נְקוּדוֹת רִאשׁוֹנִים.[293] אָמְנָם הַנְּקוּדָה[294] הָרְבִיעִית שֶׁהוּא כְנֶגֶד ז"א דְּב"ן, נִשְׁאֲרוּ ג"ר שֶׁבּוֹ, וְכֵן[295] הָעֲשִׂירִית ר"ל המלכות דנקודה הרביעית שֶׁבּוֹ[296], בַּנְּקוּדָה שְׁלִישִׁית דְּב"ן, שֶׁהִיא[297] בְּזוֹיְנַת אִימָא דְּכְלָלוּת דְּב"ן, וְהִיא[298]

אחד נשברו. באופן שכל החמשה פרצופים שום בזה. וההפרש היה בין הזו"ן דכל פרצוף לג"ר של אותו הפרצוף, כי הג"ר דכל פרצוף שהם בחינת עתיק, וא"א ואו"א, יצאו כל אחד בעשר ספירות, אבל הזו"ן של אותו פרצוף יצאו חסרים מג"ר, ודוק. כי זה אמיתות הענין, ועיין לקמן מה שכתב בגליון, ר"ל במבוא שערים בפרק ז' משער הזה כו'.
293

יפה שעה)א(– אמנם הנקודה הרביעית שהיא כנגד ז"א דב"ן, נשארו ג"ר שבו, בנקודה השלישית דב"ן, שהיא בחינת אימא דכללות ב"ן כו'. הן בעון בטלטולא דגברא אשר לי, אף על פי שהספר מצוי בידי, אין הפנאי מסכים לחפש אחריו, וזכרוני שבספר מבוא שערים נסתפק רז"ל, אם ג"ר דנקודה הרביעית שהיא כנגד ז"א שלא יצאו, נשארו שרשם בעולם העקודים, או אם נשארו בתוך פנימיות דא"ק. ולפי זה מתבאר, כי כולם יצאו מעיני א"ק אחד לאחד. כל חמשה נקודות אחד לאחד, ולא שנקודת הרביעית יצאה מתוך נקודה השלישית, והדברים מבוארים.
294

שפת אמת ש"ט פ"ו אות ז']אח"י - נראה לפי עניות דעתי שצריך לגרוס **אות ח"ן דּי"ד ע"א** – הנקודה הרביעית, שהוא כנגד ז"א דב"ן, נשארו ג"ר שבו בנקודה השלישית דב"ן, שהוא בחינת אימא דכללות דב"ן וכו'. כתב הרש"ך]**אח"י** - הרב שלמה הכהן[ז"ל בספרו יפה שעה וז"ל - הן בעיון וכו', אין הפנאי מסכים לחפש, וזכרוני וכו', לפי זה מתבאר וכו', יעו"ש. ואני אומר אלו יחפש ימצא שלא כדבריו, וספיקא דרבינו ז"ל הכי הוא, וזה לשון מבוא שערים - צריך עיון בענין יציאת הנקודים וכו', צריך לדעת היכן נשארו, אם נאמר בשורשם במלכות דעקודים, או אם נאמר הנחום באימא שלהם, אם הבנים, בין בכללות בין בפרטות, כי ממנה יצאו עד כאן לשונו. והוא ממש כמו שכתב רז"ל הכא. ואם שגיתי איתי תלין משוגתי.)אחר כך מצאתי בספר מבוא שערים דף י"ז ע"ב]**אח"י** - בנדפס מחדש דשנת תרס"ח ד"ו ע"ד[ש"ב ח"ב שהאמת איתי, עיין עליו(.)א"ה, וכן הרש"ש זלה"ה בהתחלת הקדמת רחובות הנהר, הסכים שחמשה נקודות הכוללות, כל אחד ואחד מהם יצאה מעיני א"ק, והג"ר של כל אחד קבלו אורות אח"פ, והלבישו לחצי תפארת, ופרקין עילאין דנצח והוד דא"ק. ואלו נתקיימו, וזו"ן של כל אחד ואחד תחתיהם, עד סוף האצילות, ואלו אירע בהם המקרה, וירדו לבי"ע, דהיינו במקום בי"ע שתחת האצילות. נמצא שכל נקודה ונקודה שהיה בה המקרה, הם מלבישים זה לזה בשוה, מטיבורא דא"ק עד סוף האצילות, ועיין שם האמת בכוונתו של הרש"ש ולא כמו שיש שהבינו באו"א, וקל למבין(.
295

בית לחם יהודה ש"ט פ"ו דל"א ע"ג – כן העשירית שבו. עיין בהגוב"י שמחק תיבת וכן העשירית שבו. ובמחילה מכבודו לא דק, כי גם נקודה הרביעית היא דומה ממש לשלוש נקודות הכוללים, שיש בכל אחד מהם עשר ספירות גמורות, וכן כתב רז"ל בהדיא לעיל בסמוך וז"ל - אשר כל נקודה משתי בחינות האלו לבד כלולה מעשר ספירות וכו'. וכך כתב בהדיא בפרק ה' דשער התיקון, יעו"ש.
296

הגהות וביאורים)א(– נ"ב צריך למחוק וכן העשירית שבו.
297

בית לחם יהודה ש"ט פ"ו דל"א ע"ג – שהיא בחינת אימא לכללות דב"ן והיא שורש הבנים. אם אימא דכללות היא שורש הבנים, שהם השתי נקודות דזו"ן, אם כן מוכרח לומר דשני נקודות הנזכרים הם נולדו מנקודה השלישית, ולא יצאו מעיני א"ק גופיה. ולפי זה יש לתמוה, והלא אין זווג ולידה כי אם ביסוד, ואין עיבור אלא בבטן, שהוא התפארת. והלא השבעה תחתונות דבינה שמכללם התפארת והיסוד כבר נשברו מקמי יציאת שתי נקודות דזו"ן. ואיזה מקום בינה שהיה עיבור הזו"ן בתוכה. ותו, והלא גם השבעה תחתונות דאבא, שהוא נקודה השניה כבר יצאו ונשברו, מקמי יציאת אימא, ומעולם לא ראתה אימא את אבא, ולא היה להם ישיבה אחת בעולם, ואם כן היאך נזדווגו או"א זה עם זה. ואפשר לומר שנזדווגו או"א, ונולדו הזו"ן בפנימיות

75

שורש הבנים. ומנקודה החמישית, שהיא מלכות דב"ן, נשארו כל התשע אחרונות שבה למעלה[299] כדרך ז"א שנשארו הג"ר שלו באימא דנקודה השלישית, שהיא אימא דכללות דב"ן, ובנקודה החמישית לא יצאתה[300] רק כתר שבה לבד, ותשעה תחתונות של הנקודה החמישית נשארו בנקודה השלישית, נקודת אימא, שורש הבנים. עם כל זאת חזר בו הרב ז"ל מסוגיה זאת כמבואר לעיל[301] ולקמן, אלא[302] לכל נקודה ונקודה כללית דחמשה הנקודות, קרה אותו מקרה דמלכים.

הא"ק קודם יציאתם מעיני הא"ק. ואחר כך ראיתי שכעין קושיות הנזכרות הקשה השמ"ש, ז"ל - בסוף פרק ה' דשער המלכים ד"ה עיין לעיל וכו'. וכל זה הוא לפי מאי דסבר מהרח"ו ז"ל בפרקין, אמנם לפי מה שכתב באמצע פרק ג' דשער י"ז, וגם לפי מה שכתב בהגהות השמ"ש, והרב יפה שעה ז"ל בפרקין, שחזר בו מהרח"ו מדרוש זה, תו דלא קשיא מדי, לפי לכל נקודה מחמשה נקודות הכוללים, יצאו השבעה מלכים שלה מן הבינה שבאותה הנקודה עצמה.
298

ע"ח שי"א פ"א פ"ב דנ"ב ע"ב הגהת השמ"ש [א] – נ"ב)עיין תורת חכם דקי"ח ע"ב בסופו(כן כתב לעיל בפרק ו' משער שבירת הכלים. כי ג"ר דז"א ותשע תחתונות דנוקביה נשארו בבינה, אם הבנים דכללות. אומנם זו"ן דפרטות)צריך לגרוס **הג"ר דזו"ן דפרטות**. הרב רבי שב"ח( )דעתיק יומין וא"א ואו"א נשארו בבינה דפרטות שלהם. אבל בספר מבוא שערים כתב שגם זו"ן דכללות יצאו כל אחד מעשר ספירות, והג"ר דזו"ן שבהם נשארו בבינה דפרטות שלהם, וכו'.
299

בית לחם יהודה ש"ט פ"ו דל"א ע"ג – למעלה כדרך ז"א. ר"ל נשארו באימא דכללות, כדרך שנשארו ג"ר ומלכות דז"א באימא דכללות.
300

בית לחם יהודה ש"ט פ"ו דל"א ע"ג – ולא יצא רק הכתר שבה לבד. לפי זה צריך לומר כי נקודה הרביעית והחמישית שניהם יצאו ביחד, דאם לא כן מהיכן קבל כלי הכתר שלה בחינת האור ונשברה, ואיפה נכנס אור הדעת כשנשבר. באופן ששתי נקודות אלו הכוללים, שניהם היו כדמיון שבעה תחתונות של נקודה אחת של שלוש נקודות הראשונים, וכן כתב הרב יפה שעה ז"ל.
301

ע"ח ש"ט פ"ז מ"ב דמ"ו ע"ב – ובעת אצילות עולם הנקודים יצאו כל החמשה פרצופים, כל אחד כלול מעשר ספירות וכולם משם ב"ן. ונודע כי שם ב"ן הכולל כל האצילות, הוא מלכות דא"ק, ושם מ"ה החדש הכולל כל האצילות, הוא ז"א דא"ק.
302

שער מאמרי רשב"י, אידרא רבה דט"ל ע"ג – שם בדף קכ"ח ע"א וז"ל - כתיב ואלה המלכים אשר מלכו בארץ אדום לפני מלך מלך גו'. אם באתי להרחיב פה הדרוש הזה מענין ואלה המלכים יארך עלינו הסיפור, וכבר חיברתי בזה דרושים בפני עצמם בענין אלה המלכים מה ענינם ועיין שם. ואמנם אבאר כאן בקיצור מופלג מה שצריך לבאר במקום הזה, גם תעיין במה שביארתי בפקודי פקודי בדף רנ"ד ע"ב, ועיין שם היטב. ומה שצריך להודיעך כאן הוא, מה שתמצא באדרא זו זכירת אלה המלכים שלוש פעמים, **האחת** היא כאן בתחילת תיקון עתיקא קדישא. **והשני** היא לקמן בדקל"ה ע"א, בתיקון ז"א. **והשלישית** היא לקמן בדקמ"ב ע"א, בהתחלת תיקון נוקבא דז"א. וטעם הדבר הוא זה כי הנה כבר ביארנו לקמן, בביאור אדרת האזינו, כי עשר ספירות שרשיות ומקוריות הם ומתחלקות בכל עולם האצילות בסדר זה, כתר חכמה בינה באריך אנפין. גדולה גבורה תפארת בז"א. נצח הוד יסוד בנוקביה דז"א. ואמנם בעת שנאצלו יצאו בחינת אלו המלכים, פירוש כי אחר שנאצלו שלשה ראשונות דא"א, אשר השלישית היא הבינה הנקראת ארץ אדום, משום דמינה דינין מתערין, בכל מקום שהיא **בין בכללות בין בפרטות**, לכן מאותה הבינה דא"א יצאו אלו השבעה מלכים, שהם שבעה תחתונות שבו. **וכן אחר שיצאו** כתר חכמה בינה דז"א, **יצאו השבעה מלכים שהם שבעה תחתונות שבו מבינה שבו, שבז"א**. וכן אחר שיצאו שלשה ראשונות כתר חכמה בינה דנוקביה, **יצאו מן**

ובזה יובן איך הם שבעה ספירות תחתונות הפרטיות דכל נקודה כללית שנשברו ומתו, **והם שתי נקודות לבד** הפרטיות דכל נקודה ונקודה, שהם הזו"ן דאותה נקודה, הם הם שנשברו ומתו. **נמצאו**[303] **כי בין בשלוש נקודות הראשונים דכללות דב"ן** שהם א"א ואו"א, שהם נקודת הכתר וחו"ב הכוללים, **בין בשתי נקודות אחרונים דכללות דב"ן** שהם זו"ן, **שהם בבחינת שבעה תחתונות דכללות דב"ן, בכולם**[304] ר"ל בזו"ן דפרטות דכל נקודה ונקודה **היה השבירה שוה, שלא נשברו רק השבעה לבד**[305] ר"ל הו"ק של ז"א, והכתר דנוקבא.

הבינה שבה שבעה מלכים, שהם שבעה תחתונות שבה. ולכך תמצא שבזו האדרא הוזכר ענינם שלש פעמים, אם בא"א הנקרא עתיקא קדישא, ואם בז"א, ואם בנוקביה דז"א. ואמנם המלכים של או"א לא הוזכרו כלל לא בתורה ולא בנביאים ולא בכתובים. לפי שכל בחינות עתיקא קדישא לא נכתבו בשום מקום, כנזכר לקמן בדף ק"ל ע"א וז"ל - תאנא על כל דא שמא דעתיקא סתים מכולא, ולא אתפרש באורייתא בר מן אתר חד כו'. ואמנם אותם המלכים של ז"א נזכרו ונכתבו בתורה בפרשת וישלח, והטעם הוא כי תורה שבכתב הוא ז"א כנודע, מה שאין כן א"א, שהוא למעלה למעלה. והמלכים של נוקבא דז"א נכתבו בכתובים בספר דברי הימים כנודע, כי הכתובים רומזים במלכות. ונבאר מה שהתחלנו והוא **כי כאשר יצאו שלשה ראשונות של אריך, או של ז"א, או של נוקביה,** כל זה היה קודם התיקון, ואז אף גם השלשה ראשונות שבכל אחד משלשה הנזכרים לא נתקנו, והיו עדיין בלי תיקון, ולכן בצאת השבעה מלכים מכל בחינה משלשתן הנזכרים, לא יכלו לקבל אור השלוש ראשונות, ומתו, כי השלשה ראשונות אף שהיו בלי תיקון, יכלו לסבול ולקבל אור האין סוף, להיותם שלשה ראשונות. אבל שבעה תחתונות מתו, ולכן תמצא ששמונה מלכים הם, ובשבעה הראשונים מהם עברה בהם מיתה, שהם סוד שבעה התחתונות שבכל אחד **משלשה הנזכרים א"א וז"א ונוקביה בהיותם קודם התיקון.** ואמנם כאשר היה התיקון בכל בחינה משלשתן, אז יצאו שבעה תחתונות האמתיות המתוקנות בכל בחינה משלשה הנזכרים, ולכן לא הוזכר בהם מיתה, כי אלו היו בסוד התיקון, וכל אלו השבעה תחתונות החדשות האמתיות המתוקנות נזכרו בשם מלך אחד בלבד. להורות על תיקונם והתחברותם והתקשרותם יחד, כי זהו תכלית התיקון כמבואר במקומו, בסוד רשות היחיד ולא רשות הרבים. והנה הו"ק החדשות נקראים הדר ומהיטבאל, היא השביעית הנקראת נוקביה דהדר, ואחר אשר יצא המלך השמיני שהוא הדר ואשתו מהיטבאל, הכוללים שבעה תחתונות המתוקנים, אז גם השבעה תחתונות הראשונות שהם המלכים שבעה שמתו, גם הם נתקנו ונתבסמו עמהם, עם אותם השבעה תחתונות שבאו אחר התיקון. ומהתחברות החסדים והגבורות נעשה פרצוף ז"א, וכן פרצוף נוקביה. וכבר ביארנו כי ענין אלו השבעה תחתונות שמתו, והשבעה תחתונות אשר היו מתוקנות הנקראים הדר ומהיטבאל. **כל ענין זה היה גם כן בשבעה תחתונות דא"א, ובשבעה תחתונות דז"א, ובשבעה תחתונות דנוקביה דז"א.** ובפרשת פקודי דף רנ"ד ע"ב, הארכנו יותר בענין זה, ועיין שם.

303

כרם שלמה ש"ט פ"ו אות ו' – מה שכתב **בין השלוש נקודות הראשונים דכללות הב"ן,** הם הא"א ואו"א, שהם הכתר והחו"ב הכוללים דאצילות שיצאו כל אחד בעשרה ספירות. **בין בשתי נקודות האחרונות דכללות דב"ן,** הם הז"א ונוקביה דכללות האצילות, שלא יצאו כי אם בשבעה נקודות לבד **בכולם.** פירוש, בכל החמשה נקודות האלו **היה השבירה שוה,** דהיינו שלא נשבר מכל אחד ואחד כי אם השבעה לבד. נמצא במעשה השבירה היו שוים. וזה הוא מה שכתב כאן **שלא נשברו רק השבעה לבד.**

304

בית לחם יהודה ש"ט פ"ו דל"א ע"ג – בכולם היתה השבירה שוה שלא נשברו רק השבעה לבד. אף על פי שלא נשברו מז"א רק הו"ק בלבד, כי הג"ר ונקודה העשירית שבו נשארו בבינה שלו, שבתוך אימא דכללות כמבואר בפרק ז' שבסמוך. הוא מצרף עמו הכתר דנקודה החמישית, לפי ששניהם יצאו ביחד. כמו שמבואר לעיל בד"ה - ולא יצא וכו', וכללות שניהם יהיו שבעה מלכים. ובזה יתורץ מה שיש להבין דהיכי קאמר בכולם היתה השבירה שוה, שלא נשברו רק השבעה לבד וכו'. והא נקודה החמישית לא יצא ממנה כי אם

כאן שוב חוזר הרב ז"ל ומבאר כי הג"ר והמלכות דנקודה הרביעית, והתשעה תחתונות דנקודה החמישית, שהם זו"ן, לא יצאו, ונשארו בנקודה השלישית, שהיא נקודת אימא השורשית.

וְאָמְנָם יֵשׁ הֶפְרֵשׁ בְּשָׁלוֹשׁ נְקוּדוֹת הָרִאשׁוֹנִים שהם א"א ואו"א **שֶׁיָּצְאוּ גַּם ג"ר שֶׁבְּכָל נְקוּדָה וּנְקוּדָה, וְלֹא נִשְׁבְּרוּ** הג"ר שלהם, ונשברו ומתו השבעה תחתונות שלהם, **אַךְ בִּשְׁתֵּי נְקוּדוֹת הַתַּחְתּוֹנִים שֶׁהֵם**[306] **כְּלָלוּת הַשִּׁבְעָה** שהם זו"ן דכללות, **לֹא יָצְאוּ הַשָּׁלוֹשׁ רִאשׁוֹנוֹת שֶׁבְּכָל נְקוּדָה מֵהֶם כְּלָל וְעִיקָר.**

לסיכום יש שתי שמועות בפרקין. **שמועה ראשונה,** שכל החמשה נקודות דעובי שיצאו מהעין דא"ק, והתפשטו מטבורו ולמטה, יצאו כל אחת ואחת בעשר ספירות פרטיות, והג"ר דכל נקודה נתקיימו, שבעה התחתונות דכל נקודה נשברו. **שמועה שניה,** שלוש הנקודות הראשונות, שהם א"א ואו"א יצאו כל אחת ואחת בעשר ספירות פרטיות, כאשר הג"ר הפרטי דכל נקודה מהם נתקיימו, והשבעה תחתונות נשברו. ובנקודה הרביעית שהיא ז"א, יצאו רק ששה ספירות, חג"ת נה"י, הג"ר והמלכות שלו לא יצאו, ונשארו בנקודה השלישית, שהיא אימא. ובנקודה החמישית, שהיא הנוקבא, יצא רק הכתר דנוקבא, והתשעה ספירות תחתונות שלה נשארו בנקודה השלישית, נקודת אימא. כך שהחלקים אלו דזו"ן שלא יצאו, נשארו בשורשים **אם הבנים,** שהיא אימא, הנקודה השלישית הכוללת. **והמסקנה** היא כמו דברי מרן הרש"ש, כפי

הכתר לבד, והוא הנשבר, והכתר הוא מהג"ר ולא משבעה תחתונות. וכן יש לומר על מה שכתוב בסמוך - ואמנם יש הפרש כי בשלוש נקודות הראשונות יצאו גם הג"ר שבכל נקודה ונקודה, ולא נשברו, אך שתי נקודות התחתונים, שהם כללות השבעה, לא יצאו הג"ר שבכל נקודה מהם כלל ועיקר וכו'. דקשה והא בנקודה החמישית יצא הכתר שלה, שהוא אחד מהג"ר. ובשלמא לפי מה שכתב רז"ל בפרק ג' דשער ג', ובפרק ח' דלקמן, שלא יצא מנקודה החמישית רק הכתר המלכות שלה לבד, יעו"ש. ניחא. אבל לפי מה שכתב הכא שלא יצא רק הכתר שבה לבד, קשה. אבל לפי מה שכתבנו שמצרף הכתר דנקודה החמישית, עם הו"ק דנקודה הרביעית ניחא.
305

הגהות וביאורים)ב(- ועיין בספר מבוא שערים דף ט"ל סוף ע"א **]אח"י** - בהנדפס מחדש דשנת תרס"ט ש"ב ח"ג פ"ו דט"ו ע"א[ד"ה אמר הצעיר וכו'. עיין באוצרות חיים ח"ג פ"י שער ב' **]אח"י** - לא ידעתי מה זה, אולי הכוונה לספר מבוא שערים[שהניח הדבר בצריך עיון, כי הרי לעיל נתבאר שלא יצאו כי אם נקודות דכתר דמלכות דב"ן.
306

בית לחם יהודה ש"ט פ"ו דל"א ע"ד - שהם כללות שבעה מלכים לא יצאו ג"ר שבהם. כלומר לא יצאו הג"ר שבנקודה הרביעית הכללית, ותשעה תחתונות דנקודה החמישית הכללית, כי נשארו בנקודה השלישית הכללית, כמו שמבואר לעיל.

השמועה הראשונה, שהשבירה היתה רק בפרטות דכל נקודה ונקודה, ומוכיח[307] מרן הרש"ש זאת מדברי הרב ז"ל בפרקין. וכן[308] הוא בהגהת מרן הרש"ש בפרק ז' דשער זה, וכך[309] מבאר **בעמקות אדירה** הרב תורת חכם.

כבר נתבאר כי[310] כל נקודה ונקודה דעובי היתה כוללת עשר ספירות פרטיות, שהם[311] בעצם חמשה פרצופים דכל נקודה ונקודה. כאשר ספירת הכתר **א"א**, חכמה **אבא**, בינה **אימא**, חג"ת נה"י **ז"א**, והמלכות **נוקבא. וידוע**[312] כי כל

רחובות הנהר ד"ב ע"ג – ונמצא כי כל מקום שכתב הרב דג"ר יצאו שלימות, וז"א יצא בששה חלקי הנקודה לבד, ונוקבא בחלק אחד, מלכות שבה לבד. היינו בג"ר ובזו"ן דכל אחד מחמשה נקודות הכוללות דכל פרצוף, אבל החמשה נקודות כוללות דאותו פרצוף, יצאו שלימות, וכמבואר בפרק ו' משער שבירת הכלים, וז"ל - ואל תתמה איך יצאו התחתונות אחר שבירת העליונות, **וגם איך כל ג"ר שבכל נקודה של חמשה נקודות לא נשברו, והשבעה תחתונות דנקודות ראשונות נשברו.** התשובה היא כי בכל נקודה ונקודה יש מין אור **אחד שוה לערך הנקודה ההיא, ואז האור שלהם של הג"ר יוכלו לקבל, ושבעה תחתונות שבו לא יכלו לקבל.** וכן על דרך זה בכל נקודה ונקודה מהחמשה נקודות נקודות אירע כך, עד כאן. באופן דכל דרושי הרב המדברים בפרצופי עתיק וא"א וא"ו וזו"ן **אינו מדבר על הכוללים**, כי אם בחמשה פרצופים דנקודה אחת דעשר ספירות דפרצוף אחד, מפרצופי אבי"ע, וממנה נקיש אל השאר.

ע"ח ש"ט פ"ז מ"ב דמ"ו ע"ב הגהת השמ"ש [א] – נ"ב. מפני שמה שכתב הרב לעיל בפרקים שעברו, ענין וסדר שבירת הכלים, הוא בכללות, אמנם עתה בשני פרקים אלו הודיענו שכל אותו ענין)וסדר(שבירת הכלים הנזכר בפרקים שעברו, שהכלים ירדו לב"ע, ואחורי נה"י דכתר ואחוריים דאו"א נשארו באצילות. **כל זה בפרטות בכל אחד מהששה פרצופים**, עתיק יומין, וא"א, או"א, וזו"ן. שאחורי נה"י דכתר ואחוריים דאו"א דכל אחד מהם נשארו באצילות, והכלים דשבעה תחתונות דכל אחד מהם נפלו לבי"ע. ואי קשיא לך, איך נתקיימו התחתונות אחר שבירת העליונות, כבר תירץ הרב לעיל בסוף פרק ו', שלכל פרצוף היה מין אור שוה לערך הפרצוף ההוא, עיין שם. **ואפילו זו"ן דכללות יצאו כל אחד בעשר ספירות שלמות, והג"ר דכל אחד נתקיימו, והשבעה תחתונות דכל אחד נפלו לבי"ע.** וכמו שביאר הרב מהרח"ו ז"ל בספר מבוא שערים שכך היתה קבלתו מהרב ז"ל, שהמלכים הנזכר בפרשת וישלח עם אחוריים דאו"א ואחורי נה"י דכתר, הכל הוא מדבר בז"א דכללות. והנזכר בדברי הימים הם דנוקבא דכללות. אבל המלכים הנזכר בפרצופים הגבוהים מזו"ן לא נזכרו בתורה, כי גבהו מהתורה, שהיא הז"א עד כאן תוכן דבריו, ודי בזה. **כי כן אמיתות הענין, ולא כמו שכתוב לעיל בפרק ו' ודו"ק, וכן לקמן בפרק זה.** ומה שכתב לקמן שער י"א, ובכמה מקומות כמה טעמים למה יצא הז"א ר"ק, ונוקביה נקודה אחת, **היינו בזו"ן דכל אחד מהששה פרצופים, שהם בזו"ן דפרטות ולא בזו"ן דכללות.** באופן שאחר התיקון היה בכל אחד מהששה פרצופים שהם, עתיק יומין, וא"א, וא"א, וזו"ן דכללות, היה כל אחד שנים עשר פרצופים, עתיק ונוקבא, א"א ונוקבא, או"א, ישסו"ת, זו"ן, יעקב ולאה. באופן שכל מה שכתב הרב בספר עץ חיים, ובספר הכוונות, **הוא בכללות פרצוף אחד מהששה פרצופים אצילות דכללות.** וכן על דרך זה ממש כל אחד מהששה פרצופים, ולפי שבחינת תיקונם שוה בכולם, **לפיכך כתב הרב סתם בכללות, ולא פרט, וסמך על מה שכתב כאן, ודי למבין.** כי הענין זה נפרט לעניינים רבים, ואין מקום להאריך כו'.

הגהות וביאורים)א(הגה"ה על השמ"ש – עיין תורת חכם דף קכ"א ע"ב.

תורת חכם דקכ"א ע"ב – כתב עוד מורי הרב ז"ל, שער השבירה פרק ז' בשער ט' וז"ל - **ואפילו זו"ן דכללות יצאו כל אחת בעשר ספירות שלימות**, והג"ר דכל אחד נתקיימו, והשבעה תחתונות דכל אחד נפלו לבי"ע, וכמו שכתב מוהרח"ו ז"ל בספרו. מה שכתב שכך היתה קבלתו מהרב ז"ל, שהמלכים הנזכרים בפרשת וישלח עם אחוריים דאו"א ואחורי נה"י דכתר, הכל הוא מדבר בז"א דכללות. והנזכר בדברי הימים הם דנוקבא דכללות. אבל המלכים הנזכרים בפרצופים הגבוהים מזו"ן לא נזכרו בתורה, כי גבהו מן התורה, שהיא הז"א, עד כאן לשונו. מכאן אנו לומדים כי כל אלו הפרצופים שאנו מתקנים על ידי התורה והמצוות, דהיינו א"ק, ועתיק, וא"א, ואו"א, והזו"ן הם דזו"ן דכללות, כי)אין(לנו אחיזה למעלה מהתורה,)עיין לעיל דף קי"ז ע"ב ד"ה עוד(. והנשים על ידי המצוות שלהם מתקנים המלכים והפרצוף של הנוקבא דכללות, שהם בחינת המלכים הנזכרים בדברי הימים. וזו היא הנוקבא הכוללת שכתב מורי הרב ז"ל בהקדמה.

פרצוף כולל עשר ספירות פרטיות. **עם כל זאת** שנאצלו פרצופי זו"ן הפרטיים דכל נקודה, שגם לכל אחד יש עשר ספירות פרטיות, יצאו חסרים, כאשר פרצוף ז"א הפרטי דכל נקודה שבעובי, יצא רק הו"ק שלה, והג"ר דז"א הפרטי של הנקודה נשארו בבינה הפרטית דאותה נקודה. וכן בפרצוף הנוקבא דאותה נקודה שבעובי, יש לה עשר ספירות פרטיות, **עם כל זאת** כאשר[313] יצאה רק ספירה אחת ממנה)לפי השמועה בפרקין רק הכתר דאותה נקודה יצא, ובמקומות אחרים המלכות דיליה יצאה(, ושאר התשע ספירות נשארו בבינה דאותו פרצוף, כמו הג"ר דז"א. **כאן** מבאר הרב ז"ל את הסוגיה הזאת.

ודע[314] **כי על דרך שביארנו בכללות הב"ן, כי שתי נקודות התחתונים** הנקודה הרביעית והחמישית, שהם זו"ן**, שהם כללות שבעה מלכים, לא יצאו** לפי השמועה השניה הג"ר **שבהם** ונשארו בנקודה השלישית, נקודה דאימא הכללית. **כן בכל שבעה מלכים דכל אחד מהשלושה נקודות הראשונות** ר"ל א"א ואו"א דב"ן דכללות, לא **יצאו הג"ר דשבעה מלכים עצמו בפרטות, ונשארו בבינה** הפרטית **שלהם**

310

תרשים ו – נ"ה.
311

תרשים ו – נ"ו.
312

נהר שלום, דרוש הדעת דמ"א ע"ב – דע כי אף על פי שהוזכר תמיד היותם עשר ספירות, אינם רק חמש ספירות, **וכל ספירה הוא פרצוף אחד, וכולל עשר מדות**, והם א"א ואו"א וזו"ן. וזה פרטם, כי **ספירת הכתר כוללת עשר מדות, ונקראת א"א**. וספירת **החכמה כוללות עשר מדות, ונקראת אבא.** וספירת **בינה כוללת עשר מדות, ונקרא אימא.** וספירת **הדעת דחסדים כוללת עשר מדות, ונקראת זעיר**, אך כשנאצל לא היו בו רק שש מדות, חג"ת נה"י שבדעת, והם הם החג"ת נה"י הנקרא אצלינו מכלל העשר ספירות, אבל אינן רק מדות, ולא ספירות כמו השלוש ספירות הראשונים. וספירת **הדעת דגבורה כוללת עשר מדות, ונקרא נוקבא דזעיר**, אך כשנאצלה לא היה בה רק מדה אחת לבד, העשירית, והיא מלכות שבדעת הנזכר. והיא היא המלכות הנקראת אצלינו מכלל העשר ספירות, אבל אינה רק מדה אחת, ולא ספירה, ואלו החמשה פרצופים נרמזו בשם ההוי"ה, בקוצו של יו"ד ובארבעה אותיותיו, ולפי שהכתר אינו מכלל העשר ספירות, והושם ספירת הדעת במקומו, לכן נרמז בקוץ היו"ד, ולא באות ממש. ונמצא כי עיקר הפרצופים הם ארבעה, או"א וזו"ן, והם ארבעה אותיות ההוי"ה, והם נכללות בשלוש ספירות בלבד, שהם חב"ד, ודעת כלול משתי עיטרין.
313

תרשים ו – נ"ז.
314

כרם שלמה ש"ט פ"ו אות ו' – ומה שכתב **ודע** וכו', הוא ענין אחר. ור"ל אבל בדבר הזה שאנחנו מבארים עתה הם שוים, אפילו בעניין היציאה שלהם. והוא כי טבע השבעה נקודות הפרטיות שבכל נקודה ונקודה מהשלוש נקודים הראשונים, שהם כתר וחו"ב הכוללים, הם גם כן צריכים להיות כלולים מעשרה, על דרך שבעה היכלות, שהם נקראים שבעה, אבל הם עשרה היכלות, מפני שהיכל השביעי כלול משלושה היכלות. ומה שאמרנו למעלה שהשבעה נקודות של כל אחת ואחת מן השלושה ראשונות נשברו, **אין פירושם הוא כל כללות השבעה, דהיינו כל העשר נקודות של השבעה יצאו ולא נשברו.** והוא כמו שאמרנו על השבעה נקודות של השתי נקודות האחרונים, שהם הזו"ן דכללות, שהשלושה ראשונים שלהם לא יצאו ולא נשברו. וכן הוא כאן בכל שבעה ושבעה מהשלושה נקודים הראשונים דכללות. וכמו שבשלוש ראשונות דזו"ן נשארו בבינה שלהם, כך הוא הג"ר אלו של כל שבעה ושבעה נשארו בבינה שלהם. דהיינו הג"ר דזו"ן דכתר, נשארו בבינה דכתר. והג"ר דזו"ן דאבא, נשארו בבינה דאבא. והג"ר דזו"ן דאימא נשארו בבינה דאימא. וזהו מה שכתב **- ונשארו בבינה שלהם שבאותה הנקודה עצמה,** ר"ל או בבינה שבנקודת הכתר, או בבינה שבנקודת החכמה, או בבינה שבנקודת הבינה, ופשוט.

שֶׁבָּאוּתוּ הַנָּקוֹדָה עַצְמָהּ. עם כל זאת כבר נתבאר לעיל כי כל מקרה המלכים קרה בכל חמשה הפרצופים הכוללים, לכן[315] האורות דשבעה התחתונות עלו למעי[316] הבינה, דאותה נקודה.◆

הרב ז"ל מבאר בסוגיה זאת כי אין קושיא על השאלה איך[317] יצאו הנקודות דנקודת או"א וזו"ן הכללים, אחרי שראו שבירת שבעה מתחתונות של הנקודה הראשונה, נקודת א"א. והתשובה היא כי כל חמשה הנקודות יצאו בשוה מהעין דא"ק **ועמדו בעובי אחד אחרי השני**, ולכל נקודה ונקודה היה אור השוה לערך הנקודה שלה. **ובאמת השאלה הזאת היתה** אם חמשת הנקודות היו **עומדים**[318] **בָאורך** אחת מתחת לשני. קושיא שניה לרב ז"ל איך הג"ר דכל נקודה כללית לא נשברו, ורק השבעה תחתונות הם שנשברו. והתשובה היא, לפי פשט דברי קודשו, שכבר למדנו גם בפרקין, וגם[319] לעיל כי הכתר היה פגם בעלמא, ובאחורי באו"א היה ביטול, עם כל זאת הם נשארו בגבול עולם האצילות. **בעומק דברי קודשו** גם הג"ר דכל נקודה ונקודה היתה שבירה, **והוא**[320] כי כל פרצוף נקרא ז"א בערך לפרצוף שעליו, ואפילו[321] א"ק

315

תרשים ו – נ"ח.

316

ע"ח שי"א פ"ז מ"ת דנ"ד ע"ב – והנה אחר שנתקן ז"א נקרא רשות היחיד, כי הנה טעם וסיבת העיבור של ז"א היה מפני זה, לפי שבתחלה היו ששה חלקים נפרדין זה מזה, בסוד הרשות הרבים, כנזכר לעיל. **לכן נכנס בסוד העיבור תוך אימא**, כדי לאסוף החלקים האלו הנפרדין, **תוך מעי בינה.**

317

כרם שלמה ש"ט פ"ו אות ז' – מה שכתב, איך יצאו התחתונים אחר שבירת העליונים. ר"ל איך רצו וקבלו לצאת האורות של השבעה תחתונות של נקודת החכמה, אחר שראתה כי שבעה תחתונות של נקודת הכתר, שהם למעלה ממנה, לא יכלו לקבל האורות שלהם ונשברו. ואף על פי שהכלים של השבעה תחתונות של הכתר הם יותר חזקים מן הכלים של החכמה, אף על פי כן נשברו שבעה תחתונות של הכתר, כל שכן שבודאי הכלים של השבעה תחתונות של החכמה ישברו. ואיך נתקבלו האורות של החכמה לצאת ולהיכנס בהכלים שלהם, אחר ראותם כי אפילו הכלים של הכתר לא יכלו לסבול. זהו מה שכתב - **איך יצאו התחתונים אחר שבירת העליונים.**

318

תרשים ו – נ"ט.

319

ע"ח ש"ח פ"ג מ"ת דל"ז ע"ג – והנה הבלים הראוין למלכים אלו שבעה יצאו דרך צפורני רגלים, ואף על פי שהציפורנים הם עשרה, והנקודות שנשברו אינן אלא שבעה תחתונות לבד כנזכר לעיל. הענין הוא כי גם **יש שתי מיני אחוריים דאו"א שנשברו**, הרי הם תשע בחינות, והעשירית הוא כי גם מן **הכתר היה בו קצת פגם.** כמו שנבאר לקמן בע"ה, והוא בחינת נה"י שלו שנכנסו והיו בסוד מוחין לאו"א, וגם הם נשברו. הרי הם עשר בחינות כנגד עשר הבלים שיצאו מצפורני רגליו. וכל בחינת יציאת אלו העשרה הבלים דרך צפורניו, היו כולם לסיבת חסרון קבלתן מאור האזן העליונה כנזכר לעיל, ולכן סיבה זו גרמה לכל זה ולביטול המלכים.

ע"ח ש"ט פ"ב מ"ת ד"מ ע"ד – והענין כי מן האדרא זוטא נראה שלא ירדו רק השבעה מלכים בלבד, וממדרשים אחרים בספר הזוהר משמע **כי גם באו"א יש ביטול, ופגם וכמעט אפילו בכתר.** ואמנם הענין הוא כי ודאי שמכל עשר נקודות נפלו מהם בחינות, ובכולם היה ביטול, רק זו"ן נפלו כולם בין בבחינת היותן אחור, ובין בבחינת היותן פנים בפנים, והנה זו נקרא מיתה, כי הכל ירד לגמרי. אבל אבא ואימא שלא ירד מהם **רק בחינת אחוריים, יקרא ביטול ולא מיתה.** וכתר שלא נפלו ממנו רק בחינת נצח הוד יסוד שלו שנכנסו בסוד מוחין דאבא ואימא כנזכר לעיל, אשר אין בחינה זו נכנסה אפילו בערך אחוריים, **לכן לא נקרא ביטול בכתר רק פגם בעלמא.** עוד יש טעם אחר, והוא כי אינו נקרא מיתה רק מי שהולך מעולם לעולם, ונבדל מעולמו, ולכן שבעה מלכים שהיו באצילות וירדו אל הבריאה יקרא מיתה ממש, כמ"ש באדרא קל"ה - לא תימא דמיתו, אלא מאן כל מאן דנחית מדרגא קדמאה דהוי ביה, קרי ביה מיתה, כמו שכתוב - וימת מלך מצרים. אמנם אחורי או"א אף על פי שנפלו לא ירדו בבריאה, אלא נשארו בעולם האצילות עצמו, לכן להיותן שלא במקומן, יקרא ביטול אבל לא יקרא מיתה.

320

81

נקרא זו"ן בערך למה שמעליו. מפני שהשכל[322] מיוסד על ערכי הכינויים לבד, כמו[323] **שמבואר בעמקות נפלאה ואדירה** הרב תורת חכם, **והעניין הוא** כי כל פרצוף מחולק לג"ר וו"ק, כאשר הו"ק נקרא בי"ע בערך הג"ר דאותו פרצוף, והג"ר

רחובות הנהר ד"ג ע"ג – הרי נתבאר היטב מה שמבואר, כי כל פרצופי כל העולמות, **הם נקראים זו"ן, שהם ו"ק.** כל פרצוף נקרא בן, שהוא זו"ן, בערך הפרצוף העליון שעליו.

גמרא נידה דכ"ד ע"ב – תניא אבא שאול אומר ואיתימא רבי יוחנן, קובר מתים הייתי פעם אחת רצתי אחר צבי, ונכנסתי בקולית של מת, ורצתי אחריו שלש פרסאות וצבי לא הגעתי, וקולית לא כלתה, כשחזרתי לאחורי אמרו לי של עוג מלך הבשן היתה. תניא אבא שאול אומר קובר מתים הייתי, פעם אחת נפתחה מערה תחתי, ועמדתי בגלגל עינו של מת עד חוטמי, וכשחזרתי לאחורי אמרו עין של אבשלום היתה. ושמא תאמר אבא שאול נס הוה, אבא שאול ארוך בדורו הוה, ורבי טרפון מגיע לכתפו. ורבי טרפון ארוך בדורו הוה, ורבי מאיר מגיע לכתפו. רבי מאיר ארוך בדורו הוה, ורבי מגיע לכתפו. רבי ארוך בדורו הוה, ורבי חייא מגיע לכתפו. ורבי חייא ארוך בדורו הוה, ורב מגיע לכתפו, רב ארוך בדורו הוה, ורב יהודה מגיע לכתפו. ורב יהודה ארוך בדורו הוה, ואדא דיילא מגיע לכתפו. פרשתבינא)שם של איש(דפומבדיתא קai ליה לאדא דיילא עד פלגיה, וכולי עלמא קai לפרשתבינא דפומבדיתא עד חרציה)עד מותניו(.
321

שער ההקדמות, דרוש א"ק די"א ע"א – ועתה יתבאר עניין אחד נמשך מן האמור, והוא כי הנה שם אד"ם אינו נקרא אלא זכר והנקבה, שהם זעיר ונוקביה, שהם מ"ה וב". **ונמצא כי א"ק הוא בחינת ז"א ונוקביה, מ"ה וב"ן בערך הקודם אליו, ודי בזה.**

רחובות הנהר ד"ג ע"ב – הרי נתבאר היטב מה שכתבנו, **כי אפילו א"ק עצמו הוא זו"ן, שהם ו"ק, מ"ה וב"ן, בערך הקודם אליו.** ואלו המ"ה וב"ן הכוללים שבו, נפרטים לעסמ"ב, שהם עשר ספירות, שהם החמשה פרצופים שבו.

רחובות הנהר ד"ט ע"א – כי אפילו א"ק עצמו, **נקרא זו"ן,** לערך הקודם אליו.
322

רחובות הנהר ד"ב ע"ג – גם נודע כי המלכים יצאו בתחילה בבחינת כלים דנפש לבד, שהם המלכות דכל מלך, וכל מלכות כלולה מעשר. וגם הג"ר יצאו בבחינת כלים דנפש, אלא שכל אחת מהג"ר כלולה מעשר מלכיות, וכל מלכות כלולה מעשר. אמנם זה הכללות שהיה בהם עדיין לא היה מבורר ומתוקן כראוי, עד שיצא שם מ"ה החדש ותיקנם בבחינת פרצוף כראוי, כמו שנבאר בע"ה. והכלים דשבעה תחתונות דזו"ן דעתיק, וא"א, ואו"א, וזו"ן דכל נקודה נפלו הפנים שלהם לבריאה, והאמצעי ליצירה, והחיצון לעשיה, כל פרצוף לפרצוף שכנגדו בבי"ע. כלים דזו"ן דעתיק לעתיק דבי"ע, ודא"א לא"א דבי"ע, וכן כולם. וכלים דאחורים דג"ר שהם א"א ואו"א דעתיק וא"א ואו"א וזו"ן נפלו למקום זו"ן דכל אחד מהם באצילות עצמו, ולא אתקרי בהו מיתה, וזה בערך זו"ן. **אמנם בערך הפרצופים העליונים מהם, גם הם נקראו זו"ן, אף על פי שכלולים הם מעשר ספירות בנרבנ"ח"י שלמים, אותו הכללות הוא בערך הפרצופים התחתונים מהם, אבל בערך הפרצופים העליונים מהם, כל אותו הכללות אינו כי אם פרטי הו"ק לבד, לכן גם הם נקראו זו"ן, ומקום זו"ן בערכם הוא כמו בי"ע בערך זו"ן. וכן א"א בערך עתיק ועתיק, בערך מה שלמעלה ממנו, ודי למבין, וכמו שנבאר בע"ה, כי הכל מיוסד על ערכי הכינויים לבד, אבל אין ביניהם שינוי כלל, אלא לפי זכות האורות ושינוי עילוי המקומות, כך הוא שינוי מיעוט הרגשתם בתחתונים, ודי למבין ראשית דבר מאחריתו.**
323

תורת חכם דקי"א ע"ב – והנה לפי מה שכתב מורי הרב ז"ל במקום אחר, **שגם או"א וא"א שבכל פרצוף מששה פרצופי האצילות, נקרא זו"ן העליון מהם, והיה בהם שבירת המלכים,** ונפלו לבי"ע, שהוא הפרצוף התחתון מהם, **הנקרא בי"ע בערכו.** אם כן ודאי שבכולם מגיע הפגם. אלא שהפגם המגיע בכל ג"ר, שהם א"א ואו"א שבכל אחד ואחד אינו נקרא פגם בערך הפגם המגיע לזו"ן שבכל אחד ואחד, אבל בערך העליון מהם, נקראים זו"ן, ונקראים שמגיע הפגם בהם. **והזו"ן שבפרצוף השני לא נפלו לבי"ע התחתון, כי אם לא"א ואו"א של הפרצוף השני, הנקרא בי"ע בערכם,** וכן על דרך זה בשאר. אם כן הפגם מגיע בכולם, שכלם נקראים זו"ן. ועון אדם הראשון יוכיח. אם כן הו"ק של הפרצוף השני יהיו בחינת או"א בערך א"א, ואו"א של הפרצוף הראשון הנקראים זו"ן בערכם, וכן כל בחינת עתיק הנקראים זו"ן בערך הו"ק של העליון ממנו, וכן זו"ן דא"א, וכן זו"ן דא"א, אלא שהוא על דרך האמור, שהו"ק דעתיק נפלו בג"ר דא"א, והג"ר דעתיק נפלו בו"ק דעתיק, שהם נקרא בי"ע בערך הג"ר שלו, כשאנו

מכניס אותם בשם זו"ן בערך העליון מהם. אם כן הו"ק שלו נקרא בחינת בי"ע, וזה מוכרח מפני שהנרנח"י של התחתונים מתחילים מראש א"ק עד סוף העשיה, אפילו כשהם בעיבור. אם כן מוכרח שהם תקנו כל הפרצופים. וכמו שכתב משם הרב ז"ל שמעשה המצוות פועלים בכל ארבע עולמות אבי"ע, ובכל עולם ובכל חמשה פרצופים שבכל עולם, מארבעתם, כמו שמבואר בפרק ב' דשער חיצוניות ופנימיות, עיין שם. אלא שכל זה מדבר בזו"ן הכוללים, כמו שמבואר במקום אחר, יע"ש. כי או"א אין לנו עסק, כי הזו"ן הם המתקנים אותם, ואפשר שמה שכתב בשער ל"ד, שער מ"ד ומ"ן פרק ג' שיש נשמות ששורשם מאו"א, אבל אינם נשלמות כי אם על ידי זו"ן, ר"ל מאו"א של כל אחד מהששה פרצופים דזו"ן, ונגמרים על ידי זו"ן שבכל זו"ן אחד ואחד מהם, עיין שם. מפני שהוא הקשה שם, שאפילו נפש רוח מזו"ן לא היה לו ליקח, עיין שם. והנה בכל בחינה ובחינה, בין בו"ק של כל פרצוף בין בג"ר שלהם, ישנם לכל הי"ב פרצופי עתיק וא"א וכו', וכמו שכתב בשער מ"ה, שער המקיפים פרק ב' וז"ל - וכבר כתבתי כי כל מה שיש בכללות ישנו גם כן בפרטות, אין צורך להאריך בזה, עד כאן לשונו. וכך כתב בדרוש הדעת וז"ל - ולא עוד אלא כי כל מוח משלשתם דז"א כולל בו עשר ספירות, בענין השלוש מוחין דכללות האצילות, שהם או"א ודעת. ועיין בשער המצוות בפרשת ויחי בענין הצלם, ועיין שם בענין שמיום שני ואילך מותר בהנחת התפילין, מפני שכבר התחיל לחזור בו מדריגה אחת מן המוחין דגדלות, עד כאן לשונו. הרי כי כל מדריגה ומדריגה מן המוחין דגדלות כוללת כל העולמות מתחילת א"ק עד סוף העשיה, ואלו המדרגות הם מדעת, או דבינה, או לחכמה, של **הצ'** או של **הלמ"ד** וכו', כמו שכתב שם. **אם כן הג"ר של כל פרצוף יש בהם כל הי"ב פרצופים, והם ירדו לי"ב פרצופים של הו"ק דכל פרצוף הנקרא בי"ע בערכם**, כי כשנצטריך הג"ר בערך זו"ן בעולם העליון מהם, וכמו שכתוב לעיל משם מורי הרב ז"ל, בשבוע שביעי של העומר לדת"י דגבורה דתפארת ומלכות דחמשה פרצופי התפארת ומלכות דמלכות, עד כאן לשונו. נראה שכיוון למה שכתב בהקדמה, כי ו"ק דב"ן נקראים רחל הגדולה, ולאה מלכות שבגופור. וו"ק דמ"ה נקראים אותיות ממש, וו"ק דב"ן נקראים חשבון דאותיות דז"א. ומלכות דו"ק דמ"ה וב"ן הם יעקב ורחל, והם בחינת מספר דמספר, עיין שם. והנה הו"ק **]אח"י** - נראה לי שצריך לגרוס **ג"ר]** דמ"ה נקרא ג"ר בערך הו"ק דמ"ה, ונודע שהו"ק מלבישים לתנה"י דג"ר, שהוא המ"ה. ועוד נודע שיוצא הארת הבינות והגבורות שנתפשטו בזו"ן, ובונים ליעקב לרחל. וכבר נודע שזה השם ב"ן הם מוחין שלמים, כמו שכתב מורי הרב ז"ל במקום אחר, אם כן מה שכתב ומלכות, ר"ל מלבד שמקבלת מלכות שבגופו למוחין דב"ן, גם מקבלים אותם יעקב ורחל על דרך האמור, דהיינו הבינות והגבורות של המלכות שבגופו, כי מה שכתב הרב ז"ל שיעקב ורחל הם מלכות דמ"ה ומלכות דב"ן, הם הם מלכויות דמ"ה וב"ן דז"א, ובערך יעקב ורחל נקרא מ"ה וב"ן הכוללים, כי זה הכולל כל פרצוף הוא בחינת אחוריים של העליון ממנו. וו"ק דב"ן דז"א הם אחוריים דו"ק דמ"ה, שהוא מלכות דמ"ה, הוא אחוריים דו"ק דב"ן דז"א, ורחל שהיא מלכות דב"ן דב"ן דז"א, היא אחוריים דיעקב. כי בתחילה לקח יעקב מלכות דב"ן דז"א, ואחר כך לקח יעקב מלכות דמ"ה דב"ן דז"א, ונתן המלכות דב"ן דז"א לרחל, כי מה שנקרא ו"ק דב"ן, הוא בערך הו"ק דמ"ה, אבל בערך התחתון מהם נקראים הו"ק דב"ן דז"א מ"ה וב"ן גמורים.

תורת חכם דקל"ה ע"א – כתב עוד מורי הרב ז"ל ד"ף צ"ה ע"ב]**אח"י** - דפוס דשנת עת"ר רחובות הנהר ד"ב ע"א] וז"ל - באופן שכל עשר ספירות דכל פרצוף דפרטי פרצופי אבי"ע, נכללים בחמשה נקודות, ובכל נקודה ונקודה מהם היה מקרה המלכים, עד כאן לשונו. נמצא שחמשה נקודות שבכל פרצוף הם בחינת עתיק ונוקבא, וא"א ונוקבא, ואו"א, וזו"ן, הכוללים שבפרצוף ההוא. ועתיק ונוקבא, א"א ונוקבא, ואו"א, וזו"ן]**אח"י** – דפרטות] שבכל נקודה ונקודה מהפרצוף ההוא נקרא בחינת עתיק וא"א שבספירה, מפני שהחמשה נקודות הם בחינת חמשה ספירות שלא יש יותר מהחמשה ספירות, כמו שכתב הרב ז"ל בכמה מקומות. וזהו מה שכתוב מורי הרב ז"ל - דכל פרצוף וספירה דפרטי אבי"ע או עתיק וא"א דכל פרצוף וספירה כו'. והנה שם חלק מורי הרב ז"ל עם מהרח"ו ז"ל, שהבין שהשבירה היתה בכללות בין בפרטות, ואינו כן, אלא לא היתה השבירה כי אם בפרטות לבד, וכתב כי לא בפרטי החמשה נקודות בלבד היה מקרה המלכים, אלא היה בכל מין עשר ספירות ועשר ספירות דכל פרצוף דפרטי אבי"ע. כמו שכתב בדרוש הדעת וז"ל - תחילה יצאו השבעה מלכים והם זו"ן, שבעה קצוות שבכל פרצוף מפרצופי אבי"ע בבחינת נפש וכו', ואחר כך על דרך זה באו רוח ונשמה חיה ויחידה דמ"ה והמשיכו את רנח"י דב"ן שלא נאצלו עדיין, ובאו כולם כלולים בסוד תוספת בזו"ן, שהם שבע קצוות שבכל כלל ושבכל פרט, עד כאן לשונו. והנה לכאורה נראה שהביא מורי הרב ז"ל ראיה לסתור דבריו, שכזה הלשון כתב שהשבירה היתה בכלל ובפרט, והוא כתב כי לא היתה כי אם בפרטות לכל,

דאותו פרצוף נקרא ו"ק בערך לפרצוף שמעליו, הנקרא ג"ר בערכו. לכן כאשר הו"ק של זה הפרצוף נשברו נפלו למקום הג"ר של הפרצוף התחתון מהם, הנקרא בי"ע בערכם. והג"ר דאותו פרצוף נשברו, ונפלו למקום הו"ק שלהם הנקרא בי"ע בערכם. כך שכל ג"ר נקרא לו"ק שלו, ונקרא לו"ק של הפרצוף שמעליו, הנקרא ג"ר בערכו. לכן כולם נשברו, גם הג"ר דאותו פרצוף, ונפל לו"ק דיליה, הנקרא בי"ע בערכו. וגם הו"ק נשברו, ונפלו לג"ר של הפרצוף התחתון, הנקרא ו"ק ונקרא בי"ע בערכם[324]. וז"ל מרן הרש"ש - **אמנם בערך הפרצופים העליונים מהם, גם הם נקראו זו"ן, אף על פי שכלולים הם מעשר ספירות בנרבח"י שלמים**, אותו הכללות הוא בערך הפרצופים התחתונים מהם, אבל בערך הפרצופים העליונים מהם, כל אותו הכללות אינו כי אם פרטי הו"ק לבד, לכן גם הם נקראו זו"ן, **ומקום זו"ן בערכם הוא כמו בי"ע בערך זו"ן.** וכן א"א בערך עתיק ועתיק, בערך מה שלמעלה ממנו, ודי למבין, וכמו שנבאר בע"ה, **כי הכל מיוסד על ערכי הכיניים לבד**, אבל אין ביניהם שינוי כלל, אלא לפי זכות האורות ושינוי עילוי המקומות, כך הוא שינוי מיעוט הרגשתם בתחתונים, אבל אין ביניהם שינוי כלל, אלא לפי זכות האורות ושינוי עילוי המקומות, כך הוא שינוי מיעוט הרגשתם בתחתונים.

וְאַל[325] **תתמה** ותשאל **אֵיךְ**[326] **יָצְאוּ** הנקודות דכללות של או"א וזו"ן **הַתַּזְתּוֹנִים, אֲזוֹר שְׁבִירַת הָעֶלְיוֹנִים**[327] שהם השבעה התחתונות דנקודת הכתר[328] דכללות, **וְגַם**[329] **אֵיךְ כָּל הַגָּ"ר**

אלא כוונתו ז"ל שסמך על מה שכתב במקומות אחרים, כי השבירה לא היתה כי אם בפרטות וגם היתה בכללות. הא כיצד שמה שכתב הרב ז"ל **שיצאו ג"ר דזו"ן ולא נשברו, הוא בערך התחתון מהם, אבל בעולם העליון מהם לא יצאו הג"ר דזו"ן, שאלו הג"ר דזו"ן שיצאו בערכם נקראים ג"ר דו"ק דזו"ן, ונקראים בערך העליון שנשברו. נמצא שבערך העליון היתה שבירה גם בכללותו, אבל בערך התחתון מהם לא היתה השבירה, כי אם בפרטות**, ואין לך ראיה גדולה מזו שהוא ראיה הפך דבריו הראשונים, כמו שכתב ובלי ספק שזה הוא כן דעת מוהרח"ו ז"ל, אלא שסמכו על המעיין, בין מורי הרב ז"ל ובין מוהרח"ו ז"ל.
324

תרשים ו – ס'.
325

בית לחם יהודה ש"ט פ"ו דל"א ע"ד – ואל תתמה. פירוש, אל תתמה לומר דמאי אסיק דעתייהו לשבעה תחתונות דנקודה השניה או השלישית להיכנס האור בכלים שלמה, מאחר שאפילו השבעה תחתונות לנקודה הראשונה, שהיא עדיפא מנייהו נשברו, ולא יכלו להתקיים, וכי הם עדיפי משבעה תחתונות דנקודה הראשונה.
326

כרם שלמה ש"ט פ"ו אות ז' – וכן על דרך זה הקושייא על השבעה תחתונות של הבינה, בראותה כי השבעה תחתונות של החכמה נשברו, וכן על דרך זה הקושיה על שתי נקודות הזו"ן, אחר ראותם כי השבעה תחתונות של הבינה נשברו.
327

הגהות וביאורים)ג(– פירוש, אחר דנקודות הכתר היה מה שהיה, איך יצא נקודות חכמה, וכן כסדר עד המלכות מהעינים דא"ק, וכן על דרך זה בשבעה תחתונות שבכל החמשה נקודות, איך יצא הגבורה אחר שבירת החסד, עד המלכות, עיין השמ"ש לקמן פרק ז'.
328

כרם שלמה ש"ט פ"ו אות ז' – וכן קושיא על הג"ר עצמן של נקודה ונקודה, איך הם יצאו ויכלו הכלים לסבול האורות, והשבעה תחתונות של העליונים מהם, דהיינו של העליונים מאותם הג"ר נשברו, והלא העליונים צריכים להיות חזקים יותר, ואיך נשברו. והתחתונים צריכין להיות יותר חלשים, ואיך לא נשברו. וזהו מה שכתב - **והשבעה תחתונות דנקודים הראשונים נשברו**, פירוש השבעה תחתונים דנקודות ראשונים, שהם קודם אותם הג"ר של החכמה, או של קודם אותם הג"ר של הבינה נשברו. וזהו פירוש **דנקודים ראשונים**, פירוש קודם אותם הג"ר של כל נקודה ונקודה.
329

בית לחם יהודה ש"ט פ"ו דל"א ע"ד – וגם איך כל הג"ר שבכל נקודה ונקודה של החמשה נקודות לא נשברו. לאו דווקא ג"ר של החמשה נקודות, כי ג"ר דנקודה הרביעית לא יצאו כלל, לפי מאי דסבר בפרקין וגם הכתר דנקודה החמשית נשבר.

84

שֶׁבְּכָל נְקוּדָה וּנְקוּדָה שֶׁל הַחֲמִשָּׁה נְקוּדוֹת דכללות לֹא נִשְׁבְּרוּ[330] בערך הנקודה שלהם, אבל בערך הנקודה העליונה גם הג"ר דאותה נקודה כללית נשברו, וְהַשִּׁבְעָה תַּחְתּוֹנוֹת דְּנְקוּדִים רִאשׁוֹנִים דכל נקודה דחמשה הנקודות דכללות שעומדים בעובי נִשְׁבְּרוּ.

עם התשובה לשאלת הרב ז"ל, מוכח[331] כאן כי הַשְּׁמוּעָה הָרִאשׁוֹנָה שהחמשה הנקודות דא"א או"א וזו"ן שיצאו מהעין דא"ק, ועמדו בָּעוֹבִי מהטבור דא"ק ולמטה, יצאו כל אחת כלולה מעשר ספירות פרטיות, והג"ר שבכל נקודה ונקודה נתקיימו, והשבעה תחתונים נשברו ומתו.

הַתְּשׁוּבָה[332] הוּא, כִּי בְּכָל נְקוּדָה וּנְקוּדָה מהנקודות הכוללות שיצאו מעין דא"ק, ועמדו מטבורו ולמטה, יֵשׁ בְּמִין אוֹר אֶחָד שָׁוֶה לְעֵרֶךְ הַנְּקוּדָה דכללות הַהוּא, וְאָז הָאוֹר הַהוּא שֶׁלָּהֶם ר"ל דאותה נקודה דכללות, הַג"ר[333] דאותה נקודה יְכוֹלִים[334] היו לְקַבְּלוֹ ר"ל את

הגהות וביאורים)**ד**(– עיין נהר שלום צ"ו ע"ב]**אח"י** – רחובות הנהר דשנת עת"ר ד"ר ע"ב[ומשם תבין איך הכל מיוסד על ערכי הכנוים, וגם בג"ר היה בהם שבירה, יען דהם זו"ן בערך מה שלמעלה ממנו, יע"ש.

331

כרם שלמה ש"ט פ"ו אות ז' – מכאן גם כן הוכיח **הרש"ש** ז"ל **בהקדמתו רחובות הנהר**, כי כל החמשה נקודות של האצילות יצאו שלימות בעשר ספירות, אפילו הזו"ן, כל אחד יצא בעשר ספירות של הנקודה ההיא, והשבירה היתה בהשבעה תחתונות של כל נקודה ונקודה של החמשה הנקודות של כל פרצוף ופרצוף. אבל לא היתה השבירה הכללות בזו"ן הכוללים דאצילות, כמו שמובן למעלה בפרקין. והוא ממה שכתב כאן **וכן על דרך זה בכל נקודה ונקודה מהחמשה נקודות אירע כך**. ופירושו, שהג"ר של החמשה נקודות נתקיימו והשבעה תחתונים של כל נקודה ונקודה מן החמשה נקודות לא נתקיימו. וז"ל שם דף צ"ו סוף ע"א]**אח"י** – בדפוס דשנת עת"ר ד"ר ע"ב ע"ג[– ונמצא כי כל מקום שכתב הרב דג"ר יצאו שלימות, וז"א יצא בששה חלקי הנקודה לבד, ונוקבא בחלק אחד, מלכות שבה לבד. **היינו בג"ר ובזו"ן דכל אחד ואחד מהחמשה נקודות הכוללות דכל פרצוף, אבל החמשה נקודות כוללות דאותו פרצוף**, יצאו שלימות, וכמבואר בפרק ו' משער שבירת הכלים, וז"ל – ואל תתמה איך יצאו התחתונות אחר שבירת העליונות, וגם איך כל ג"ר שבכל נקודה של חמשה נקודות לא נשברו, והשבעה תחתונות דנקודות ראשונות נשברו. התשובה היא כי **בכל נקודה ונקודה יש מין אור אחד שוה לערך הנקודה ההיא, ואז האור שלהם של הג"ר יכלו לקבל, ושבעה תחתונות שבו לא יכלו לקבל. וכן על דרך זה בכל נקודה ונקודה מהחמשה נקודות אירע כך**, עד כאן. באופן דכל דרושי הרב המדברים בפרצופי עתיק וא"א ואו"א וזו"ן אינו מדבר על הכוללים, כי אם בחמשה פרצופים דנקודה אחת דעשר ספירות דפרצוף אחד, מפרצופי אבי"ע, וממנה נקיש אל השאר. עד כאן לשון **הרש"ש** ז"ל, והבן.

332

כרם שלמה ש"ט פ"ו אות ז' – התשובה הוא, כי בכל נקודה ונקודה. פירוש, בכל נקודה ונקודה מהחמשה הנקודות הכוללות, ובין בכל הג"ר, וגם כן לבין השבעה תחתונות של אותה נקודה הכוללת, **יש** בכל אחד ואחד **מין אור אחד שוה לערך הנקודה ההיא**, ואין האור של כל הנקודות שוה.

333

בית לחם יהודה ש"ט פ"ו דל"א ע"ד – הג"ר יכולים לקבלו והשבעה תחתונות שבו לא יכלו לקבלו. אם מטעם שהג"ר לקחו מאורות אח"ף שבשבולת הזקן, והשבעה תחתונות שלא לקחו משם נשברו, כמבואר בפרק ב' דנקודות. ואם מטעם שכתב בריש פרק ה' דלעיל כי אותו האור היורד מלמעלה היה בו פרצוף שלם, וכמבואר בדברנו דהתם.

334

בית לחם יהודה ש"ט פ"ה ד"ל ע"ג – הנה הג"ר יכולים היו לקבל אור העליון. לא מטעם האמור בפרק ב' דנקודים, ובריש פרק ג' דלעיל. דכח"ב שקבלו מאח"ף שבשבולת הזקן דא"ק נתקיימו כליהם, ושבעה מלכים

האור, כי[335] הם בחינת רחמים בערך השבעה תחתונות שהם בחינת דין, ומהטעם[336] שכל ג"ר דכל נקודה ונקודה לקחו מאורות האח"פ דא"ק, **והשבעה תחתונות שבו** ר"ל דאותה נקודה, **לא יכלו לקבלו**[337] ר"ל

שלא קבלו אלא משבולת הזקן ולמטה לא נתקיימו כליהם. כי אותו הטעם הוא מסיבת חלישות הכלים דשבעה מלכים, אבל הכא הטעם הוא מסיבת ריבוי האור שהיה בו פרצוף שלם, ולא מסיבת חלישות הכלים עצמם. והענין הוא כי צד השוה שבכל יו"ד כלים דנקודים הוא, שכל כלי וכלי לא היה שיעורו כי אם אחר מעשירית האור שבו, אלא שיש הפרש בין כלים דכח"ב לבין הכלים דשבעה מלכים, כי כלי הכח"ב כל אחד ואחד מהם היה כלול מיו"ד נקודות קטנים, שכל היו"ד נקודות בכללם אינם כי אם ספירה אחת בלבד, כי הספירה היא כוללת יו"ד נקודות קטנים, והאור שבתוך כל אחד ואחד מהכח"ב היה פרצוף שלם, שהוא עשר ספירות, כי הפרצוף הוא כולל עשר ספירות. אבל הכלים דשבעה מלכים כל כלי וכלי מהם היה נקודה אחת מיו"ד נקודות שבספירה, והאור שלו היה יו"ד נקודות, שהם שיעור ספירה אחת, כמבואר כל זה בפרק ה' דשער המלכים, ובפרק ב' דשער ל"ד כלל ט', יעוין שם. באופן שבכל אחד ואחד מכח"ב היה בתוכו אור של פרצוף שלם בעשר ספירות. וכן בכללות השבה מלכים דז"א, בא אור פרצוף שלם, אלא שהפרצוף ההוא היה כולל שש ספירות לבד, כדוגמת הז"א שאינו כי אם ו"ק בלבד. והנה כל נקודה ונקודה מהכלים תוכל לסבול בתוכה יו"ד אורות יותר משיעורה, ולא תשבר, ולכן היו"ד נקודות דכל כלי מהשלושה כלים דכח"ב, אף על פי שאינם כי אם ספירה אחת בלבד, עם כל זה יכלו לסבול בתוכם אור של פרצוף שלם, הכולל עשר ספירות, שהם מאה נקודות, ולא נשברו. ואם כן אמאי השש מלכים דנקודים לא יכלו לסבול שישים נקודות של פרצוף האור ונשברו.)כי מה שנכנס עם אור השש מלכים גם אור מלך השביעי, אינו גורם שום ביטול לכלים, כי הוא בטל בערכם, כי כל אור של פרצוף התחתון הוא בטל בפרצוף העליון, שהרי גם בכלי הכתר נכנסו עם האור שלו, אורות החו"ב ואורות השבעה מלכים ביחד, יהיו בטלים בערכו, כמבואר בפרק ד' דנקודות(. אך הענין הוא כי היו"ד נקודות לכל אחד מכלים דכח"ב היו מחוברים כולם ביחד בבחינת כלי אחד בלבד, כמבואר בפרק ה' דשער המלכים. ולכן כשנכנס האור בתוכם ביחד, לא היה מגיע לכל נקודה ונקודה מהיו"ד נקודות של הכלי, כי אם יו"ד חלקים יותר משיעורה, והיו יכולים לסבול. ואם היו גם השבעה מלכים דנקודים כולם הם מחוברים יחד, בבחינת כלי אחד בלבד, כדמיון הכלים דכח"ב, הנה אף על פי שהיה נכנס בתוכם ביחד ששים נקודות דאור הפרצוף דז"א, בודאי היו מתקיימין גם כן, כמו הכח"ב שהרי אין מגיע לכל נקודה מהכלי כי אם יו"ד חלקים יותר משיעורה, אך לפי שהיו השש נקודות דז"א כל אחד בפני עצמה, וכל כללות דפרצוף האור דז"א שהוא ששים נקודות נכנס בפעם אחת בנקודה אחת בלבד, לכן נשברה, כמו שמבואר בפרק ה' דנקודים. כי אין שום נקודה של כלי יכולה לסבול יותר מיו"ד חלקים משיעורה. ובזה תבין מה שכתב רז"ל בסמוך כי אותו האור היורד מלמעלה, היה בו פרצוף שלם וכו'. וכל דברינו אלה כללם הרב יפה שעה ז"ל בדברים קצרים, באות א' וז"ל - אלא ודאי לא היה אלא פרצוף אחד, הולך ומתפשט בכל נקודה ונקודה, ונקודה ההיא מחמת קוטנה לא היתה יכולה לסבול, והיתה נשברת, יע"ש.
335

שער מאמרי רשב"י דל"ג ע"א – ואמנם היה הדין למטה בשבעה תחתונות, אלא שהיה הכל מעורב יחד כנזכר. ולהיות כן, שלא היה בהם בעשר ספירות שום תיקון כלל, לכן כאשר היה האור הא"ס יורד ובוקע בתוכם מלמעלה למטה, היה האור יורד מכתר לחכמה, ומחכמה לבינה, שהיא הספירה השלישית. אבל בהתפשט האור ההוא העליון **אשר הוא סוד רחמים גמורים וחסד גמור**, ובהגיעו אל השבעה תחתונות אשר הם דינים כנזכר, ומהם הדינין מתערין, לא היו יכולים לקבלו, **כי הם הפכיים זה חסד וזה דין,** והיו מתבטלים על ידי האור העליון ומתו, וכמו שאמר הכתוב - וימת בלע, וימת חושם, וגו'. ואז ירדו אותם השבעה מלכים התחתונים למטה בעולם הבריאה, תחת מקום המלכות דאצילות.
336

ע"ח ש"ח פ"ב מ"ת דל"ו ע"ב – והענין הוא באופן זה, כי הנה נתבאר שאורות האזן נתפשטו עד שבולת הזקן, ואורות חוטם ופה עוברים גם כן דרך שם. ואם כן מוכרח הוא שכאשר נמשך אור העינים דא"ק דרך שם יתערב עמהם ויקח אור שלהם. והנה עשר נקודות הם, **והשלוש ראשונים שבהם הם לוקחים אור ממה שנמשך מהסתכלות העין באח"פ ממקומם עד מקום התחברות בשבולת הזקן כנודע,** ואינם מקבלים אותם רק בשבולת הזקן, כי משם מתחילין הן, ולא ממה שבשבולת הזקן ולמעלה)נ"א בשבולת הזקן ולא ממה

את האור, כי הם דין בערך הג"ר דאותה נקודה, ועוד כי הם לקחו מאורות חוטם פה משבולת הזקן ולמטה, **וכן עֹל דרך זֹה בכל נֹקֹודֹה ונֹקֹודֹה מהֹחֹמֹשֹה נֹקֹודֹות** דכללות **איֹרֹע כֹך.**

אחר שבירת שבעה הנקודות התחתונות דכל נקודה ונקודה דכללות, היה צורך לתקן את אשר צריך תיקון, והוא על ידי שם מ"ה כזה יו"ד ה"א וא"ו ה"א שיצא מזיווג ע"ב וס"ג דא"ק, שהם[338] בעצם **ע"ב דע"ב וע"ב דס"ג דא"ק**, והם המוחין דא"ק, ואור[339] זה דמ"ה יצא דרך המצח דא"ק, הוא בחינת זכר, והתחיל[340] תיקון הבחינה דב"ן

שבשבולת הזקן ולמעלה, ואינם מקבלין רק בשבולת הזקן, כי משם מתחילים הן, ולא ממה שכנגד העין עד שבולת הזקן(. **אבל שבעה נקודות התחתונים, אין לוקחין רק ממה שנמשך מהסתכלות באורות החוטם והפה משבולת הזקן ולמטה,** כנודע כי החוטם מגיע עד החזה, והפה עד הטבור, ולא משבולת הזקן ולמעלה. ונמצא כי לפי זה **שלוש נקודות לוקחין הארה לצורך הכלים שלהם מן שלושה האורות, שהם אח"פ בשבולת דוקא,** אבל **שבעה תחתונות אינם לוקחין רק משתי אורות לבד, שהם חוטם ופה, משבולת ולמטה עד הטבור,** כי אור אזן העליונה כבר נגמרה ונסתמה בשבולת הזקן. ולכן גדולה היא הארה שלוש נקודות עליונים מן השבעה נקודות תחתונות. **ולסיבה זו שלושה מלכים הראשונים לא מתו,** לפי שיש להם הארה גדולה, והכלי שלהם מעולה מאד, לפי שנעשה מבחינת אזן העליונה, ומהחוטם ופה, כי בהסתכלות העין באורות חוטם פה נעשו הכלים שלהם כנזכר לעיל, כי לקחו כליהם ממקום שעדיין אורות האזן, שהם בחינת נשמה נמשכים שם, שהוא עד שבולת הזקן כנזכר לעיל. **אמנם השבעה מלכים תתאין מתו,** לפי שכליהם נעשו מהסתכלות עין בחוטם פה לבד, והיה חסר מהם אור האזן העליונה.
337

הגהות וביאורים)ה(– פירוש, דהנה הג"ר הם נקראים רחמים, ולזה יכלו לקבל אור הא"ס, אשר הוא רחמים פשוטים. אמנם השבעה תחתונות להיותם זה דין, וזה רחמים לא יכלו, ונשברו. וכן מבואר בשער מאמרי רשב"י פרשת פקודי דף רנ"ד וז"ל בקיצור - ואמנם וכו', וכן כאשר היה אור א"ס יורד ובוקע בתוכם, מלמעלה למטה, היה אור יורד מהמכתר לחכמה, ומחכמה לבינה שהיא הספירה השלישית, אבל בהתפשט האור ההוא העליון, אשר הוא רחמים גמורים, בהגיעו את השבעה תחתונים אשר הם דינים, ומהם הדינים מתערים, לא היה]אח"י – צריך לגרוס **היו[** יכולים לקבלו כי הם הפכים, זה חסד וזה דין, והיו מתבטלים וכו', יע"ש. וזה יען שראיתי מקשים כאן, דאיך אפשר להיות בכל נקודה ונקודה מן אחד שוה לערך הנקודה ההיא, הלא אור א"ס ב"ה הכל הוא רחמים פשוטים, ולא יצדק בו להיות על סדר הנזכר וכו'. שמן ששון.
338

רחובות הנהר ד"ה ע"א – באופן כי העיקר הוא להעלות ולהחזיר הבירורים והאורות דרפ"ח והכלים, דשני פרצופים אמצעי וחיצון דנפש רוח דחיה, הנקרא זו"ן דאצילות, אשר נפלו לשלשה פרצופים פנימי ואמצעי וחיצון דנר"ן הנקרא בי"ע דכל פרט, **להעלותם אל מקומם ושורשם העליון**, שהוא האצילות דכל פרט, שהוא מחשבה העליונה, דבריר אוכל, וזריק פסולת, והוא החיה הנקרא אצילות דכל פרט, שהוא אלהו"ת גמור המלביש ליחידה, הנקרא א"ק דכל פרט שבו מלובש אור הא"ס, ותכלית בירורם ותיקונם הוא עד עלותם לטעמים העליונים, שהם **ע"ב דע"ב וע"ב דס"ג דא"ק**, שהם חכמות דחו"ב דא"ק, שהם נקראים או"א עילאין, הנקראים בכללות אבא לבד, שהוא אצילות דא"ק, והוא א"ק דאבי"ע דאצילות, כמבואר לקמן.
339

ע"ח ש"י פ"ב דמ"ח ע"א – והנה על ידי עליית מ"ן הנזכר לעיל, שהם)נ"א ששם(האורות הנזכרים לעיל, נזדווגו בחינת הוי"ה דע"ב דיודי"ן, **אשר הם כללות בחינת המוחין דא"ק**, עם בחינת הטעמים דס"ג שהם אח"פ, כנזכר לעיל. כי אלו הטעמים דס"ג לא היה בהם שום שבירה, ולכן הם נזדווגו יחד עם בחינת העי"ב דא"ק, ואין הכוונה על האורות היוצאין מן הבל אח"פ. **רק על בחינת עצמן ופנימיותן ממש.** וכאשר נזדווגו יחד נולד מהם אור חדש על ידי הזיווג הזה, וזה אור חדש הוא בחינת מ"ה דאלפי"ן, וגם הוא נחלק לארבעה בחינת תנת"א הכוללים כל האצילות, והוא כזה - כי הטעמים דמ"ה הוא בחינת עתיק יומין, והנקודות דמ"ה הוא א"א, והתגין דמ"ה הם בחינת או"א, ואותיות דמ"ה הם זו"ן. וכמו שנבאר היטב כל זה לקמן. וזה **מציאות שם מ"ה דאלפי"ן הזה, יוצא מן המצח דא"ק.**
340

שנשברו ומתו וירדו לבי"ע. **צריך לדעת** כי כאן בסוגיה זאת, הרב ז"ל מחסיר מאות ואלפי פרטים, ופרטי פרטים של תיקון פרצופי האצילות, וכותב באופן כללי ביותר, והדברים יתבארו לקמן בשערים הבאים.

אזי[341] **כך חזרו להזדווג ע"ב** דע"ב דא"ק וע"ב ד**ס"ג דא"ק, שהם חו"ב שבו** ר"ל בפנימיות[342] א"ק, **והולידו**[343] **הבן זכר, שהוא שם מ"ה בפנים ממש,** והשורשים של שם מ"ה החדש נשארו בפנימיות א"ק, **ואז**[344] **יצאו ענפי המ"ה** שהם עשר ספירות דמ"ה, והם טנת"א דמ"ה, או עסמ"ב דמ"ה **דרך המצח** דא"ק, ונתגלה[345] אחרי התיקון שם מ"ה התחבר עם שם ב"ן, ונקראים עכשיו עולם הברודים[346].

אמנם. אף על פי שיוצא דרך המצח, עם כל זאת עיקר הארה לא גורמים **לנקודה** אלא צריך לגרום **לנקודים,** שהם מטיבורו ולמטה כנודע.

רחובות הנהר ד"ג ע"ב – ובתחילה יצא שם ב"ן שהוא שבע קצוות זו"ן, שהם מ"ה וב"ן דא"ק, **והם הם השבעה מלכים דב"ן דמיתו.** ואינם רק שבעה מלכים, אלא נפרטו לעשר ספירות, שהם עסמ"ב, והם עתיק וא"א ואו"א וזו"ן דב"ן דאצילות. ואחר כך בתיקון **יצא שם מ"ה החדש,** שהוא שבע קצוות זו"ן, שהם מ"ה וב"ן דמ"ה דא"ק, ונפרטו גם הם ל**עסמ"ב,** על דרך הנזכר לעיל, ובירר ותיקן לע"ב ס"ג מ"ה ב"ן דב"ן, כמו שנבאר בע"ה.
341

ע"ח ש"י פ"א מ"ת דמ"ז ע"ב – והנה כאשר עלה ברצון המאציל להחיות את המתים, ולתקן את המלכים האלו הנשברים והנפולים בעולם הבריאה, גזר והעלה מ"ן מתתא לעילא, ועל ידי כך היה **זווג עליון דחו"ב דא"ק פנימיות,** והוציא שם מ"ה החדש, ונתקנו המלכים.
342

תרשים ו – ס"א.
343

בית לחם יהודה ש"ט פ"ו דל"א ע"ד – והולידו הבן זכר שהוא שם מ"ה בפנים ממש. הוא הדבר שדברנו בריש פרק א' דנקודים, ולעיל בד"ה, ואז עדיין וכו'. ובכמה מקומות סבירא ליה למהרח"ו ז"ל שלא היה א"ק כלול בתחילה מעסמ"ב, אלא מע"ב וס"ג בלבד, יעו"ש. ומשום הכי קאמר שהוליד שם מ"ה בפנים ממש.
344

בית לחם יהודה ש"ט פ"ו דל"א ע"ד – ואז יצאו ענפי המ"ה דרך המצח. עיין בשער הקדמות דף כ"ד ע"ד, שם שם נתן רז"ל טעם אמאי יצא מ"ה מדרך המצח, ולא ממקום אחר, וז"ל - ולפי שבריש דא"ק הוא מקום המוחין שבו, שהם הוי"ה דע"ב, ומושבם תוך הראש מבפנים, והמצח חופה ומכסה עליהם כנגדם, ושם היה מקום זווג אורות המוחין הנקראים ע"ב עם אורות אח"ף (הפנימיים) הנקראים ס"ג. לכן ממקום זה עצמו, שהוא המצח המכוון כנגד המוחין, משם יצא אור מ"ה החדש הנולד מזווג הנזכר, עד כאן לשונו.
345

ע"ח ש"י פ"ד מ"ק דמ"ט ע"ב – אחר כך יצא שם מ"ה מהמצח דא"ק, והוא סוד טעמים ונקודות הראשונות מס"ג, נקרא עתה ב"ן. **ונתחברו עתה מ"ה וב"ן,** ומהם נתקנו כל הנקודות שהם המלכים שמתו, ושאר המלכים שלא מתו, שבין כולם נקרא אצילות. **ועתה אחר התיקון נקרא ברודים,** והוא שבא אחר הנקודים, וזה שאמר הכתוב - עקודים נקודים ברודים, **שם של מ"ה היוצא עתה ממצח החדש,** יש בו טנת"א, כמו ע"ב וס"ג.

ועמד[346] עולם הברודים, שהוא בעצם **עולם האצילות**, מזווג לא"ק [נ"א ולזווג], מ**טבור דא"ק
ולמטה**[347] ר"ל עיקר[348] הגילוי דעולם הברודים מהטבור ולמטה, כי החלק העליון של שם מ"ה וב"ן היו מכוסים
באורות האח"פ, **ועתה נשלמו ארבעה בזווגות ע"ב ס"ג מ"ה ב"ן דא"ק,
השרשים שבפנים, ובזווג שהם** עם"ב דא"ק, הנקראים **הענפים הנזכרים לעיל.**

כאשר יצא שם מ"ה החדש מהמצח דא"ק, והאיר[349] לכל נקודה ונקודה דכללות, התחיל תיקון הפרצופי האצילות, הרב
ז"ל מכניס כאן עוד פרצוף, שהוא יותר עליון מא"א, והוא פרצוף עתיק. **צריך לדעת** שאפילו שבפרקין הרב ז"ל מבאר
שיש חמשה נקודות דכללות, עם כל זאת יש גם את בחינת פרצוף עתיק, שיתבאר בפרק ז' דשער זה, שגם[350] בו היה
בחינת מקרה המלכים. **ונודע כי** פרצוף עתיק ופרצוף א"א הם[351] בחינת כתר בכל מקום, כאשר[352] א"א מלביש[353] את

346

כרם שלמה ש"ט פ"ו אות ח' – עכשיו מסיים מה שהיה אחר השבירה, והוא אחר שנעשה השבירה, ונפלו
המלכים אז אחר כך נזדווג הא"ק בפנימיותו, **דהיינו הע"ב וס"ג שלו הפנימיים, שהם נקראים חו"ב שלו.**
ואז על ידי הזיווג הזה שנזדווגו, הולידו שם מ"ה החדש שהוא מ"ה החדש בכללותו בחינת זכר לגבי שם ב"ן. וזה המ"ה
יצירתו והולדתו היתה בפנים של א"ק. ואז גם כן יצאו ענפיו לחוץ, כמו שאר השלושה שמות של ע"ב ס"ג
ב"ן. והיציאה שלו היתה מן מקום המצח דא"ק, **אבל המ"ה הזה שיצא לחוץ מן המצח ולמטה, חלקו שמן
המצח עד הטיבור הוא נבלע באורות אח"פ, שהם מתפשטים עד הטיבור**, ואין נראה כח האורות של שם
המ"ה הזה, **אבל מן הטיבור ולמטה הוא נראה היטב כוחו ואורו**, ומתקן המלכים דב"ן שגם הם מתפשטים
מן הטיבור ולמטה. וזהו שה שכתב כאן - **ואז יצאו ענפי המ"ה דרך המצח ולחוץ**, וחזר וסיים - **מטבור
א"ק ולמטה**. וזהו גם כן כוונתו של **הצמ"ח** ז"ל הכא שכתב וז"ל - אף על פי שיוצא דרך המצח, עם כל זה
עיקר הארה לנקודים, שהם מטיבור ולמטה כנודע, ופשוט.

347

הגהות וביאורים)ו(– פירוש, דעיקר גילוי הארתו הוא מהטיבור ולמטה, עד שם מכוסה הארתן באורות
העקודים. שמן ששון.

348

תרשים ו – ס"ב.

349

ע"ח שי"ז פ"ג מ"ב דפ"ה ע"א הגהה לצמח – מכאן משמע כי בכל פרצוף ופרצוף מן הנזכרים לעיל, **יצא
הדר חדש** לתקן כל השבעה עלאין של כל פרצוף ופרצוף.

350

ע"ח ש"ט פ"ז דמ"ב ע"ב – והנה כאשר יצאו כל האצילות מבחינת ב"ן לבד, והיה כולל **עתיק וא"א
ואו"א וזו"ן.** ואז יצאו תחלה כל הכלים שלהם, זה תחת זה עד סיום עולם האצילות. ואחר כך יצאו אורות דב"ן
כל פרטי אצילות, **ויצא תחלה כתר דעתיק דאצילות**, שבו נכללין כל האורות ונתקיים. ואחר כך יצאה **חכמה
דעתיק** בכלי שלו, ובו היו כלולים כל שאר האורות, ונתקיים. ואחר כך יצאה **בינה דעתיק**, ובו כלולין כל
שאר האורות, ונתקיים. ואחר כך יצאו **שבעה תחתונות דעתיק**)נ"א דדעת(הדעת למטה, כל אחד כלול בכלי
שלו, ובו כלולים כל שאר האורות, **והיה נשבר**. וירד פנימיות הכלי לבריאה, וחיצוניות הכלי ירד ביצירה,
וחיצוניות של חיצוניות בעשייה. ואחר כך האור ההוא נשאר בלי כלי, ושאר האורות ירדו בכלי השני של
השבעה תחתונות, וגם הוא נשבר על דרך הנזכר לעיל)נ"א נשאר על דרך הנזכר לעיל(, והאור שלו נשאר
בלי לבוש, ושאר האורות ירדו לכלי שלמטה ממנו. וכן על דרך זה, עד שנגמרו שבעה תחתונות שלו. ואחר כך
נכנס הכתר דאריך אנפין, בכלי שלו.........

351

ע"ח ח"ב שמ"ב פ"א מ"ב דפ"ט ע"ג – והנה בזו המדרגה התחתונה שבא"ס יש בה כללות כל שלמעלה
המנו, ומקבלת מכולם, כנודע שהמלכות מקבלת מכולם, מדרגה זו התחתונה היא האצילה את בחינה השנית,
שהיא המדרגה העליונה מכל מה שבכל הנאצלים, ויש בה שרש כל הנאצלים, והיא משפעת לכולם, באופן
שהיותר קטן מכל המאציל האציל היותר מובחר שבכל הנאצלים, ואין ביניהן מדרגה אחרת כלל, כי אחר

עתיק. והסיבה שלא מתעסקים הרבה בפרצוף עתיק, מפני[354] שהוא פרצוף **נעלם ביותר**, ואין ראוי להתעסק בו, והוא[355] בחינת המלכות דא"ק.

המאציל הזה אין נאצל יותר קרוב אליו ודומה לו כזה, **וכללות שתים אלה הבחינות היא בחינה אחת הנקרא כתר**, שבערך בחינה האחת אשר בה קראוה קצת מקובלים א"ס, ובערך בחינה שניה שבה קראוה קצת המקובלים כתר, שהוא במנין העשר ספירות. אבל אנחנו סברתנו לא כדברי זה, ולא כדברי זה, אלא היא בחינה אמצעית בין א"ס לנאצלים, ויש בה בחינת א"ס, ובחינת נאצלים. **ושתי בחינות אלו הם הנקרא עתיק וא"א, ושניהן נקרא כתר כנודע אצלינו, והבן זה מאד**. וזה שמבואר במקום אחר כי המלכות שבמלכות שבעולם האצילות, המתלבשת בראש הבריאה, **שהוא הכתר, הנקרא א"א, הוא בחינת עתיק** של עולם הבריאה, **והבן זה מאד**.
352

ע"ח שי"ג פ"א מ"ת ד"ס ע"א – והנה הוא מלביש לעתיק יומין באופן זה, כי הנה ג"ר דעתיק אי אפשר שיתלבשו תוך א"א, וגם אי אפשר לקבל אורם ולכן נשארין מגולים, והם עומדין לבחינת מקיף אל א"א. והשבעה תחתונות דעתיק לבדם, מתלבשין תוך א"א. באופן זה כי **כ"ח דא"א, מלבישין לחג"ת דעתיק יומין. ושבעה תחתונות דא"א, מלבישין לנה"י דעתיק**. באופן זה כי הנה שלוש פרקין יש בנצח דעתיק, ושתי פרקין קדמאין מתלבשים **תוך חסד ונצח דא"א**. וכן שתי פרקין קדמאין דהוד דעתיק, מתלבשין תוך **גבורה והוד דא"א**. ונשארו פרק תחתון דנצח דעתיק, ופרק תחתון דהוד דעתיק מגולין, בלתי התלבשות, ואלו נשארו למטה בבריאה תחת האצילות, כדי להאיר שם לעולם הבריאה, ואלו הם כדמיון שתי דדי בהמה שעומדין שם אצל הרגלים. אשר כל אלו הבחינות של א"א ואו"א וזו"ן כשנתקנו)נ"א שהם נתקנו(בעת שנאצלו, היו למטה שם בבריאה, והתחילו לעלות, **ויינקו תחלה משתי בחינות דדי בהמה**, ואחר כך הגדילו יותר, ויינקו מדדי אדם, כמו שנבאר בע"ה בתחילת דרוש תיקון ז"א. **והנה יסוד של עתיק מתלבש תוך תפארת דא"א** עד החזה, ושם הוא מסתיים.

ע"ח שי"ג פ"ז מ"ק דס"ד ע"ב – והנה כבר נתבאר כי שבעה תחתונות דעתיק, הנה הם מתגלין בשבעה דגלגלתא דא"א, והוא סוד הנזכר בזוהר עתיק יומין. פירוש, שאין מתגלה רק בחינת יומין, שהם שבעה ימי בראשית, שבעה תחתונות דיליה. ובכל מקום פירוש עתיק יומין, הם שבעה תחתונות המתגלין בשבעה דגלגלתא, ובערך שהוא מתלבש בא"א.
353

תרשים ו – ס"ג.
354

כרם שלמה ש"ט פ"ו אות ט' – ומה שכתב, וננית תיקון העתיק, ונדבר בא"א. מפני שפרצוף עתיק הוא יותר נעלם, ואין ראוי להתעסק **בדרושיו, לכן כתב - נניח תיקון העתיק ונדבר בא"א**, אבל גם לצורך העתיק יצא מ"ה החדש, ותיקונו כמבואר במקום אחר. וכן לקמן בפרק ז' שגם השבעה תחתונות דעתיק נשברו וכו', ועיין שם.
355

ע"ח ש"א ענף ה' מ"ב די"ד ע"ד – אבל העניין הוא כך ומובן במה שמבואר בענף ד' ענין א"ק, ואיך כל העולמות הם ענפים ומסתעפים ממנו, **עד שנמצא כי עולם האצילות אינו רק לבוש אל נה"י דא"ק**, שהם בחינת רגליו לבד. וכבר ידעת כי עולם העשיה הוא נגד עולם המלכות]דא"ק[, אשר מקומה היה באחור באחור עם ז"א, בתנה"י שלו לבד. **נמצא כי עולם האצילות אינו]אלא[ )אפילו(בערך עולם עשיה, שהוא מלכות דא"ק**, נמצא כי כל עסקינו בספר הזוהר בעולם האצילות, אפילו בג"ר אינו]רק[ )אפילו(בחינת עולם עשיה דא"ק, **שהוא מלכות דא"ק**. אבל בג"ר דא"ק אסור לעשות כן, ואפילו במלכות דא"ק, שהוא בחינת עשיה.
ע"ח שי"ג פ"א מ"ב דט"ז ע"ב – וזה האדם נרמז בקוצו של יו"ד דשם הוי"ה, כי הוא בחינת הכתר של כללות העולמות, ואור א"ס בכח התלבשותו בחכמה דא"ק זה. האציל תחתיו עולם האצילות, וזה סוד - כולם בחכמה עשית. וחכמה הנזכרת לעיל נתלבשה במלכות דא"ק, **וזה המלכות ירדה ונתלבשה בסוד שבעה ספירות שלה תוך עשר ספירות דעולם האצילות**, והיה זה כדי לקשר א"ק בעולם האצילות, ועל דרך זה בכל עולם ועולם, כמו שנבאר בע"ה. **וראש זו המלכות שהם ג"ר שבה נשארו במקומם, ושבעה תחתונות, שהם גופא דילה**, של שבעת ימי בראשית, הם נתלבשו בעשר ספירות דאצילות, **וזה הבחינה נקרא עתיק**

ואז[356] ר"ל אחרי יציאת שם מ"ה החדש ממצח דא"ק **התחיל התיקון מעתיק וא"א, ונניח**[357] **תיקון** נקודת **העתיק ונדבר בנקודת א"א** דכללות, **כי הנה מהשבעה תחתונות שבו התחיל השבירה.**

כאשר מתחברים שם מ"ה החדש שיוצא מהמצח שהוא בחינת הזכר, ומתקן את בחינת ב"ן שהיא בחינת הנקבה. ומתקן[358] כל פרצוף ופרצוף מפרצופי האצילות, שהם עתיק, א"א או"א וזו"ן, כאשר[359] כל פרצוף לוקח חלקים משם מ"ה וחלקים משם ב"ן, ונתקן כל פרצוף מבחינת שם מ"ה שהוא הזכר שבו, ומבחינת שם ב"ן שבו, כמו שנתבאר לעיל בפרקין. כי[360] אין לך שום ניצוץ קטן בכל האצילות, שאין בו מ"ה וב"ן. **צריך לדעת** הלכה למעשה חלוקות השמות

יומין, שהם שבעה ימים **העתיקן מן מלכות דא"**ק. והשבעה תחתונות נחלקים לעשר ספירות, כי ראשונה כלולה משלוש, על דרך היכל קודש קדשים שכולל שלוש. **וזה העתיק נעשה נשמה לא"א, שהוא כתר דאצילות**, וגם הוא מתפשט בתשע ספירות אחרות דאצילות, ואור א"ס תוך א"ק דא"ק(, תוך העתיק וא"א, מלביש לשבעה תחתונות לזה העתיק.
356

כרם שלמה ש"ט פ"ו אות ט' – מה שכתב **ואז.** פירוש התחלת יציאת המ"ה החדש, אז התחיל לתקן כל ששה פרצופי דאצילות, שהם מתחילים מן פרצוף עתיק, ואחריו א"א. ומה שעירב עתיק וא"א יחד, מפני ששניהם הם בחינת כתר דאצילות כנודע.
357

בית לחם יהודה ש"ט פ"ו דל"א ע"ד – ונניח תיקון עתיק. כי גם בעתיק היה שבעה מלכים, כמבואר בפרק ז' שבסמוך, אלא לפי שהוא מקום גבוה מאד, לא רצה לדבר בו. ומא"א נלמוד לעתיק כי סדר אחד לכולם. ומהאי טעמא נמי אומר רז"ל כי חמשה נקודות כוללים יצאו מעיני א"ק אף על פי שבאמת היו ששה נקודות, שהם עתיק, א"א, ואו"א, וזו"ן.
358

ע"ח ח"ח שט"ל דרוש ד' מ"ב דכ"ח ע"ג – ונחזור לענין ראשון, כי הנה בדוגמת מה שמבואר בענין ארבעת עולמות אבי"ע בכללות, כן הדבר בכל עולם ועולם. ונתחיל בעולם אצילות. ונאמר כי הנה היותר משובחה מכל בירורי האצילות שהוברר משבעת מלכים כנזכרים לעיל, **הנה אז הוברר ועלה** בעתיק, והגרוע ממנו בא א"א, והגרוע באו"א, והגרוע בזו"ן. וכן על דרך זה בעשר ספירות עצמן, שיש בכל פרצוף ופרצוף, וכן על דרך זה בפרטי פרטים, **והדברים מובנים.**
359

ע"ח ש"ה פ"ב מ"ב דכ"א ע"ג – ואז **נתחברו מ"ה וב"ן**, ונעשה משניהן עולם אצילות באופן זה, כי **עתיק** לוקח חמשה ראשונות מטעמים דב"ן, ושלוש ראשונות מנקודות דב"ן, וארבעה ראשונות מתגין דב"ן, וכתרים של אותיות דב"ן. **וא"א** לקח חמשה אחרונות דטעמים דב"ן, **ואבא** לקח שבעה תחתונות דנקודות דב"ן, **ואימא** ששה תחתונות דתגין דב"ן, וז"**א** ששה תחתונות)ששה תחתונות, שהם אותיות דב"ן( )נ"א ז"ת(דאותיות דב"ן. **ונוקבא** עשירית אותיות דב"ן)נ"א העשירי דאותיות(. ואמנם משם מ"ה לקח **עתיק** טעמים דמ"ה. **וא"א** נקודות דמ"ה. **ואו"א** לקחו תגין דמ"ה. וז"**א** ששה תחתונות אותיות דמ"ה. **ונוקבא** עשירית אותיות דמ"ה.
360

ע"ח ש"ט פ"ז דמ"ו ע"ב – דע כי אין לך ספירה וספירה, אפילו בעשר ספירות הפרטיות שבכל פרצוף ופרצוף, שאין בו **בחינת זכר ונקבה, והם ב"ן דנקודות ומ"ה החדש**, ואמנם אין ענין ב"ן הזה והנקבה זו בחינת מלכות העשירית שיש בכל ספירה וספירה, שהיא בחינה עשירית שבכל ספירה וספירה, אלא שיש בכל ספירה עשר בחינות, וכולם דמ"ה, ועשר בחינות וכולם דב"ן, והתשע ראשונות דמ"ה וב"ן הם נקרא תשע בחינות הראשונות של ספירה ההוא, והבחינה עשירית שהוא מלכות שבאותו ספירה עצמה, היא כלולה ממ"ה וב"ן. **כלל הדברים בקיצור נמרץ כי אין לך שום ניצוץ קטן בכל האצילות, שאין בו מ"ה וב"ן.**
ע"ח ש"ט פ"ו מ"ב דמ"ה ע"ג – ואז נברא העולם במידת הדין, ויצאה בת מתחלה, שהיא **שם ב"ן** בפנים דא"ק. ואחר כך יצאו ענפיו לחוץ, דרך העין מטבורו דא"ק ולמטה, ולא נתקיימו הענפים שבחוץ. עד שחזרו

דמ"ה וב"ן מתחלקים גם לפרצופי ישסו"ת, כנזכר[361] בסידור הטהור למרן הרש"ש. **עוד צריך לדעת** כי תיקון העליונים תלוי בתחתונים, שהם בני ישראל הקדושים, וכאן אין[362] אדם לעבוד את האדמה, ר"ל התחתונים[363] לא יצאו עדיין לתקן את העליונים על ידי העלאת מ"ן. אם כן איך היה תיקון וזיווג בעליונים, אם אין העלאת מ"ן. והתשובה[364] היא - **כד**

להזדווג והולידו בן, שהוא **שם מ"ה** בפנים ובחוץ, והוא מידת הרחמים, ונתקיים העולם, כמו שאמרו רז"ל על הפסוק - ביום עשות הוי"ה אלהי"ם ארץ ושמים, והבן אמרם העולם, כי מציאת העולם הם השבעה תחתונות לבד, שהם זו"ן, **אלא בראשונה היו זו"ן נקבות**, מצד דין, שהוא **שם ב"ן**. ואחר כך **היו זו"ן זכרים, משם מ"ה.** כי כל מ"ה וב"ן נקרא בשם עולם.

רחובות הנהר ד"ה ע"ב – כל ספירה, וכל ניצוץ, **כלול ממ"ה וב"ן, מחוברים חיבור גמור.** אמנם כל צד המ"ה נקרא דכורא, יען הוא משפיע ומתקן לצד הב"ן, הנקרא נוקבא. וכל חסדים הם ממ"ה, וגבורות הם מב"ן.

גמרא בבא בתרא דע"ד ע"ב – אמר רב יהודה, אמר רב, כל מה שברא הקדוש ברוך הוא בעולמו, **זכר ונקבה בראם.**
361

תרשים ו – ס"ד.
362

בראשית ב' ה' – וכל שיח השדה טרם יהיה בארץ וכל עשב השדה טרם יצמח כי לא המטיר הוי"ה אלהי"ם על הארץ **ואדם אין לעבד את האדמה.**
363

ע"ח ש"ח פ"ו מ"ת דט"ל ע"ד – ודע כי אי אפשר לעולם לחדש שום זווג, אפילו בבחינת אחור באחור, **אם לא על ידי מצות מעשיות התחתונים.** ואמנם קודם בריאת אדם הראשון בעת האצילות היה בהכרח שאותו פעם ראשון תהיה מאליו הזווג, שלא על ידי מצות, **כי אדם אין עדיין,** עד אחר הזווג ההוא. אמנם לא היה אלא בבחינת אחור באחור, וכשנולד אדם הראשון על ידי הזווג ההוא החזירה פנים בפנים על ידי מצותיו ומעשיו. **אמנם מאז ולהלאה אנו צריכין לעשות כל הבחינות,** אפילו בחינת זווג אחור באחור על ידינו, כמו שמבואר בברכת אבות. והנה כל זה אינו אלא בזו"ן, אבל באו"א לא הוצרכו מעשה ידי אדם, כי על ידי עצמן מאליהן, שלא על ידי אדם הראשון, חזרו פנים בפנים. והנה זה הזווג הראשון טרם שנברא אדם הראשון עליו נאמר בזוהר פעמים רבות וז"ל - **כד סליק ברעותא למברי עלמא,** פירוש כי אז לא היה עדיין התעוררות התחתונים, אלא מאליו סליק הכי ברעותא, וזה היה להכרח כי אדם אין, לכן היו האורות התחתונים עולין למעלה בסוד מ"נ, **תמורת מה שעושין בשמות הצדיקים עכשיו,** שהם עולין בסוד מ"נ, וזה שכתוב - כד סליק ברעותא, שהוא העלאת מ"נ, כי אז היו עולין שלא על ידי מעשה התחתונים.
364

רחובות הנהר ד"ה ע"ב – והנה א"א עדיין לא נתקן, כי אדם אין, שהם או"א המעלים תמיד הבירורים דא"א, לעתיק למ"ן, **ואי אפשר לבירורים להעלות למ"ן, אם לא על ידי הבנים שכבר יצאו ונתקנו,** שהוא הפרצוף שלמטה ממנו, **שנקרא בן אליו,** ועדיין לא נתקן. ואז סליק ברעותא דעתיק למברי עלמא, הוא הא"א, ר"ל כי השלשה פרצופי דחב"ד הנזכרים דמ"ה וב"ן, הנקראים רעותא דעתיק, **מאליהם, בלי מה שיעלה להם מ"ן,** ביררו היותר מובחר מכל שארית חלקי אורות הנזכרים דב"ן, אורות הראויים לשלשה פרצופי הפנימיים, שהם חב"ד דא"א דאצילות דכל פרט, והעלו אותם למ"ן להם, ונזדווגו החב"ד הנזכרים דעתיק, ותיקנו את אורות הנזכרים דחב"ד דא"א, וחיברו עמהם את הכחב"ד דפרצוף חכמה דמ"ה, ונתקנו החב"ד דא"א, שהם השלוש פרצופים הפנימיים, הנקראים רעותא דא"א. ואחר שנתקנו הג"ר הנזכרים דא"א, הנקראים בנים לעתיק, אז הם העלו מ"ן מהבירורים דו"ק דעתיק לג"ר דעתיק, ונזדווגו הג"ר דעתיק ותיקנום, וחברו עמהם הראוי להם, מחלקי אורות וכלים דו"ק דפרצוף כתר דמ"ה. וכן על דר זה היה בתיקון או"א, בהיות שעדיין לא נתקנו או"א, **ואדם אין** שהם ישסו"ת להעלות הבירורים שלהם למ"ן לא"א. ולכן סליק ברעותא דא"א, למברי עלמא הם או"א, והוא כי עלו בירורים דג"ר דאו"א דא"א **מאליהם לרעותא** דא"א, שהם הג"ר הנזכרים דא"א, ונזדווגו הג"ר הנזכרים דא"א, ותיקנום, וחברו עמהם הראוי להם מחלקי אורות וכלים דכחב"ד דכחב"ד דפרצוף בינה דמ"ה, וכמו שנבאר לקמן. ואז הג"ר הנזכרים דאו"א, אחר שנתקנו הם העלו מ"ן מהבירורים דו"ק דא"א לג"ר שלו, ונזדווגו, ותיקנום, וחברו עמהם הראוי להם מחלקי אורות וכלים דו"ק דפרצוף חכמה דמ"ה. וכן היה בתיקון ישסו"ת, בהיות שעדיין לא נתקנו ישסו"ת, **ואדם אין** שהם הזו"ן,

סליק ברעותא למגברי עלמא, ר"ל שהמאציל העליון העלה ברצונו הפשוט מ"ן לברוא את העולם, כלומר לכל בחינה ובחינה וכל פרצוף ופרצוף, ועליית מ"ן זאת על ידי המאציל העליון גרמה לזיווג העליונים, וכך הוא מכל פרצוף לפרצוף, מהעליון ולתחתון, עד בריאת האדם הראשון. ואחר שנברא האדם הראשון, הוא התחיל לעלות מ"ן לתיקון הפרצופים העליונים, ומהפרצופים[365] העליונים יורד מ"ד לתחתונים, ומאז[366] בני ישראל הקדושים מעלים מ"ן לזיווג הפרצופים העליונים, ועליית מן זאת מורידה מ"ד לכל העולמות.

להעלות הבירורים שלהם למ"ן לאו"א, ואז **סליק ברעותא** דאו"א למגברי עלמא, הוא יישו"ת, והוא כי עלו הבירורים דג"ר של יישו"ת **מאליהם לרעותא** דאו"א, שהם הג"ר הנזכרים דאו"א, ונזדווגו הג"ר הנזכרים דאו"א, ותיקנום וחברו עמהם הראוי להם מחלקי אורות וכלים דג"ר דו"ק דפרצוף בינה דמ"ה. ואז הג"ר הנזכרים דיישסו"ת, אחר שנתקנו הם העלו מ"ן מהבירורים דו"ק דאו"א, לג"ר שלהם, ונזדווגו הג"ר הנזכרים דאו"א, ותיקנום, וחברו עמהם הראוי להם מחלקי אורות וכלים דו"ק דג"ר דפרצוף בינה דמ"ה. וכן היה בתיקון זו"ן, והוא בהיות שעדיין לא נתקנו הזו"ן, **כי אדם אין שהוא אדם הראשון**, להעלות את הבירורים שלהם למ"ן ליישסו"ת להתתקן, ולכן **סליק ברעותא** דיישסו"ת **למגברי עלמא** דזו"ן, ואז עלו הבירורים דג"ר דזו"ן מאליהם לרעותא דיישסו"ת, שהם הג"ר הנזכרים שלהם, ואז נזדווגו יישסו"ת זיווג דרעותא, ותיקנום וחברו עמהם, הראוי להם מחלקי אורות וכלים דג"ר ו"ק דפרצוף דמ"ה. ואחר שכבר נתקנו הג"ר הנזכרים דזו"ן, אז העלו הם מ"ן מהבירורים דו"ק דיישסו"ת, ונזדווגו הג"ר הנזכרים דיישסו"ת, ותיקנום וחברו עמהם, הראוי להם מחלקי אורות וכלים דו"ק דפרצוף בינה דמ"ה. וידוע כי בהתתקן זו"ן בי"ע, כי אינם עולמות גמורים בפני עצמם, כמו עולם האצילות, כי אינם אלא התפשטות כחות הנוקבא וחייליה וצבאיה, כמו שמבואר במבוא שערים ש"ב ח"ו פ"ח. ומה שכתבנו במקום אחר נגד זה, הוא בבי"ע הכוללים, **ועיין היטב**. הרי נתקנו הג"ר דו"ק דמ"ה וב"ן דזו"ן, ועדיין הו"ק דו"ק דמ"ה ודב"ן דזו"ן לא נבררו, ולא נתקנו. ואחר שנתברר ונתקן כל מה שהיה צורך להעשות מהם כל חלקי פרצופי ארבעה עולמות אבי"ע כנזכר לעיל, וכמו שנבאר לקמן בע"ה, **אז נברא אדם הראשון ממחצב הנשמות, להעלות מ"ן מבירורי ו"ק דזו"ן**, וכל שארית הבירורים, על ידי מעשיו, ומצותיו, ותפילותיו.
365

ע"ח ש"ח פ"ו מ"ת דט"ל ע"ב – וטעם הדבר **כי האדם התחתון, על ידי מעשיו, גורם זווג עליון, ויורדין טפין עלאין למטה**, שהם בחינת המוחין דז"א, הם בחינת החו"ג.
366

רחובות הנהר ד"ג ע"ג – המשל בזה, **הנה ידוע כי ישראל נקראו בנים לזו"ן דאצילות**, ועל ידי התורה והתפלות והמצות שעושים ישראל, מתבררים מבחינת בירורי המלכים דזו"ן, ומבחינת הנשמות, **ומעלים אותם למ"ן** ליישסו"ת לתקנם. וכפי ריבוי או מיעוט אותם הבירורים שמעלים ישראל מבחינת הזו"ן. כך כפי אותו השיעור ניתן כח בזו"ן ומבררים גם הם מבירורי יישסו"ת, ומעלים אותם לאו"א עילאין לתקנם, כי הזו"ן נקראים בנים ליישסו"ת. וכן יישסו"ת שנקראים בנים לאו"א עילאין, מבררים גם הם מבירורי או"א עילאין, כפי ערך אותו השיעור שנברר מהם, ומעלים אותם הבירורים לא"א לתקנם. וכן על דרך זה או"א שנקראים בנים לא"א, מבררים מבירורי א"א, ומעלים אותם לעתיק לתקנם. וכן על דרך זה א"א שנקרא בן לעתיק, גם הוא מברר מבירורי עתיק, ומעלה אותם לפרצוף הקודם אליו לתקנם. וכל זה הוא בערך מה שנתברר ועלה מן הזו"ן, כמבואר בעץ חיים ובספר מבוא שערים ש"ב ח"ב פ"ו, עם מה שכתבנו בש"ב ח"ג פ"ח ופ"ט, עיין שם היטב. **אמנם תיקון כולם עליונים ותחתונים**, תלוי בתיקון זו"ן דאצילות, ותיקון זו"ן דאצילות **תלוי ביד ישראל, הנקראים בנים** לזו"ן דאצילות. ועל ידי התפלות של ישראל, מתבררים מבירורי המלכים דזו"ן, מבחינת העולמות, ומבחינת הנשמות, ומעלים אותם למ"ן, **וכפי גודל כוונתם, וזכותם, ומעשיהם, וזכות הזמן שבו נאמרה התפלה ההיא, כך גודל תיקונם להעלות ניצוצות רבים דמ"ן, אם בכמות, אם באיכות**. ובכל יום מעלים ניצוצות חדשות מחדש, ואין יום דומה לחבירו, ואין בריה דומה לחבירתה, ואין צדיק דומה לחבירו. וזהו גודל חיוב מצות התפלות והמצות, וכל אחד מתקן ומעלה מעלה כפי בחינה הראויה אליו, **ותתקן החלבנה מה שלא תתקן הלבונה**, ולכן הכל צריכים זו לזה, ולא יוכל שום אחד מישראל לעשות מה שיעשה חבירו, וכפי גודל הבירור שמתברר ועולה ניתוסף כח למעלה, ויורד שפע מלמעלה על ידי זווג העליונים להשפיע בתחתונים, ועל ידי השפע היורד מוסיף כח בתחתונים, ללקט ולברר ולהעלות מ"ן, כנזכר כל זה בפרקים הנזכרים לעיל.

וְהִנֵּה[367] כֵּיוָן שֶׁגַּ"ר שֶׁבּוֹ נִשְׁאֲרוּ שָׁם[368] בָּאֲצִילוּת[369], הִתְחַזֵּיל[370] פַּרְצוּף א"א לְהִתְתַּקֵּן שֶׁהוּא בִּבְחִינַת רֵישָׁא[371] וּשְׂעָרוֹת וּנְקָבִים שֶׁהֵם[372] הָאוֹרוֹת שֶׁיּוֹצְאִים דֶּרֶךְ הָאוֹזֶן, הַחוֹטֶם, הַפֶּה וְהָעֵין שֶׁבָּרֹאשׁ, וְאָז נִתְמַעֵט הָאוֹר הַיּוֹצֵא מֵהֶם, וַיּוֹצֵא הָאוֹר בְּמִדָּה וּבְמִשְׁקָל, וְאָז הָיָה יְכוֹלֵת בְּשִׁבְעָה תַּחְתּוֹנוֹת דְּכָל נְקוּדָה דִּכְלָלוּת לְקַבֵּל אֶת הָאוֹר, וְלִתַקֵּן בִּבְחִינַת כֵּלִים דְּגוּפָא רְ"ל[373]

₃₆₇

בֵּית לֶחֶם יְהוּדָה שׁ"ט פ"ו דל"א ע"ד – והנה כיון שג"ר שבו נשארו שם. פירוש, נשארו שם בעולם האצילות, ולא ירדו לבריאה כמו השבעה תחתונות.

₃₆₈

הגהות וביאורים)ז(– פירוש, במאציל. שמן ששון.

₃₆₉

הגהות רבי יהודה פתיא על שמן ששון – אולי צריך לגרוס **באצילות**.

₃₇₀

כרם שלמה שׁ"ט פ"ו אות ט' – ומה שכתב התחיל להתתקן, שהוא בחינת רישא ושערות ונקבים. פירוש, כי עיקר התיקון הוא מיעוט האור וגדלות הכלי. ורישא דא"א אף על פי שלא היה בו שבירה, אבל נתתקן לצורך השבעה תחתונות שבו, ולצורך התחתונים. והוא כי התחתונים אין יכולים לקבל האור ממנו בהיותו רב, ולכן נעשה ברישא דיליה בחינת **שערות**, כדי שיצא האור דרך השערות האלו על ידי מיעוט. כי השערות הם כלים חלולים לצורך האור לעבור בתוכם. והואיל והאור עכשיו יוצא דרך המעטה, לכן יכולים התחתונים לקבלו, אבל לא לצורכו. וכן מה שכתב **ונקבים**. פירוש, נקבי האוזן והחוטם והפה והעין, מכל אלו יוצא האור על ידי מיעוט. וזהו מה שכתב **ואז נתמעט האור היוצא מהם**.

₃₇₁

ע"ח שׁי"ג פ"ו מ"ק דס"ד ע"א – ואמנם שתי הבחינות שבשתי)פרקין תתאין(דנצח הוד, שהם סוד הירכים, שהם תחת היסוד, הם שתי עינים, והיסוד מקומו במצח, ולכן תמצא כי כמו שהחסד הוא גנוז ונחית בפומא דאימא, גם חסד עילאה דרדל"א נחית הכא במצחא, ששם הוא היסוד, ושם מתגלה כח האי טורנא נאה בסימא, ונקרא רצון, כי נמשך מן החסד דרדל"א. וזה שכתוב באדרא זוטא מצחא דמתגליא בעתיקא קדישא, רצון עיקרי דהא האי רדל"א, פשיט חד טורנא נאה כו'. ואמנם המלכות מקורה בחוטם, וזה סוד ותהלתי אחטום לך, כי לעולם תהילה במלכות, רק שהיא המלכות דרדל"א. הרי ביארתי לך אך שבעה תחתונות דרדל"א הם גנוזים בא"א, בסוד שבעה תיקוני דגלגלתא הנזכר בריש ספרא דצניעותא, שהם - **ג'"ט קע"ר פ"ח**. אחד - **גלגלתא**, ושם חסד. שני - **טלא דבדולחא**. והוא מוחא, ושם גבורה. השלישי - **קרומא דאוירא**, ושם תפארת. הרביעי - עמר נקא, ושם נצח הוד. החמישי - **רעוא דרעוין**, והוא המצח, ושם הוא יסוד. הששי - **אשגחא פקיחא**, והם שתי בחינות ירכים נצח הוד, כי עמר נקא שם סוד אודנין,)ר"ל אלו שתי ביעי, שהם נצח הוד(, ואלו שתי ירכין, סוד עיינין. השביעי - שתי **נוקבא דפרדשקי**, ושם המלכות. אמנם סוד הדעת דרדל"א, הוא גנוז מאד, ולכן הוא בסוד הפה דעתיקא קדישא, הנזכר בזוהר - דעת גניז בפומא, אך ג"ר שלו הם בסוד אור המקיף, כי אינן יכולין להתלבש כנזכר לעיל.

₃₇₂

מבוא שערים שׁ"ב ח"ג פ"ז דט"ו ע"ב – גם עתה על ידי הפרצופים שיש בהם נקבים, כנקבי האוזן, והעין, והחוטם, והפה, וכיוצא, וכן דרך השערות יוצאים האורות להאיר בתחתונים, **והאור יוצא במידה ובמשקל, ויכולים לקבלו**, מה שאין כן קודם היות בחינת הפרצופים

₃₇₃

ע"ח שׁי"א פ"ז מ"ת דנ"ד ע"א – וטרם שנבאר חלוקות אלו, נבאר בקיצור ענין התיקון מה ענינו. הנה נתבאר כי לא היתה השבירה אלא בכלים, שלא יוכלו לקבל האור שלהם. נמצא שכאשר בא התיקון עיקרו היה לבחינת כלים, אבל בענין האורות והעצמות שלהם לא נתחדש דבר בהם מחמת העיבורים ויניקות, רק ענין אחד והוא שבתחילה בהיות הכלים, בחינת נקודות קטנות, בלתי פרצוף, לא היו האורות מוציאין חלקיהם לפועל, ולא היו יכולים להראות פעולתן וכחם, כי היו נכללין בנקודה קטנה, ואחר שנתקנו הכלים בבחינת

להיות בחינת פרצופים מצד הזכר, וכל זה נעשה על ידי צמצומים **ומיעוטים ומסכים. גם כן דוגמא דרישא, ונעשה כל זה בזווגת ב"ן נוקבא דא"א.**

וכל **זה** התיקון דפרצוף א"א **היה בכ"ז דכורא דא"א, שהוא** שם **מ"ה החדש** שיצא דרך המצח דא"ק, **כי**[374] **תחזלה נזדווגו שלוש ראשונות דמ"ה דאריך אנפין**[375] החדש **עם ג"ר דב"ן דא"א שלא נשברו** ר"ל כי ג"ר דכל נקודה דכללות לא נשברו, ועל ידי זיווג זה **העלו** את **שבעה תחתונות דב"ן דנוקבא דא"א שנשברו** וירדו לבי"ע דאותה נקודה דכללות, ואז **נתחברו עמהם שבעה תחתונות דמ"ה דדכורא דא"א, ונתקן הכל** בפרצוף א"א.

אחרי שנתקן פרצוף א"א בשלמותו, גם הג"ר וגם הו"ק דיליה, **אזר**[376] **כך נזדווגו זו"ן** דא"א, **שהם שבעה תחתונות דא"א** חלקי **המ"ה וב"ן** דא"א, **ותיקנו**[377] **ג"ר דחכמה דב"ן** שהוא

פרצוף גמור, אז גם האורות יכלו להראות פעולתם וכחם, ולהוציאם לחוץ. כי הרי הנקודה קטנה נעשית כצורת ראש, ואזן, ופה, וכיוצא, ואז יכלו להראות פעולתם לחוץ, ואמנם הכלים עצמן נתוסף בהם שנעשה בהם בחינת פרצוף ממש.
374

ע"ח שי"א פ"י ד"ע"ת דנ"ד ע"א – ונבאר עתה מה היה ענין מיתת המלכים. הנה נתבאר בפרק הקודם כי יש שינוי בשלוש נקודות הראשונות, שהם בחינת א"א ואו"א, שכולם יצאו כל אחד מהם כלול מעשר, וגם שיצאו כל אחת מחוברות כל העשר שבהם, כלולות זו בזו, דרך קוין. מה שאין כן בזו"ן, כנזכר היטב ולכן לא היה הפגם והשבירה שוה בהם.
ע"ח שי"י פ"י מ"ב ד"ן ע"א – תחילה היו העשר ספירות כוללים כל עולם אצילות, עצמות וכלים. **אלא שהעצמות היה שלם, והכלים קטנים, ולכן מתו.** פירוש, כי כלי נקודת עתיק היה חצי כתר דעתיק עד הטבור שלו, וכלי נקודת א"א היה חצי התחתון של הכתר, ובו נכללין כל העשר ספירות שלו, וכן בעתיק. וכלי אבא היה חכמה לבד, ובו כלולים כל העשר ספירות. וכלי אימא היה בינה לבד, ובו כלולים כל העשר ספירות שלה. וכלי זו"ן היו)נ"א ז"א היה(שבע כלים, הראשון מחסד לבד, ושני מגבורה, שלישי מתפארת, רביעי מנצח, חמישי מהוד לבד, שישי מיסוד לבד, השביעי ממלכות לבד.
375

הגהות וביאורים)ח(– צריך לגרוס החדש.
376

כרם שלמה ש"ט פ"ו אות י' – מה שכתב אחר כך נזדווגו זו"ן דא"א, ותקנו ג"ר דחכמה שב"ן עם מ"ה וכו'. פירוש, **כי כל מידה עליונה מתקנת התחתונה**, ולכן השבעה תחתונות דא"א נזדווגו ותיקנו לג"ר דחכמה דאצילות. ותיקון שלה הוא החיבור הג"ר דחצי דבינה דמ"ה החדש, עם הג"ר דחכמה דב"ן, כדי שיהיו בחינת זכר ונקבה. **ואז תיקנו השבעה תחתונות תחתונות שלהם.** וגם חברו עמהם בחינת המ"ה עם הב"ן.
377

בית לחם יהודה ש"ט פ"ו דל"א ע"ד – ותקנו ג"ר דחכמה דב"ן. חכמה הנזכרת היא נקודה השניה הכללית שיצאה מעיני א"ק, והג"ר שבה הם נתקנו על ידי זווג זו"ן דנקודה הראשונה, כן הוא פשט דבריו. ונראה לי דרז"ל קיצר בדבריו, כי באמת לא נתקן בשבעה תחתונות דנקודה הראשונה, שהוא הכתר, ולא כל הג"ר, כי הלא הג"ר דנקודה השניה הם שלשה פרצופים, שהם א"א ואו"א, ואם כן איך אפשר לפרצופי או"א דנקודה השניה להתקן על ידי זו"ן דנקודה הראשונה. והא אי אפשר לשום פרצוף להתתקן למעלה ממקום מדרגתו, לא במקום, ולא בזמן, כמבואר במבוא שערים דף ט"ו ע"ד, יעו"ש. ולא עוד, אלא

פרצוף אבא, **עם** שם **מ"ה** החדש. **ואז הג"ר** דחכמה נזדווגו, ר"ל חלקי המ"ה וב"ן דג"ר דחכמה, **ותקנו השבעה תחתונות שלהם** ר"ל זו"ן דחכמה, שהם מחלקי דמ"ה[דמ"ו ע"ב 91 וב"ן[378] דחכמה, שהוא פרצוף אבא.

וכן[379] **על דרך זה עד תשלום העשר ספירות, שהם חמשה פרצופים דאצילות,** כאשר[380] זו"ן דאבא נזדווגו המ"ה והב"ן שלהם, ועל ידי זיווגם הם תיקנו את הג"ר דבינה, שהוא פרצוף **אימא** בבחינת מ"ה וב"ן, ומ"ה וב"ן ג"ר דאימא נזדווגו, ועל ידי זיווג זה תיקנו את המ"ה וב"ן זו"ן דאימא. ומ"ה וב"ן דזו"ן דאימא נזדווגו, ותיקנו את הג"ר דפרצוף ז"א, ומ"ה וב"ן דג"ר דז"א הזדווגו, ותיקנו את הזו"ן דז"א בבחינת מ"ה וב"ן. וכן המ"ה וב"ן דזו"ן דז"א נזדווגו, ותיקנו את הג"ר דפרצוף הנוקבא בבחינת מ"ה וב"ן, והמ"ה וב"ן דג"ר דפרצוף הנוקבא נזדווגו, ותיקנו את הזו"ן שלה, בבחינת מ"ה וב"ן. **ותיקון**[381] זה של פרצופי האצילות, שנקרא עד עכשיו נקודים, **אז**[382] **נקרא**[383] עכשיו עולם ה**ברודים, כי** עולם ה**נקודים הוא**

שאו"א לא נתקנו כי אם תחת שערי דיקנא דא"א, ושם היה עיבורם, כמבואר בפרק ה' דשער ט"ז בביאור זוהר תרומה, בסוד - אדם קדמאה אגליף ציורא דיליה גו משחתא וכו', וכך כתב בסוף פרק ד' דהתם, יעו"ש.
378

הגהות וביאורים)ט(- א"ה עיין בהקדמת רחובות הנהר דק"ב ע"ב]**אח**[**י** - בדפוס דשנת עת"ר ד"ט ע"ב] ודו"ק.
379

רחובות הנהר ד"ט ע"ב - ונמצא כפי כל הנזכר לעיל, כי הנרנח"י דז"א אינם נמשכים ובאים לו אלא מלובשים תוך כל צלמי המוחין דכל הפרצופים שלמעלה ממנו, וזה בפרטי פרטות, וכן נתבאר בפרק י"ב משער המוחין, כי אפילו בחינת נפש דעיבור דז"א, אינה נמשכת ובאה לז"א אלא מלובשת תוך מוחין דא"א, מלובשים תוך מוחין דאו"א, מלובשים תוך מוחין דישסו"ת, ואז תתלבש בז"א. ואף על פי ששם לא נזכר כי אם עד בחינת א"א, **כבר נודע כי בחינת א"א המוזכר בדברי הרב ז"ל הוא בחינת א"ק,** שהוא א"א הכולל, ודוק. ועוד שכבר נתבאר לעיל איך המוחין דפרצופי האצילות נתקנים, ונמשכים להם על ידי פרצופי א"ק, והמוחין דא"א ועתיק דאצילות, הם מלובשים בצלמי המוחין דא"א ועתיק דא"ק וכנזכר לעיל. ונמצא כי הנרנח"י דז"א באים לו מלובשים תוך צלם דמוחין דעתיק דאצילות הנמשך ממוחין דעתיק דא"ק, שבו מלובש קו אור הא"ס, וכנזכר לעיל.
380

כרם שלמה ש"ט פ"ו אות י' - וכן על דרך זה השבעה תחתונות דחכמה תיקנה הג"ר דבינה דב"ן, וחיברו עמה חלק המ"ה השייך לה. וכן הג"ר אלו דבינה תיקנו השבעה תחתונות שלהם. וכן על דרך זה הזה והנוקבא שנתקנו על דרך זה. באופן עד תשלום סוף האצילות, וזהו שכתב **וכן על דרך זה עד תשלום העשר ספירות, שהם חמשה פרצופים דאצילות.**
381

בראשית ל"א י' - ויהי בעת יחם הצאן ואשא עיני וארא בחלום והנה העתדים העלים על הצאן עקדים **נקדים וברדים.**
382

כרם שלמה ש"ט פ"ו אות י' - ואחר שנתקנו המלכים דב"ן, ונתחברו חלקי המ"ה עמהם, אז נקרא האצילות בחינת **ברודים.** ואין נקרא עוד בשם נקודים כמתחילה. ולכן נזכר בקרא]**אח**[**י** - נראה לעניות דעתי שצריך לגרוס **במקרא**[שתי שמות, והמה שניהם על האצילות, והם **נקודים ברודים** כמו שכתוב - עקודים נקודים וברודים. והם אחת הוא שם האצילות של קודם התיקון, ואחת הוא שמה של אחרי התיקון. והוא מפני שנשתנו מזמן קודם התיקון, לזמן של אחר התיקון. וזהו שכתב - **כי הנקודים הוא ב"ן, והברודים הוא מ"ה וב"ן יחד.**
383

משם **ב"ן** בלבד, ועולם ה**ברודים**[384] **הוא** חיבור של שם **מ"ה** הזכר ושם **ב"ן** הנקבה ב**יזוד**, וזהו התיקון בכל פרט ופרט, וכלל וכלל דכל הנאצלים•

הרב ז"ל מבאר כאן שהתיקון דפרצופי האצילות עד[385] ביאת משיח צדיקינו, וכן[386] יש מקומות שלא מובן אם כל הברורים יגמרו לפני ביאת המשיח, או אחרי ביאתו. ויש[387] מקומות שכותב הרב ז"ל כי התיקון העולמות יגמר אחרי

הגהות וביאורים)י(– אמר מאיר, ברודים גימטריא רס"ב, רמז לעשר ספירות שנתקנו בעשרה הוי"ת מנוקדות, ובבחינת ימין ושמאל, הרי רס"ב. מקום בינה.

384

בית לחם יהודה ש"ט פ"ו דל"א ע"ד – וברודים הם מ"ה וב"ן יחד. כי ברודים הם גימטריא ה**ד"ר ב"ן** עם הכולל. ובפסוק אחר קראם טלואים, והוא לשון טלאי, כמו שפירש רש"י ז"ל, ודרך הטלאי הוא שהתיכה הקטנה מלבשת על הגדולה. וכן היה בזמן התיקון, כי היו הפרצופים מלבישין זה על זה, ופרצוף הקטן הוא מלביש על פרצוף העליון הגדול ממנו. גם ברודים מתרגמינן **פציחין**, ר"ל פתוחים, כמו שמפרש רש"י ז"ל, והוא רמז להתרחבות והתפשטות הפרצופים עד סוף האצילות. ופירוש זה אמרתי לפני חכם רבי שאול חיים אליהו דוויך הכהן נר"ו)ז"ל(, בעלותי לירושלים תבנה ותכונן, בפעם האחת בשנת התרס"ו, והוכשר לפניו וקבעו בחיבור האש"ל שלו בפרק ג' משער התיקון.

385

ע"ח ח"ב שט"ל דרוש ב' מ"ב דס"ז ע"ב – בתחלה אודיעך דרך קיצור כי כל בחינת מ"ן שנבררו מן השבעה מלכים, ועולין עד הנוקבא עליונה, אינם ראוין להצטייר לעשות מהם בחינת וולד עד פעם שניה. וביאור הענין הוא כך כי כל הנה נתבאר אצלינו כי מ"ן דאו"א הם זו"ן, שהם הבנים הראשונים שלהם, גם נתבאר אצלינו כי **כל תפלותינו וכוונתינו הם לברר ולהעלות הניצוצין של שבעה מלכים שמתו**, שהם רפ"ח ניצוצין, ועל ידי יגי תפלתינו אנו מעלין הנצוצין האלו עד יסוד נוקבא דז"א, בבחינת מ"ן, ונמתקין ונתקנים שם, כי יורדין מ"ד במקום ההוא שעלו מ"ן, ומשתי בחינות אלו נעשה צורת הולד. גם נתבאר בדרוש א' כי אין בנו יכולת לברר כל הרפ"ח ניצוצין בפעם אחת, כי אם היה כן כבר בא המשיח, והיה המתקיים - בלע המות לנצח כנזכר לעיל. אמנם בכל תפלה ותפלה, כפי כונת האומרה, וכפי זכות הזמן אשר אז נאמרה התפלה ההיא, כך מתבררין שיעור מהרפ"ח ניצוצין, **עד שנמצא כי קודם שיבא משיח יכלו ויוגמרו כל הרפ"ח ניצוצין להתתקן.**

386

רחובות הנהר ד"ו ע"ב – וסדר התחלקות והתחברות עשר ספירות דמ"ה עם עשר ספירות דב"ן דפרצופי אבי"ע, היה באופן זה. והנה אם היו מתבררים ועולים ונתקנים כל האורות של המלכים, שהם המלכיות דב"ן הנזכרים לעיל, אזי היו יוצאים גם כן התשע ספירות העליונות דב"ן, דכל פרט שלמים בכל בחינת, עם שם מ"ה, על ידי הזיווג הנזכר לעיל דע"ב וס"ג דא"ק, והיה שם ב"ן שלם בעשר ספירות שלימות, ואז היו מתחברים עשר ספירות דמ"ה עם עשר ספירות דב"ן, כתר עם כתר, וחכמה עם חכמה, כו'. וכנזכר בפרק ו' משער שבירת הכלים, ובכמה מקומות. אמנם לא נתבררו כל האורות דמלכיות דמלכים דב"ן הנזכרים, אלא מקצת מהם, אותם חלקי האורות המוכרחים לתקן, מהם פרצופי אבי"ע המתייחסים לאותו העת, והזמן, אשר הם מוכרחים להמצא קודם בריאת אדם הראשון. ושארית הבירורים נשארו להתברר על ידי התפילות והמצות שיעשה אדם הראשון ע"ה, וכיון שגרם החטא, ולא נעשה על ידו, כי אם מה שהיה ראוי ומתיחס אליו בלבד כידוע, **כי לו יתברך נתכנו עלילות**, נשאר להתברר בכל דור ודור על ידי התפילות והמצות שיקיימו ישראל בכל דור ודור, שהם הנשמות הנמשכות ממחצב הנשמות ובאות בכל דור ודור, להשלים להעלות הבירורים דמחצב הספירות והנשמות, המתייחסים לאותו הדור, כפולים ומכופלים מהנשמות ישנות, להשלים הבירורים של הדורות ההם שעברו, עד שיושלמו להתברר כל הבירורים דב"ן, ואז ישתוו חיבור עשר ספירות דמ"ה עם עשר ספירות דב"ן, כתר עם כתר, כו'. **וזה יהיה בעת ביאת משיח צדקנו** במהרה בימינו כן יהי רצון.

387

ע"ח שי"ט פ"ג מ"ת דצ"ג ע"ג – והנה אלו המלכים עדיין **לא נגמרו להתברר עד ימות המשיח,** כי אז יובררו לגמרי והסיגים יתבטלו, בסוד בלע המות לנצח, והטוב שבהם יתברר ויתחבר עם הקדושים, אשר בהמשך זמן זה מתברר מעט מעט בכל יום. **ובביאת המשיח יושלמו להתברר.**

ביאת המשיח. **אבל ידוע** כי[388] הברורים דשתא אלפי שני הם נקראים **אחור, חיצוניות וו"ק**, בערך הברורים של האלף השביעי הנקראים **פנים, ופנימיות וג"ר**, והדברים עמוקים, **ודי למבין**. כי הכל הוא בערכין.

ואמנם[389] **לא יכלו להתתקן**[390] פרצופי האצילות **לגמרי** כי מעורב בהם סיגים וקליפות, ותיקונם נמשך **עד**[391] זמן **ביאת** מלך **המשיח**[392], כי[392] אלו נתקנין לגמרי, היו מתתקנים

388

נהר שלום די"ג ע"א – ובכל תפלה, ובכל מצוה, הנעשים באותו יום מתבררים ועולים בירורים חדשים, אשר לא נבררו ולא עלו מיום שנברא העולם עד היום הזה. ואלו הבירורים שנבררו ונתקנו היום, עולים ומלבישים לבירורים שנבררו ונתקנו אתמול, **ונעשים חיצוניות להם, והבירורים של אתמול הם בערך פנימיות להם**, כי הם לפנים מהם וקרובים אל המאציל מדריגה אחת יותר מהם, **ואלו הבירורים של אתמול הם בערך חיצוניות לבירורים שנברר ונתקנו ביום תמול שלשום**, ובירורים דתמול שלשום **הם פנימיות להם**, כי הם לפנים מהם וקרובים אל המאציל מדריגה אחת יותר מהם. וכן על דרך זה הוא בבירורים המתבררים ונתקנים למחר, שעולים ומלבישים לבירורים שנבררו ונתקנו היום, **ונעשים חיצוניות להם, והבירורים של היום הם פנימיות להם**, כי כבר נתקנו ועלו למדריגה יותר עליונה ממה שהיו בה היום, והם לפנים מהם, קרובים אל המאציל מדריגה אחת יותר מהם, כי הבירורים שנבררו ועלו ונתקנו היום. **הנה הבירור והתיקון ההוא נקרא בירור ותיקון בערך המדריגה ההוא, אבל בערך מדריגה יותר פנימית עליונה עדיין צריכים בירור ותיקון יותר**. ולפיכך למחר בעת עלות הבירורים החדשים, ותיקונם גם בעת ההיא נבררים ונתקנים הבירורים שנבררו ונתקנו היום, בירור ותיקון יותר מעולה, ועולים ונכנסים ומלבישים למדריגה יותר עליונה ממה שהיו בה היום, למקום שהיו בה הבירורים של אתמול, ומתקרבים אל המאציל מדריגה אחת יותר, ומזדככים יותר והבירורים של מחר, עולים למקום שהיו בה אלו הבירורים. וכן על דרך זה גם הבירורים של אתמול, נבררים בעת ההיא בירור יותר מעולה, ועולים ונכנסים למדריגה יותר עליונה ממה שהיו בה, ומתקרבים אל המאציל מדריגה אחת יותר, **ומזדככים יותר**. וכן על דרך זה נעשה בכל העולמות, כי עולים מיום ליום לשבוע, ומשבוע לחדש, ומחדש לשנה, ומשנה לשמטה, ומשמטה ליובל, ומיובל ליובל, עד המאציל העליון, עד שבכל יום נשלמה מדריגה אחת הסמוכה אל המאציל להתתקן ולהזדכך, **תיקון וזיכוך שלם, ונדבק במאציל**. וכן על דרך זה הוא בירור ותיקון וזיכוך ששת ימי בראשית, אלא שהם מיום ליום לשבוע, ומשבוע לשבוע לחדש, ומחדש לחדש לשנה, ומשנה לשנה לעשר שנים, ומעשר לעשר שנים, וממאה למאה לאלף שנים, ומאלף לאלף עד שתא אלפי שני, על דרך הנזכר לעיל, עד שבשתא אלפי שני דהוי עלמא חד, **נשלמו כל העולמות להתברר ולהתתקן ולעלות ממדריגתם מדריגה אחת שלימה, כל פרט למדריגה שעליו**, כי שתא אלפי שני הוא זמן בירור ועליית עלמא חד, **שהוא מדריגה אחת לכל העולמות**, ודי בזה למבין, כי לא נוכל להרחיב עוד הדיבור הצריך, **כי הדברים עתיקים, עמוק עמוק והמשכיל יבין.**... באופן כי **העניין חיצוניות ופנימיות הוא בערכין**, כי האור היותר זך ופנימי נקרא פנימיות, **לאור היותר גרוע וחיצון ממנו**, אמנם הכלים דכל הפרצופים יקראו חיצוניות אמיתי לאורות והנרנח"י המלובשים בהם. **גם הו"ק דכל פרט נקרא חיצוניות, בערך הג"ר**, והכל עניין אחד.

389

כרם שלמה ש"ט פ"ו אות י' – ומה שכתב - **לא יכלו להתתקן לגמרי עד ביאת המשיח** וכו'. פירוש מה שנתקן אז מבריאת העולם, הוא שיעור אחד כדי לעשות ממנו העולמות של אבי"ע, ומה שבהם. והוא שיעור הצריך לאותו זמן של עת מעשה בראשית. ומה שנשאר מהמלכים שלא נתקנו, נשארו להתתקן על ידי אדם הראשון, והיה צריך שהוא יעלה אלו המלכים ממקום נפילתם, והוא יתקנם תיקון הראוי להם. אבל מפני שגרם החטא, ועבר על לאו דאכילת עץ הדעת, לכן נשארו המלכים להתתקן עד זמן הגאול, שהוא המשיח.

390

כרם שלמה ש"ט פ"ו אות י' – והטעם שלא יכלו להתתקן לגמרי, מפני שהיה בקצת מהם אחוזים ומעורבים בהם הקליפות דעשיה, אשר היא חזקה הרבה. וסגולת דחייתם משם היא צריכה **להיות על ידי אדם**, שהוא כלול מהעליונים ומתחתונים. ועוד כדי להמשיך להם מוחין דפנים לכל הפרצופים, ואין יכול לעשות זה כי אם האדם. ולכן לא יכלו להתתקן לגמרי.

391

עׁשר ספירות דמ"ה עם עׁשר ספירות דב"ן, כל הכתר דמ"ה עם כל הכתר דב"ן, כל החכמה דמ"ה עם כל החכמה דב"ן, וכן בכל הספירות.

ואמנם לא היה [צריך לגרוס **כן**], **כי אם על דרך האמור בקונטריס זה** ר"ל שהכתר דמ"ה כולו התחבר עם כל הכתר דב"ן, וכל החכמה דמ"ה עם כל החכמה דב"ן, וכן בכולם, אלא כל פרצוף לקח חלקים שונים מהבחינות מ"ה וב'. **כי פרצוף עתיק לקׁח כל** העשר ספירות של **הכתר דמ"ה, ולבחינת**[393] הנוקבא דעתיק, לקחה **זׁמׁשׁה** ספירות **ראשׁוׁנׁות לבׁד מׁכתר דב"ן,** ושלוש[394] ספירות ראשונות דחכמה דב"ן, שהם כח"ב דחכמה דב"ן, והארבע הספירות הראשונות דבינה דב"ן, שהם כח"ב חסד דבינה דב"ן, ושבעה הכתרים דשבעה התחתונות דב"ן[395].

כרם שלמה ש"ט פ"ו אות י' – עד ביאת המשיח, ר"ל כי אז כשנגמרים להתתקן לגמרי, אז ישתוו כתר עם כתר, וחכמה עם חכמה, וכו'. וזהו שכתב - **כי אלו נתקנים לגמרי היו מתתקנים עׁשר ספירות דמ"ה עם עׁשר ספירות דב"ן,** ר"ל ספירה עם ספירה הדומה לה ממש.
392

בית לחם יהודה ש"ט פ"ו דל"ב ע"א – כי אלו נתקנים לגמרי היו מתוקנים עשר ספירות דמ"ה עם עשר ספירות דב"ן. במדרגה אחת זה עם זה מבלי שום שינוי, דהיינו שהיה א"א נתקן מכתר דמ"ה, ומכתר דב"ן. ואבא היה נתקן מחכמה דמ"ה, ומחכמה דב"ן, ואימא נתקנת מבינה דמ"ה, ומבינה דב"ן. וכמו שמבואר בדברינו בפרק ב' דעקודים במ"ב ד"ה אמנם דע וכו'. אבל לפי שאין הב"ן מתוקן לגמרי, לכן לא לקחו מן המ"ה כי אם כפי שיעור הב"ן שהיה בכל פרצוף ופרצוף מהם, כדי שיהיו שום צד המ"ה וצד הב"ן, שבכל אחד ואחד מהם.
393

מבוא שערים ש"ג ח"א פ"א די"ט ע"א – ונחזור לענין, כי נוקבא דעתיק, לקחה לצורכה חמשה ראשונות דכתר דב"ן, ולהשלים חסרון חמשה תחתונות, לקחה גם כן ג"ר דחכמה, וארבעה ראשונות דבינה דב"ן, ושבעה הכתרים שבשבעה תחתונות דב"ן, והלואי שמכל אלו יושלם חסרון חמשה תחתונות דכתר דב"ן. ומכל אלו הבחינות, נעשית נוקבא דעתיק.
394

ע"ח ש"ה פ"א מ"ב דכ"א ע"ג – ואחר כך חזרו להזדווג ע"ב הכולל עם טעמים דס"ג הכולל, בסוד פנימיות. וכל שאר הבחינות טפלים להם, ואז הולידו הזכר, והוא שם מ"ה. ואז נתחברו מ"ה וב"ן, ונעשה משניהן עולם אצילות באופן זה, **כי עתיק לוקח חמשה ראשונות מטעמים דב"ן, ושלוש ראשונות מנקודות דב"ן, וארבעה ראשונות מתגין דב"ן, וכתרים של אותיות דב"ן.** וא"א לקח חמשה אחרונות דטעמים דב"ן. ואבא לקח שבעה תחתונות דנקודות דב"ן. ואימא ששה תחתונות דתגין דב"ן. וז"א ששה תחתונות (ששה תחתונות, שהם אותיות דב"ן,)נ"א שבעה תחתונות(דאותיות דב"ן)נ"א העשירי דאותיות(. **ואמנם משם מ"ה לקח עתיק טעמים דמ"ה.** וא"א נקודות דמ"ה. ואו"א לקחו תגין דמ"ה. וז"א ששה תחתונות אותיות דמ"ה. ונוקבא עשירית אותיות דמ"ה.
ע"ח שי"ב פ"א מ"ת דנ"ו ע"א – והנה העתיק לקח משם מ"ה בחינת כתר כולו, שהם הטעמים. ומב"ן לקח חמשה ראשונות של כתר שלו, שהם גם כן בחינת הטעמים)כי כבר ידעת כי כל אחד מהעשר ספירות כלול מעשר(. **ועׁוד לקח שלוש ראשונות דחכמה דב"ן, וארבעה ראשונות דבינה דב"ן, ושבעה כתרים דשבעה תחתונות דב"ן** כנזכר לעיל.
395

תרשים ו – ס"ה.

וּפַרְצוּף[396] א"א לְקָחַ כָּל העשרה[397] ספירות של **הַחָכְמָה דמ"ה**, ולנוקבא דיליה לקח את **הַחֲמֵשָׁה**

הספירות **הָאַחֲרוֹנוֹת דְּכֶתֶר דב"ן[398]**, שהם תנהי"ם דכתר דב"ן.

כמו שנתבאר לעיל שחילוק מ"ה וב"ן שהרב ז"ל מבאר בסוגיא זאת הוא כללי ביותר, ובמקומות אחרים מבואר החילוק האמתי, והעיקר הוא להבין את חלוקת מ"ה וב"ן דאו"א הכללים שהם בעצם ארבעה פרצופים, או"א עילאין וישסו"ת. כאן[399] הביאור דחלוקת או"א הוא **בעומק ובפרטות** ולהלכה למעשה.

וְכֵן אַבָּא עילאה **לְקָחַ מֵחָכְמָה דב"ן** ששה קצוות, שהם חג"ת נה"י דחכמה דב"ן, **ומשם** מ"ה לוקח אבא עילאה **וְחֲצִי בִינָה** ר"ל כתר וחכמה דבינה **דמ"ה[400].**

וְכֵן עַל דֶּרֶךְ זֶה כּוּלָּם, כאשר אימא עילאה לקחה משם ב"ן חמשה קצוות, שהם גבורה תפארת ונה"י דבינה דב"ן, ומשם מ"ה לקחה אימא עילאה בינה דבינה דמ"ה[401].

פַּרְצוּף יִשְׂרָאֵל סַבָא לקח את המלכות דחכמה דב"ן, ולקח את החג"ת נה"י דבינה דמ"ה[402].

396

ע"ח שי"ג פ"א מ"ת ד"ס ע"א – ונבאר תיקון א"א, אשר נתקן אחר עתיק יומין. הנה נתבאר לעיל שנעשה מבחינת חכמה דמ"ה, שהם בחינת נקודות דמ"ה, ומן חמשה אחרונות דכתר דב"ן, והוא כולל זכר ונקבה, מ"ה בימינו, וב"ן בשמאלו.

397

תרשים ו – ס"ו.

398

הגהות וביאורים)יא(– נ"ב, נראה לי שחסר כאן, עיין לעיל שער טנת"א מ"ב בסוף פרק א', כי שם כתוב על נכון, ותבין.

399

ע"ח ש"כ פ"י דק"א מ"ב ע"א – וכדי שתבין כל זה, נבאר ענין או"א היטב. הנה **אבא** לוקח משם מ"ה מבינה שבו, **הכתר והחכמה** שבעשר ספירות דבינה זו. **ואימא לוקחת בינה דבינה דמ"ה.** ואפשר שגם הכתר נחלק לחצאין, חציו לו, וחציו לה, אלא שכפי הנראה מדרוש שלוח הקן בש"ע נהורין כי כתר שלה טמיר וגניז באבא, אם כן נראה שכל הכתר לקחו אבא, ולכן נקרא טמיר וגניז יתיר מינה. **וישראל סבא לקח ששה קצוות דבינה דמ"ה**, ולכן נקרא ישראל סבא הוא ז"א שבו. **ותבונה לוקחת מלכות דבינה דמ"ה**, לכן נקרא התבונה מלכות, נפש תבונה, כנזכר בתיקונים דף מ"ג. וכשם שאו"א לא מתפרשין, וישראל ורחל מתפרשין לזימנין, כן או"א נרמזין בחיבור גדול **בי' ראשונה** שבהוי"ה כנודע, לפי שהם חו"ב דבינה דמ"ה. אך ו"ק דבינה דמ"ה, עם מלכות דבינה דמ"ה, שהם ישראל סבא ותבונה, הם דומין לזו"ן, ואינם כל כך מחוברים חיבור גדול כמו או"א. ואמנם מב"ן לקח **אבא ששה קצוות דחכמה דב"ן**, כי הרי ג"ר לקחם עתיק לצורך הנקבה שלו. **ומלכות דחכמה דב"ן לקח ישראל סבא**, ולכן נרמז גם הוא בסוד נקבה, **בה'** ראשונה דהוי"ה כנודע. ואמנם מבינה דב"ן הארבעה ראשונות שהם כח"ב חסד, לקחם עתיק, **ואז חמשה קצוות דבינה דב"ן, שהם גבורה תפארת נה"י**, לקחתן **אימא. ומלכות דבינה דב"ן לקחה תבונה.** נמצא כי אבא יש לו מ"ה וב"ן, ואימא יש לה מ"ה וב"ן, וישראל סבא מ"ה וב"ן, ותבונה מ"ה וב"ן.

400

תרשים ו – ס"ז.

401

תרשים ו – ס"ח.

402

פרצוף התבונה לקחה את המלכות דבינה דב"ן, ולקחה את המלכות דבינה דמ"ה[403].

פרצוף ז"א לקח את תשעה הספירות התחתונות של הו"ק דב"ן, שהם חו"ב חג"ת נהי"ם, דחג"ת נה"י דב"ן, כי פרצוף עתיק לקח את הכתרים של הו"ק דב"ן כנזכר לעיל. ומשם מ"ה לקח את כל העשר ספירות דו"ק דמ"ה, שהם כח"ב חג"ת נהי"ם דחג"ת נה"י דמ"ה[404].

והאחרון **פרצוף הנוקבא** לקחה את התשעה תחתונות של המלכות דב"ן, שהם חו"ב חג"ת נהי"ם דמלכות דב"ן, ואת הכתר דמלכות דב"ן לקח פרצוף עתיק, כנזכר לעיל. וכן לקחה הנוקבא את כל עשר הספירות דמלכות דמ"ה, שהם כח"ב חג"ת נהי"ם דמלכות דמ"ה[405].

כך[406] כל פרצוף ופרצוף מפרצופי האצילות לקח חלקים משם מ"ה ומשם ב"ן, כדי לבנות את פרצופו.

כי[407] **לא יכלו** עדיין כל ה**בחינות** ד**ב"ן** **להתברר לגמרי כל זלוקותיהן** מפני הסיגים והקליפות שיצאו בשבירת הכלים, **שבכל בחינה ובחינה מהם, על כן לא נשתוו** עדיין **עשר ספירות דב"ן עם עשר ספירות דמ"ה** כנזכר לעיל, **וזה יושלם לעתיד לבא** בזמן המשיח **במהרה בימינו אמן.**

כרם שלמה ש"ט פ"ו אות י' – אבל לעתיד לבא. פירוש, עד ביאת המשיח, שאז יגמרו הקליפות להתברר לגמרי, ולהפרד מאלו החלקים דב"ן, לכן כל אחד יחזור לשורשו ולעיקרו. ואז ישתוו כל ספירה דב"ן עם ספירה הדומה לה דמ"ה, ואז יושלמו לגמרי חיבורם ותיקונם. וזהו מה שסיים - **וזה יושלם לעתיד לבא במהרה בימינו אמן**, ופשוט.

עץ חיים

לרבינו חיים ויטאל

שֶׁקִיבֵּל ממרן האר"י זלה"ה

שַׁעַר ט'

שַׁעַר שְׁבִירת הכלים

פֶּרֶק ו'

חֵלֶק הַתרשׁימים טַבלאות וצִיורים

שֶׁמזֹזת חיים

סדר שמות שמות ההיכלות והשערים בעץ חיים

שם היכל	שער	שם השער		א	ב	ג	ד	ה	ו	ז	ח	ט	י	יא	יב	יג	יד	טו
אדם קדמון	א	עיגולים ויושר		א	ב	ג	ד	ה										
	ב	השתלשלות י"ס דרך עגו'		א	ב	ג												
	ג	סדר אצילות למהרח"ו		א	ב	ג												
	ד	אח"פ		א	ב	ג	ד	ה										
	ה	טנת"א		א	ב	ג	ד	ה	ו	ז								
	ו	עקודים		א	ב	ג	ד	ה	ו	ז	ח							
	ז	מטי ולא מטי		א	ב	ג	ד	ה										
נקודים	ח	דרושי נקודות		א	ב	ג	ד	ה	ו									
	ט	שבירת הכלים		א	ב	ג	ד	ה	ו	ז	ח							
	י	תיקון		א	ב	ג	ד	ה										
	יא	מלכים		א	ב	ג	ד	ה	ו	ז	ח	ט	י					
הכתרים	יב	עתיק		א	ב	ג	ד	ה										
	יג	א"א		א	ב	ג	ד	ה	ו	ז	ח	ט	י	יא	יב	יג	יד	
או"א	יד	או"א		א	ב	ג	ד	ה	ו	ז	ח	ט	י					
	טו	זווגים		א	ב	ג	ד	ה	ו									
	טז	הולדת או"א וזו"ן		א	ב	ג	ד	ה	ו	ז								
ז"א	יז	ז"א		א	ב		ד											
	יח	רפ"ח נצוצין		א	ב	ג		ה	ו									
	יט	אב"ד		א	ב	ג	ד	ה	ו	ז	ח	ט	י					
	כ	המוחין		א	ב	ג	ד	ה	ו	ז	ח	ט	י	יא	יב			
	כא	לידת המוחין		א	ב	ג												
	כב	מוחין דקטנות		א	ב	ג												
	כג	מוחין דצלם		א	ב	ג	ד	ה	ו	ז	ח							
	כד	פרקי הצלם		א	ב	ג	ד	ה	ו	ז								
	כה	דרושי הצלם		א	ב	ג	ד	ה	ו	ז	ח							
	כו	צלם		א	ב	ג	ד											
	כז	פרטי עי"מ		א	ב	ג	ד											
	כח	עיבורים		א	ב	ג	ד	ה										
	כט	נסירה		א	ב	ג	ד	ה	ו	ז	ח	ט						
	ל	פרצופים		א	ב	ג	ד	ה	ו	ז								
	לא	פרצופי זו"ן		א	ב	ג	ד	ה										
	לב	הארת המוחין		א	ב	ג	ד	ה	ו	ז	ח	ט						
	לג	אונאה		א	ב	ג	ד	ה										
נוק' דז"א	לד	תיקון הנוקבא		א	ב	ג	ד	ה	ו	ז								
	לה	הירח		א	ב	ג	ד	ה										
	לו	מעוט הירח		א	ב	ג	ד											
	לז	יעקב ולאה		א	ב	ג	ד	ה										
	לח	לאה ורחל		א	ב	ג	ד	ה	ו	ז	ח	ט						
	לט	מ"ן ומ"ד		א	ב	ג	ד	ה	ו	ז	ח	ט	י	יא	יב	יג	יד	טו
	מ	פנימיות וחצוניות		א	ב	ג	ד	ה	ו	ז	ח	ט	י	יא	יב	יג	יד	טו
	מא	חשמל		א	ב	ג												
אבי"ע	מב-א	דרושי אבי"ע		א	ב	ג	ד	ה	ו	ז	ח	ט	י	יא	יב			
	מב-ב	כללות אבי"ע		א	ב	ג	ד											
	מג	ציור עולמות אבי"ע		א	ב	ג	ד											
	מד	שמות		א	ב	ג	ד	ה	ו	ז								
	מה	מקיפין		א	ב	ג	ד											
	מו	כסא הכבוד		א	ב	ג	ד	ה	ו									
	מז	סדר אבי"ע		א	ב	ג	ד	ה	ו									
	מח	קליפות		א	ב	ג	ד											
	מט	קליפת נוגה		א	ב	ג	ד	ה	ו	ז	ח	ט						
	נ	קיצור אבי"ע		א	ב	ג	ד	ה	ו	ז	ח	ט	י					

תרשימים שער ט' פרק ו'

<u>טבלת ערכים</u>

עולמות	אדם קדמון	אצילות	בריאה	יצירה	עשיה
פרצופים	ע"י וא"א	אבא	אמא	ז"א	נוקבא
ספירות	כתר	חכמה	בינה	חג"ת נה"י	מלכות
הוי"ה	קוץ של י'	י	ה	ו	ה
אורות	יחידה	חיה	נשמה	רוח	נפש
מילוי	שורש הוי"ה	ע"ב - יוד הי ויו הי	ס"ג - יוד הי ואו הי	מ"ה - יוד הא ואו הא	ב"ן - יוד הה וו הה
טנת"א	שורשים	טעמים	נקודות	תגין	אותיות
נקודות	קמץ	פתח	צרי	סגול, שוה, חולם חיריק, קבוץ, שורוק	אין ביקוד
אדם	גולגולתא	מוח ימין	מוח שמאל	גוף וברית	עטרת היסוד
מל"צ	מ - מקיף, יחידה	ל - מקיף, חיה	מוח	לב	כבד
שנגל"ה	שורש	נשמה	גוף	לבוש	היכל
י"ב פרצופים	ער"ן ואו"ן	או"א עלאין	ישסו"ת	זו"ן	יער"ר
כל צמא	אורות	מוחין	צלמים	לבושים	כלים
אברים	מוח	עצמות	גידין	בשר	עור
חושים	מוח	ראיה	שמיעה	ריח	דיבור
מחצבים	א"ס	ספירות	נשמות	מלאכים	חושך
צלם	מ' מקיף ב'	ל' מקיף א'	צ' מוח	צ' לב	צ' כבד
דחצ"מ	אלוקות	מדבר	חי	צומח	דומם
יסודות	יולי	מים	אש	רוח	עפר
רקיעים	ערבות	ערבות	ערבות	מכון, מעון, זבול שחקים, רקיע	וילון
גלגלים	גלגל השכל	גלגל היומי	מזלות	כוכבים	לבנה
היכלות	קודש קודשים	קודש קודשים	קודש קודשים	אהבה, זכות, רצון, נוגה, עצם השמים, לבנת הספיר	לבנת הספיר
מלוי הוי"ה		מו - וד י יו י	לז - וד י או י	יט - וד א או א	כו - וד ה ו ה
אהי"ה		קס"א - אלף הי יוד הי	קס"א - אלף הי יוד הי	קמ"ג - אלף הא יוד הא	קנ"ב - אלף הה יוד הה

תרשימים שער ט' פרק ו'

תרשים ו - א

קוץ של י'

הוי"ה	עולמות	פרצופים	נרנח"י	עסמ"ב	טנת"א	עבגע"מ	ארמ"ע	דצח"מ
׳	א"ק	א"א	יחידה			מוח		
י	אצילות	אבא	חיה	ע"ב	טעמים	עצמות	מים	מדבר
ה	בריאה	אימא	נשמה	ס"ג	נקודות	גידין	אש	חי
ו	יצירה	ז"א	רוח	מ"ה	תגין	בשר	רוח	צומח
ה	עשיה	נוקבא	נפש	ב"ן	אותיות	עור	עפר	דומם

תרשים ו - ב

א"ק	אצילות	בריאה	יצירה	עשיה
א"ק	א"ק	א"ק	א"ק	א"ק
אצילות	אצילות	אצילות	אצילות	אצילות
בריאה	בריאה	בריאה	בריאה	בריאה
יצירה	יצירה	יצירה	יצירה	יצירה
עשיה	עשיה	עשיה	עשיה	עשיה

תרשים ו - ג

א"א	אבא	אימא	ז"א	נוקבא
א"א	א"א	א"א	א"א	א"א
אבא	אבא	אבא	אבא	אבא
אימא	אימא	אימא	אימא	אימא
ז"א	ז"א	ז"א	ז"א	ז"א
נוקבא	נוקבא	נוקבא	נוקבא	נוקבא

תרשים ו - ד

כתר	חכמה	בינה	חסד	גבורה	ת"ת	נצח	הוד	יסוד	מלכות
כתר	כתר	כתר	כתר	כתר	כתר	כתר	כתר	כתר	כתר
חכמה	חכמה	חכמה	חכמה	חכמה	חכמה	חכמה	חכמה	חכמה	חכמה
בינה	בינה	בינה	בינה	בינה	בינה	בינה	בינה	בינה	בינה
חסד	חסד	חסד	חסד	חסד	חסד	חסד	חסד	חסד	חסד
גבורה	גבורה	גבורה	גבורה	גבורה	גבורה	גבורה	גבורה	גבורה	גבורה
תפארת	תפארת	תפארת	תפארת	תפארת	תפארת	תפארת	תפארת	תפארת	תפארת
נצח	נצח	נצח	נצח	נצח	נצח	נצח	נצח	נצח	נצח
הוד	הוד	הוד	הוד	הוד	הוד	הוד	הוד	הוד	הוד
יסוד	יסוד	יסוד	יסוד	יסוד	יסוד	יסוד	יסוד	יסוד	יסוד
מלכות	מלכות	מלכות	מלכות	מלכות	מלכות	מלכות	מלכות	מלכות	מלכות

תרשׁים ו - ה

נפשׁ	רוח	נׁשׁמׁה	חיׁה	יחׁידׁה
יחׁידׁה	יחׁידׁה	יחׁידׁה	יחׁידׁה	יחׁידׁה
חיׁה	חיׁה	חיׁה	חיׁה	חיׁה
נׁשׁמׁה	נׁשׁמׁה	נׁשׁמׁה	נׁשׁמׁה	נׁשׁמׁה
רוח	רוח	רוח	רוח	רוח
נפשׁ	נפשׁ	נפשׁ	נפשׁ	נפשׁ

תרשׁים ו - ו

ע"ב	יו"ד ה"י ו"יו ה"י
ס"ג	יו"ד ה"י וא"ו ה"י
מ"ה	יו"ד ה"א וא"ו ה"א
בן	יו"ד ה"ה ו"ו ה"ה

אׁבׁ

ע"ב	יו"ד ה"י ו"יו ה"י
ס"ג	יו"ד ה"י וא"ו ה"י
מ"ה	יו"ד ה"א וא"ו ה"א
בן	יו"ד ה"ה ו"ו ה"ה

אׁמׁ

ע"ב	יו"ד ה"י ו"יו ה"י
ס"ג	יו"ד ה"י וא"ו ה"י
מ"ה	יו"ד ה"א וא"ו ה"א
בן	יו"ד ה"ה ו"ו ה"ה

מׁהׁ

ע"ב	יו"ד ה"י ו"יו ה"י
ס"ג	יו"ד ה"י וא"ו ה"י
מ"ה	יו"ד ה"א וא"ו ה"א
בן	יו"ד ה"ה ו"ו ה"ה

בׁן

תרשים ו - ז

עור	בשׂר	גידין	עצמות	מוח
מוח	מוח	מוח	מוח	מוח
עצמות	עצמות	עצמות	עצמות	עצמות
גידין	גידין	גידין	גידין	גידין
בשׂר	בשׂר	בשׂר	בשׂר	בשׂר
עור	עור	עור	עור	עור

תרשים ו - ח

תרשים ו - ט

היכל	לבושׁ	גוף	נשׁמה	שׁורשׁ
שׁורשׁ	שׁורשׁ	שׁורשׁ	שׁורשׁ	שׁורשׁ
נשׁמה	נשׁמה	נשׁמה	נשׁמה	נשׁמה
גוף	גוף	גוף	גוף	גוף
לבושׁ	לבושׁ	לבושׁ	לבושׁ	לבושׁ
היכל	היכל	היכל	היכל	היכל

תרשימים שער ט' פרק ו'

תרשים ו - י

ש

שורש		
שורש	א"ק	יחידה
נשמה	אצילות	חיה
גוף	בריאה	נשמה
לבוש	יצירה	רוח
היכל	עשיה	נפש

נ

נשמה		
שורש	א"ק	יחידה
נשמה	אצילות	חיה
גוף	בריאה	נשמה
לבוש	יצירה	רוח
היכל	עשיה	נפש

ג

גוף		
שורש	א"ק	יחידה
נשמה	אצילות	חיה
גוף	בריאה	נשמה
לבוש	יצירה	רוח
היכל	עשיה	נפש

ל

לבוש		
שורש	א"ק	יחידה
נשמה	אצילות	חיה
גוף	בריאה	נשמה
לבוש	יצירה	רוח
היכל	עשיה	נפש

ה

היכל		
שורש	א"ק	יחידה
נשמה	אצילות	חיה
גוף	בריאה	נשמה
לבוש	יצירה	רוח
היכל	עשיה	נפש

תרשים ו - י"א

תרשים ו - י"ב

תרשׁימים שׁער ט' פרק ו'

בחינת מוחין נעלמת

אזורי נתינת מוזין

	כתר
ע"ב טעמים	חכמה
ס"ג נקודות	בינה
מ"ה תגין	ו"ק
ב"ן אותיות	מלכות

לפני נתינת מוזין

ע"ב טעמים	כתר
ס"ג נקודות	חכמה
מ"ה תגין	בינה
ב"ן אותיות	ו"ק
	מלכות

ספירות	פרצופים	עולמות	נר"נ ח"י
כתר	עתיק	א"ק	יחידה
חכמה	א"א	אצילות	חיה
בינה	אבא	בריאה	נשמה
ו"ק	אימא	יצירה	רוח
מלכות	ז"א	עשיה	נפש
	נוקבא		

אין גילוי בדברי הרב ז"ל

קו הא"ס לפי הבל"י

ע"ב - יוד הי ויו הי

ס"ג - יוד הי ואו הי

מ"ה - יוד הא ואו הא

ב"ן - יוד הה וו הה

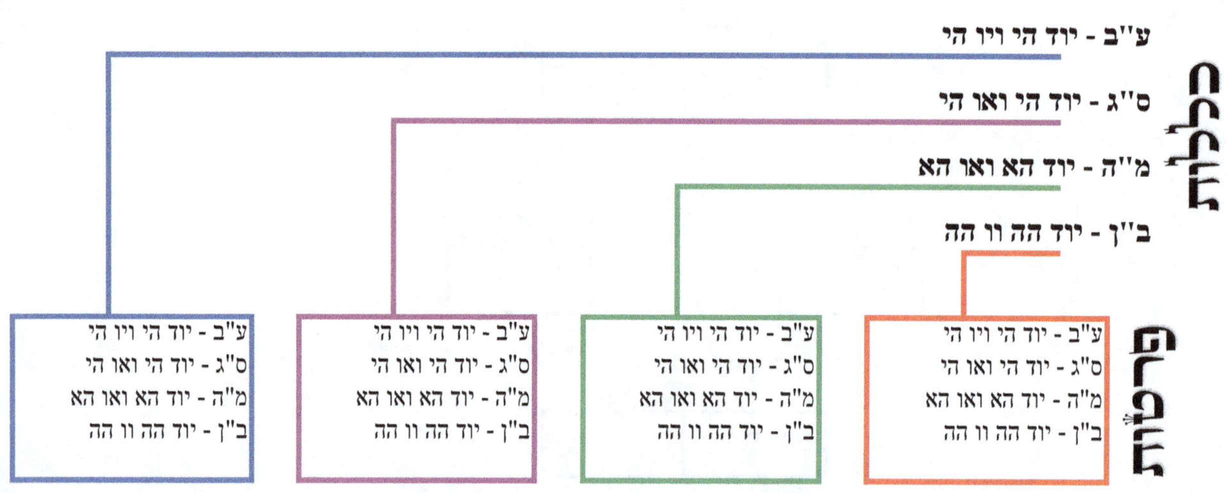

תרשׁימים שׁעׁר ט' פרק ו'

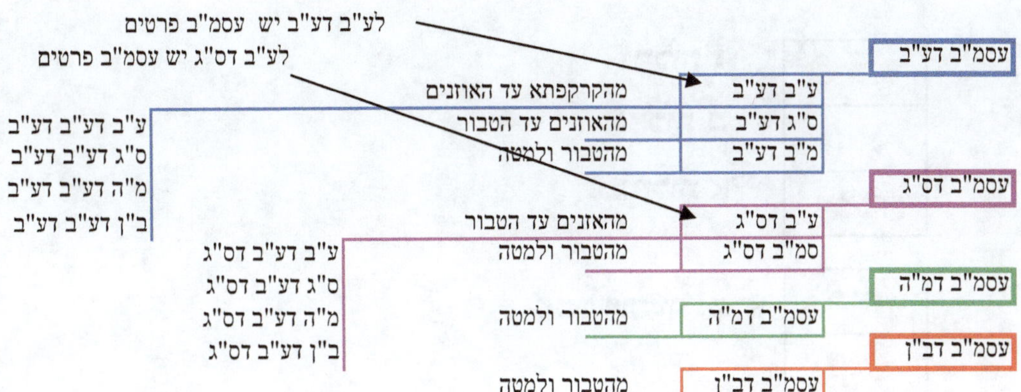

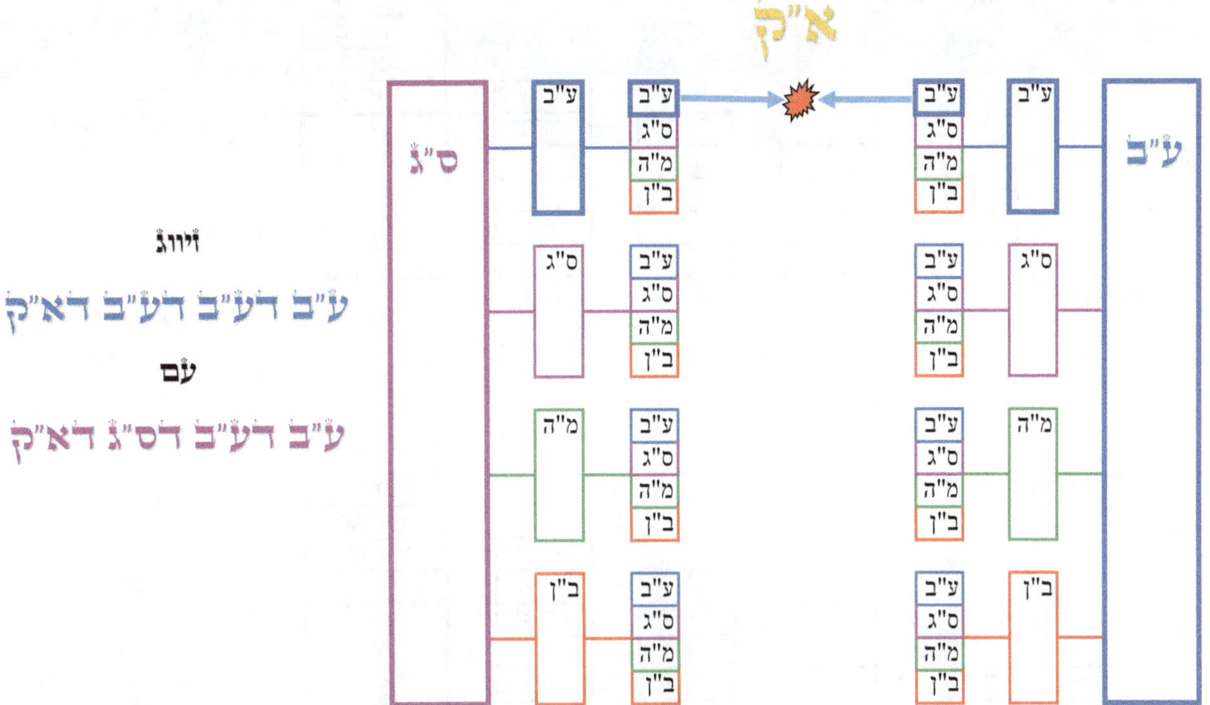

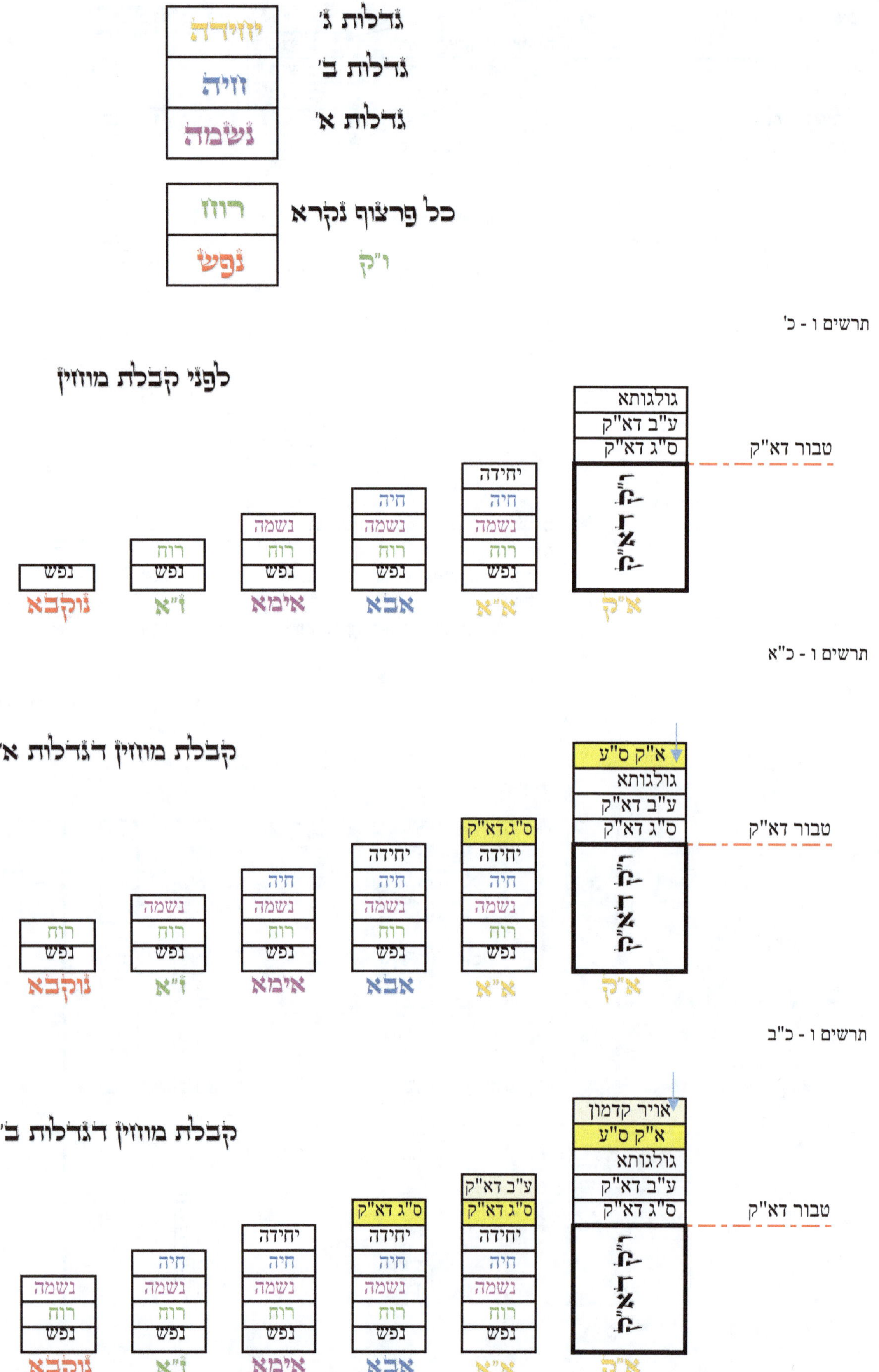
תרשים ו - י"ט
גדלות ג'
גדלות ב'
גדלות א'
יחידה
זזיה
נשמה
כל פרצוף נקרא
ו"ק
רוח
נפש

תרשים ו - כ'
לפני קבלת מוזין
גולגותא
ע"ב דא"ק
ס"ג דא"ק
טבור דא"ק
יחידה
חיה
נשמה
רוח
נפש
נוקבא
ז"א
אימא
אבא
א"א
א"ק

תרשים ו - כ"א
קבלת מוזין דגדלות א'
א"ק ס"ע
גולגותא
ע"ב דא"ק
ס"ג דא"ק
טבור דא"ק
ס"ג דא"ק
יחידה
חיה
נשמה
רוח
נפש
נוקבא
ז"א
אימא
אבא
א"א
א"ק

תרשים ו - כ"ב
קבלת מוזין דגדלות ב'
אויר קדמון
א"ק ס"ע
גולגותא
ע"ב דא"ק
ס"ג דא"ק
טבור דא"ק
ע"ב דא"ק
ס"ג דא"ק
יחידה
חיה
נשמה
רוח
נפש
נוקבא
ז"א
אימא
אבא
א"א
א"ק

קׁבלׁת מוזין דגׁדלות גׁ'

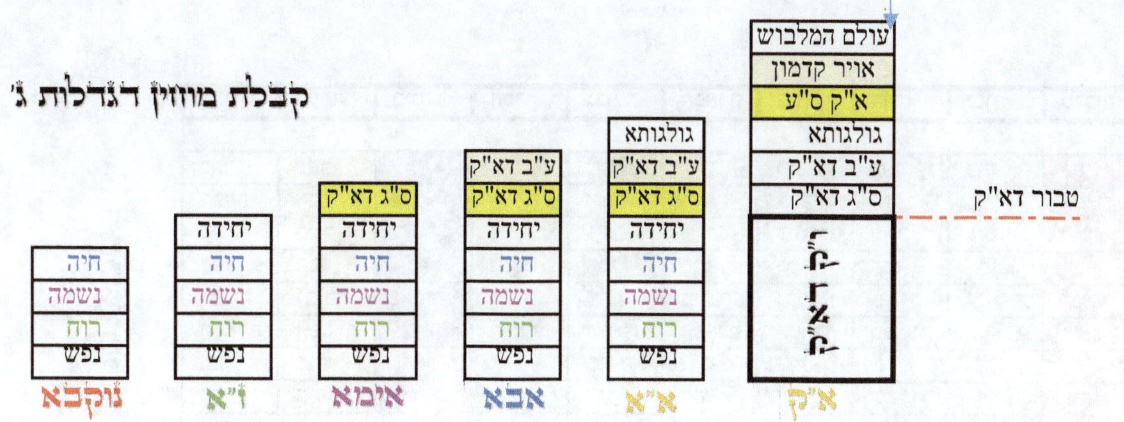

אזורי קׁבלׁת מוזין דגׁדלות

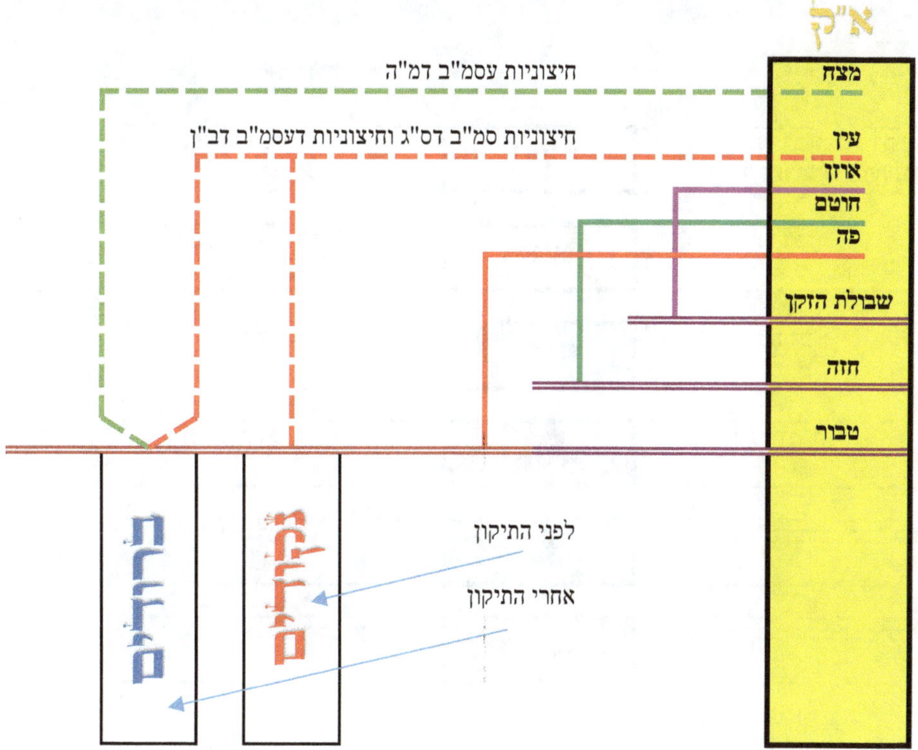

פרצופי הנאצלים המבוארים בדרוש ב'

מ"ה

מלכות	יסוד	הוד	נצח	תפארת	גבורה	חסד	בינה	חכמה	כתר
כתר	כתר	כתר	כתר	כתר	כתר	כתר	כתר	כתר	כתר
חכמה	חכמה	חכמה	חכמה	חכמה	חכמה	חכמה	חכמה	חכמה	חכמה
בינה	בינה	בינה	בינה	בינה	בינה	בינה	בינה	בינה	בינה
חסד	חסד	חסד	חסד	חסד	חסד	חסד	חסד	חסד	חסד
גבורה	גבורה	גבורה	גבורה	גבורה	גבורה	גבורה	גבורה	גבורה	גבורה
תפארת	תפארת	תפארת	תפארת	תפארת	תפארת	תפארת	תפארת	תפארת	תפארת
נצח	נצח	נצח	נצח	נצח	נצח	נצח	נצח	נצח	נצח
הוד	הוד	הוד	הוד	הוד	הוד	הוד	הוד	הוד	הוד
יסוד	יסוד	יסוד	יסוד	יסוד	יסוד	יסוד	יסוד	יסוד	יסוד
מלכות	מלכות	מלכות	מלכות	מלכות	מלכות	מלכות	מלכות	מלכות	מלכות

ב"ן

מלכות	יסוד	הוד	נצח	תפארת	גבורה	חסד	בינה	חכמה	כתר
כתר	כתר	כתר	כתר	כתר	כתר	כתר	כתר	כתר	כתר
חכמה	חכמה	חכמה	חכמה	חכמה	חכמה	חכמה	חכמה	חכמה	חכמה
בינה	בינה	בינה	בינה	בינה	בינה	בינה	בינה	בינה	בינה
חסד	חסד	חסד	חסד	חסד	חסד	חסד	חסד	חסד	חסד
גבורה	גבורה	גבורה	גבורה	גבורה	גבורה	גבורה	גבורה	גבורה	גבורה
תפארת	תפארת	תפארת	תפארת	תפארת	תפארת	תפארת	תפארת	תפארת	תפארת
נצח	נצח	נצח	נצח	נצח	נצח	נצח	נצח	נצח	נצח
הוד	הוד	הוד	הוד	הוד	הוד	הוד	הוד	הוד	הוד
יסוד	יסוד	יסוד	יסוד	יסוד	יסוד	יסוד	יסוד	יסוד	יסוד
מלכות	מלכות	מלכות	מלכות	מלכות	מלכות	מלכות	מלכות	מלכות	מלכות

ב"ן   מ"ה

ב"ן		מ"ה
ה"ר דכתר דב"ן, ג"ר דחכמה, וד"ר דבינה, וז' כתרים דז' תחתונות	עַתִּיק	י' ספירות דכתר דמ"ה
ה"ת דכתר דב"ן	א"א	י' ספירות דחכמה דמ"ה
ז"ת דחכמה דב"ן	אבא	ה"ר דבינה דמ"ה
ו"ת דבינה דמ"ה	אימא	ה"ת דבינה דמ"ה
כללות ט"ס תחתונות דו"ק דב"ן	ז"א	כללות ו"ק דמ"ה
ט' ספירות תחתונות דמלכות דב"ן	נוקבא	י' ספירות דמלכות דמ"ה

מ"ה

מלכות	יסוד	הוד	נצח	תפארת	גבורה	חסד	בינה	חכמה	כתר
כתר	כתר	כתר	כתר	כתר	כתר	כתר	כתר	כתר	כתר
חכמה	חכמה	חכמה	חכמה	חכמה	חכמה	חכמה	חכמה	חכמה	חכמה
בינה	בינה	בינה	בינה	בינה	בינה	בינה	בינה	בינה	בינה
חסד	חסד	חסד	חסד	חסד	חסד	חסד	חסד	חסד	חסד
גבורה	גבורה	גבורה	גבורה	גבורה	גבורה	גבורה	גבורה	גבורה	גבורה
תפארת	תפארת	תפארת	תפארת	תפארת	תפארת	תפארת	תפארת	תפארת	תפארת
נצח	נצח	נצח	נצח	נצח	נצח	נצח	נצח	נצח	נצח
הוד	הוד	הוד	הוד	הוד	הוד	הוד	הוד	הוד	הוד
יסוד	יסוד	יסוד	יסוד	יסוד	יסוד	יסוד	יסוד	יסוד	יסוד
מלכות	מלכות	מלכות	מלכות	מלכות	מלכות	מלכות	מלכות	מלכות	מלכות

ב"ן

מלכות	יסוד	הוד	נצח	תפארת	גבורה	חסד	בינה	חכמה	כתר
כתר	כתר	כתר	כתר	כתר	כתר	כתר	כתר	כתר	כתר
חכמה	חכמה	חכמה	חכמה	חכמה	חכמה	חכמה	חכמה	חכמה	חכמה
בינה	בינה	בינה	בינה	בינה	בינה	בינה	בינה	בינה	בינה
חסד	חסד	חסד	חסד	חסד	חסד	חסד	חסד	חסד	חסד
גבורה	גבורה	גבורה	גבורה	גבורה	גבורה	גבורה	גבורה	גבורה	גבורה
תפארת	תפארת	תפארת	תפארת	תפארת	תפארת	תפארת	תפארת	תפארת	תפארת
נצח	נצח	נצח	נצח	נצח	נצח	נצח	נצח	נצח	נצח
הוד	הוד	הוד	הוד	הוד	הוד	הוד	הוד	הוד	הוד
יסוד	יסוד	יסוד	יסוד	יסוד	יסוד	יסוד	יסוד	יסוד	יסוד
מלכות	מלכות	מלכות	מלכות	מלכות	מלכות	מלכות	מלכות	מלכות	מלכות

ב"ן		מ"ה
ה"ר דכתר דב"ן, ג"ר דחכמה, וד"ר דבינה, וז' כתרים דז' תחתונות	**עַתִּיק**	י' ספירות דכתר דמ"ה
ה"ת דכתר דב"ן	**א"א**	י' ספירות דחכמה דמ"ה
ו"ק דחכמה דב"ן	**אבא עִילָּאָה**	כתר חכמה דבינה דמ"ה
ה"ק דבינה דמ"ה	**אימא עִילָּאָה**	בינה דבינה דמ"ה
מלכות דחכמה דב"ן	**ישׂראל סבא**	ו"ק דבינה דמ"ה
מלכות דבינה דב"ן	**תבוּנָה**	מלכות דבינה דמ"ה
כללות ט"ס תחתונות דו"ק דב"ן	**ז"א**	כללות ו"ק דמ"ה
ט' ספירות תחתונות דמלכות דב"ן	**נוּקְבָא**	י' ספירות דמלכות דמ"ה

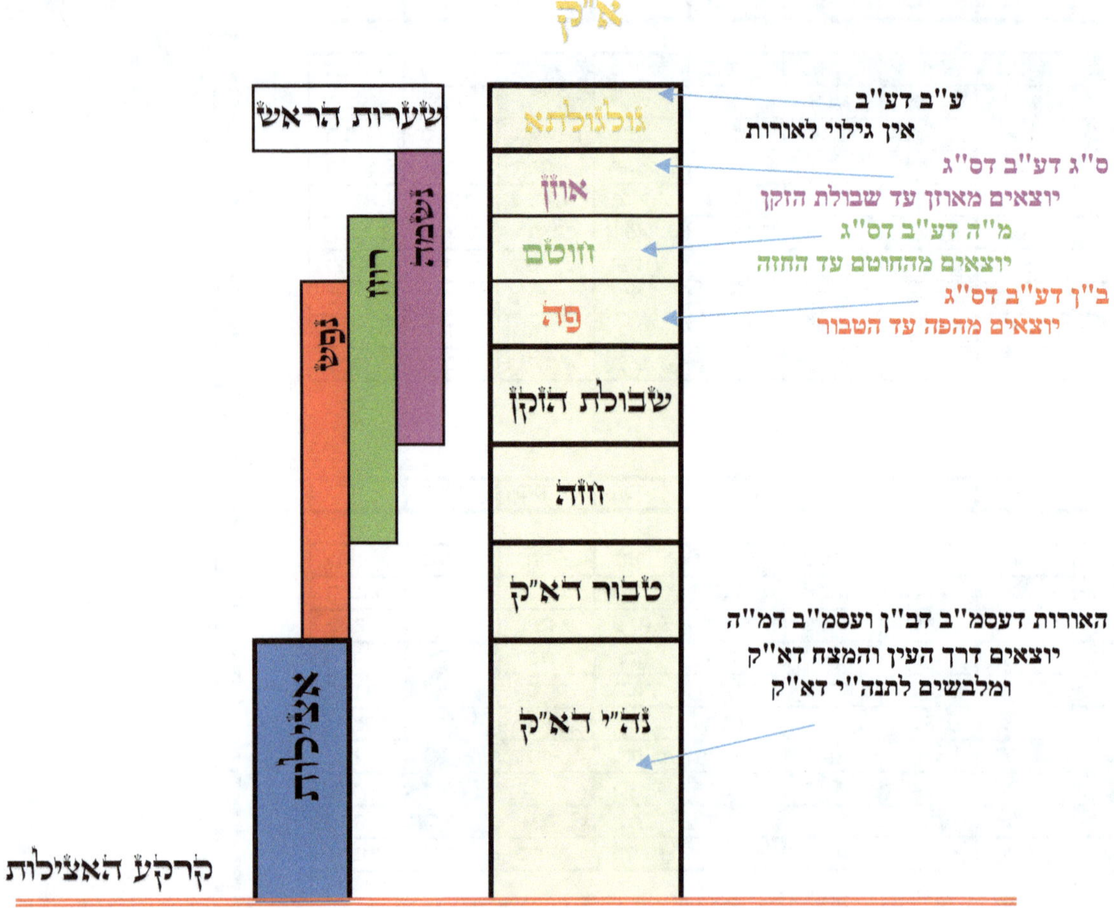
א"ק
גולגלתא
אוֹזֶן
חוֹטֶם
פֶּה
שִׁבּוֹלֶת הַזָּקָן
חָזֶה
טַבּוּר דא"ק
נֹה"י דא"ק
שַׂעֲרוֹת הָראשׁ
נשמה
רוח
נפש
גלגלת
קַרְקַע הָאֲצִילוּת
ע"ב דע"ב
אין גילוי לאורות
ס"ג דע"ב דס"ג
יוצאים מאוזן עד שבולת הזקן
מ"ה דע"ב דס"ג
יוצאים מהחוטם עד החזה
ב"ן דע"ב דס"ג
יוצאים מהפה עד הטבור
האורות דעסמ"ב דב"ן ועסמ"ב דמ"ה
יוצאים דרך העין והמצח דא"ק
ומלבשים לתנה"י דא"ק

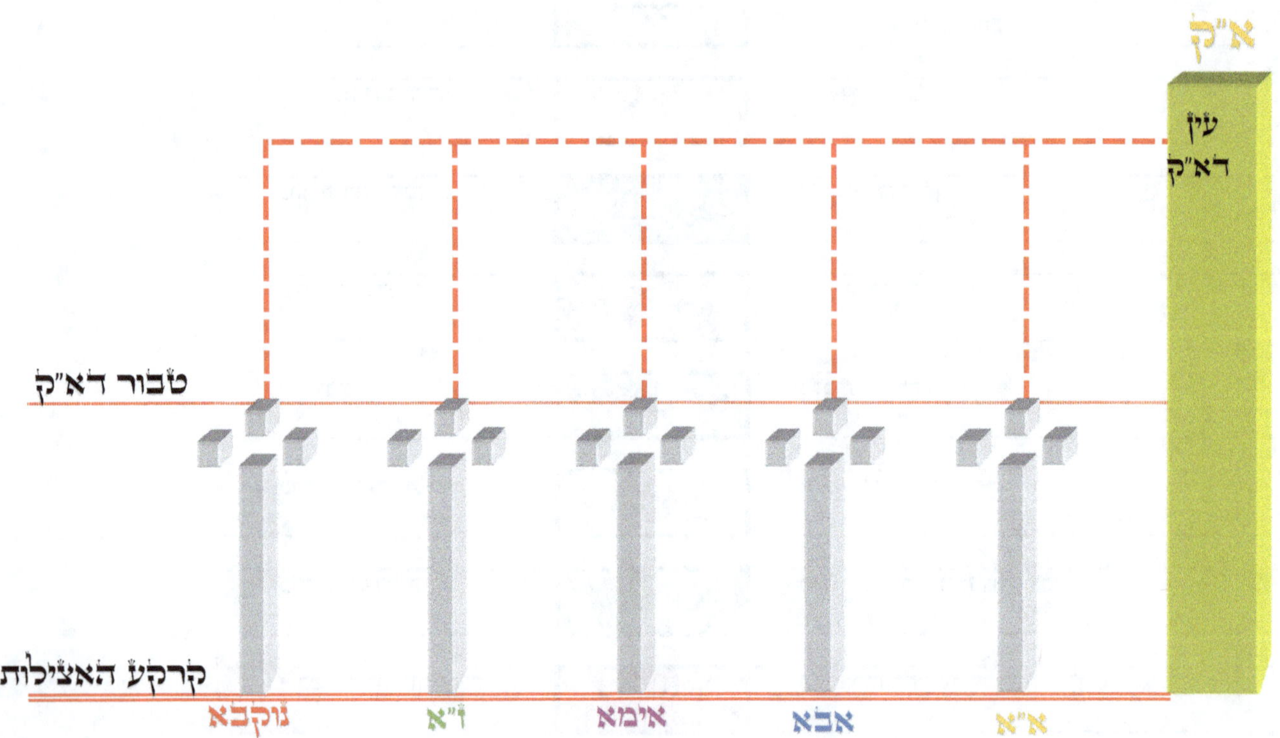
א"ק
עֵין דא"ק
טַבּוּר דא"ק
קַרְקַע הָאֲצִילוּת
נוקבא
ז"א
אימא
אבא
א"א

תרשים ו - ל

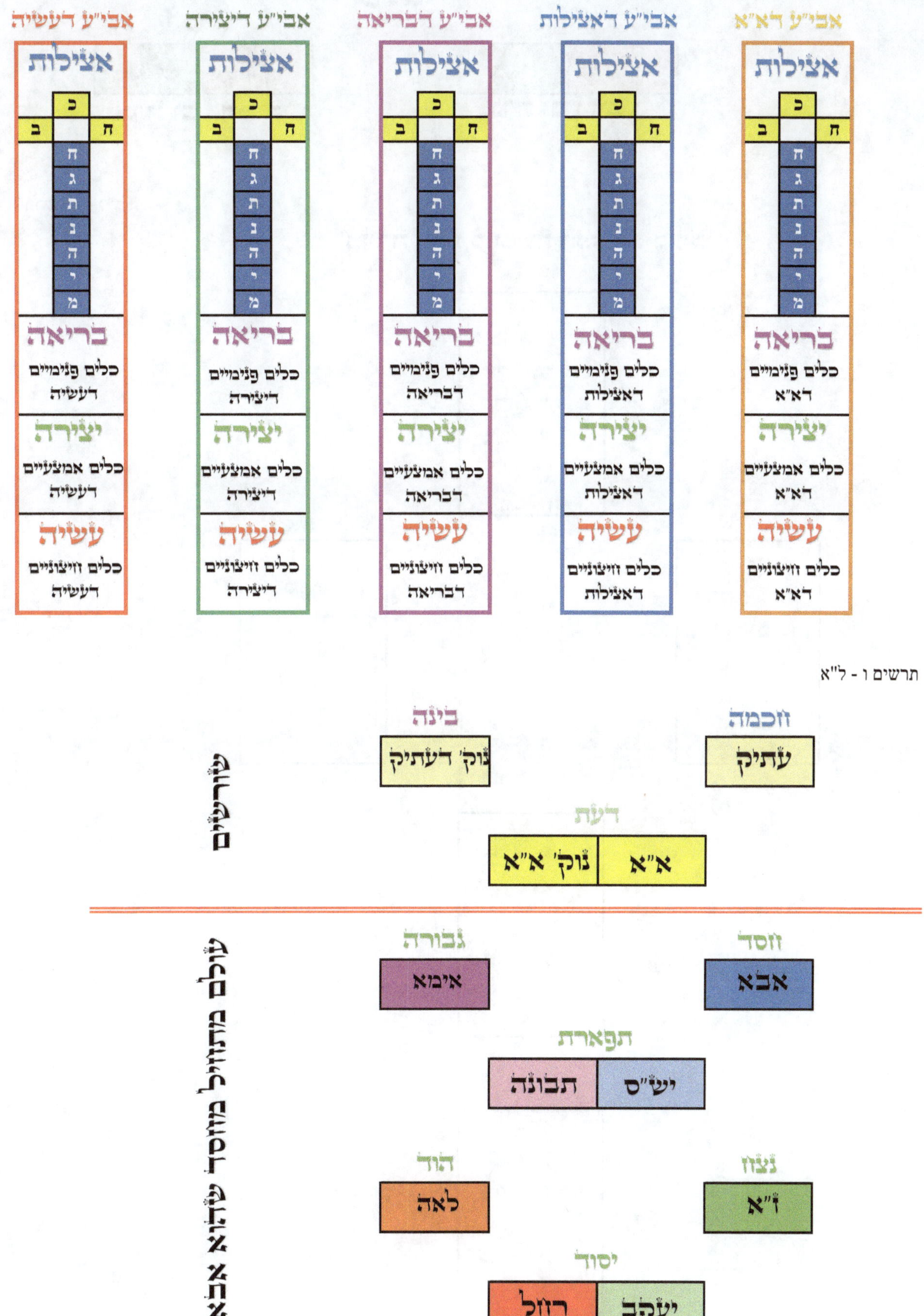

תרשים ו - ל"א

עוֹלָם

נְקוּדָה אַחַת מֵחֲמִשָׁה הַנְקוּדוֹת בְּעוֹבִי

א"א

כתר
חכמה בינה
חסד גבורה
תפארת
נצח הוד
יסוד
מלכות

אימא

כתר
חכמה בינה
חסד גבורה
תפארת
נצח הוד
יסוד
מלכות

אבא

כתר
חכמה בינה
חסד גבורה
תפארת
נצח הוד
יסוד
מלכות

ז"א

כתר
חכמה בינה
חסד גבורה
תפארת
נצח הוד
יסוד
מלכות

נוקבא

כתר
חכמה בינה
חסד גבורה
תפארת
נצח הוד
יסוד
מלכות

עולם הנקודים דכל נקודה בעובי
שבירת הכלים דשבעת המלכים וירידתם לבי"ע

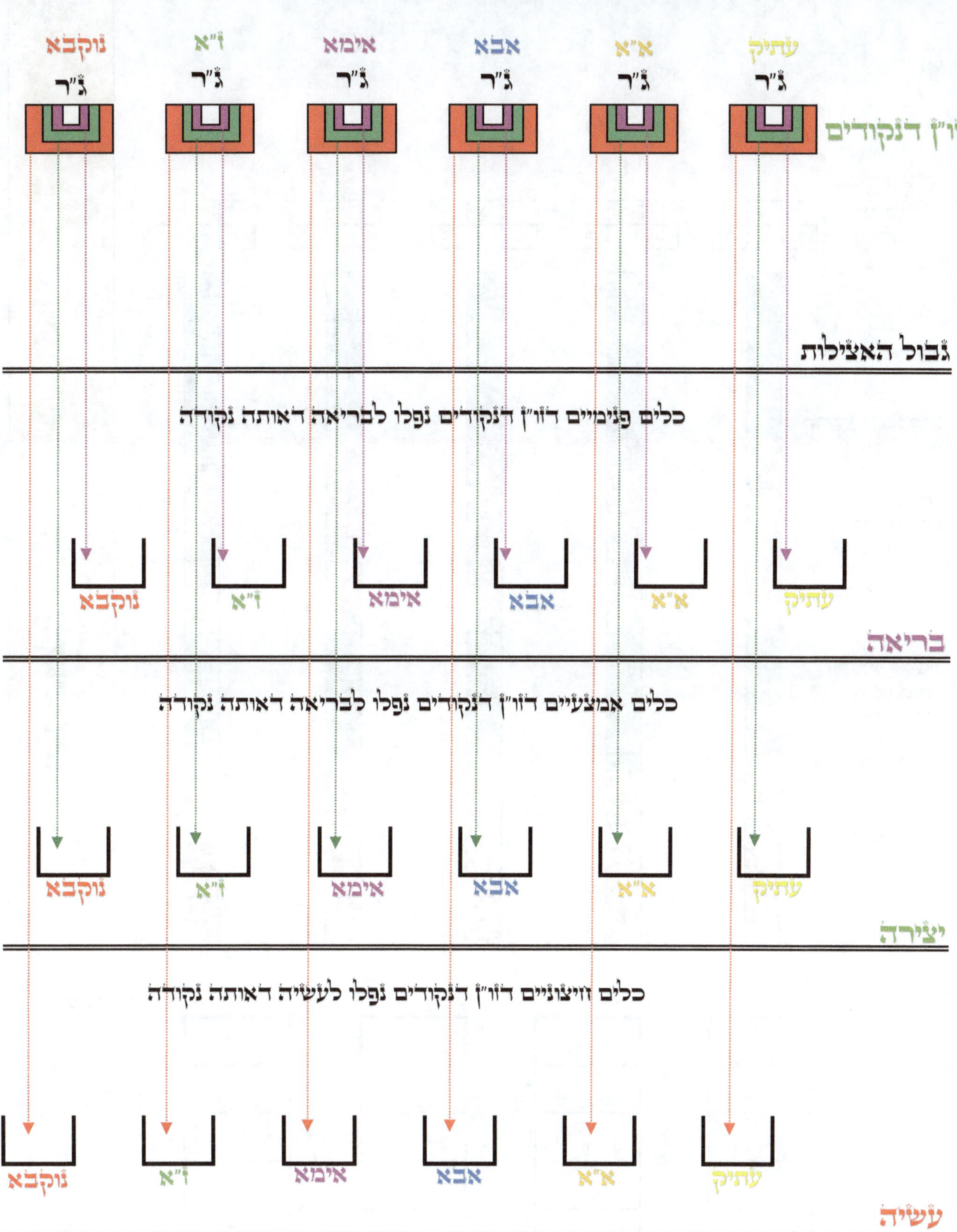

תרשימים שער ט' פרק ו'

תרשים ו -ל"ה

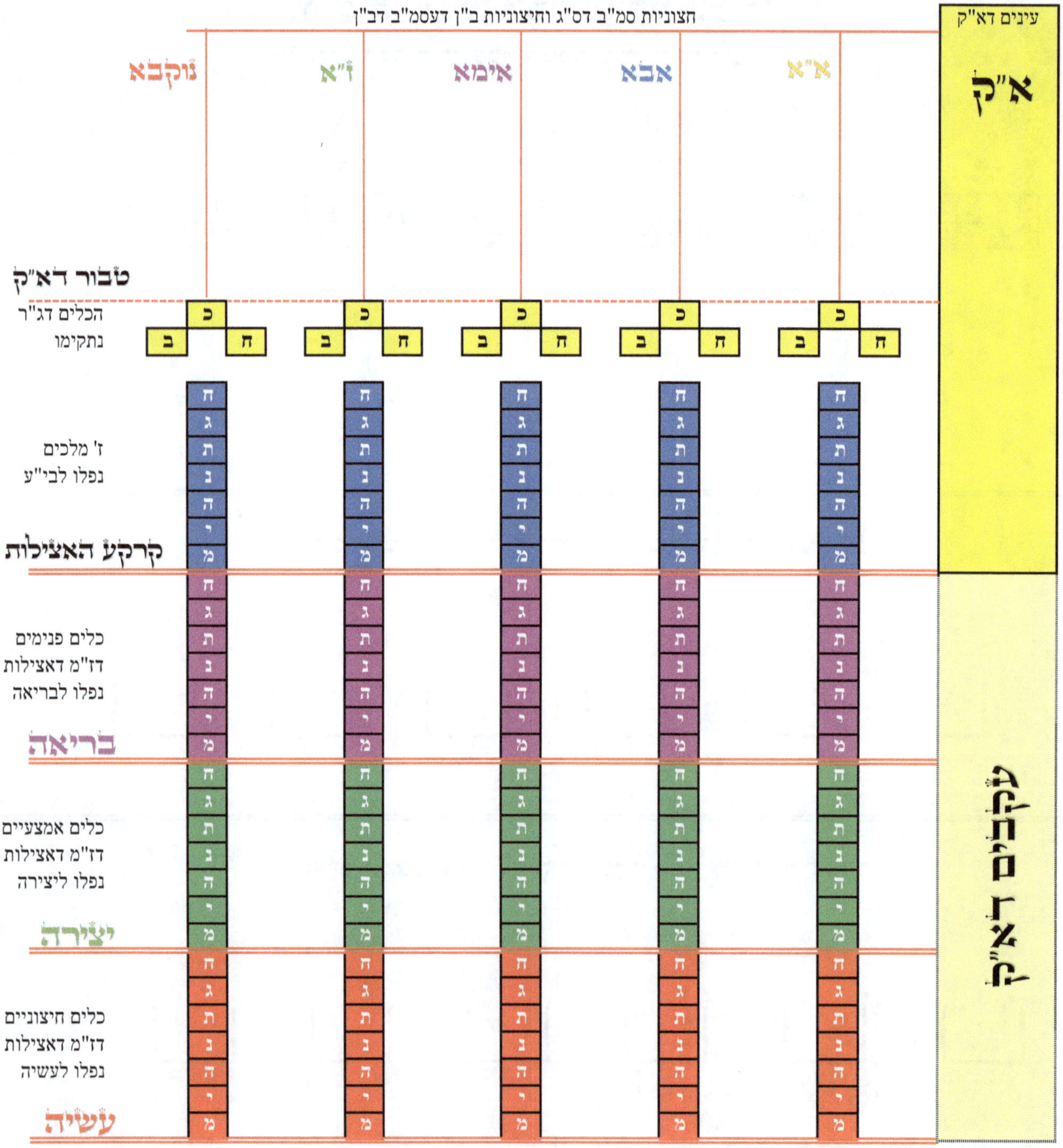

עינים דא"ק
א"ק
חצוניות סמ"ב דס"ג וחיצוניות ב"ן דעסמ"ב דב"ן
א"א
אבא
אימא
ז"א
נוקבא
טבור דא"ק
הכלים דג"ר
נתקימו
כ
ח
ב
ח
ג
ת
נ
ה
י
מ
ז' מלכים
נפלו לבי"ע
קרקע האצילות
כלים פנימים
דז"מ דאצילות
נפלו לבריאה
בריאה
כלים אמצעיים
דז"מ דאצילות
נפלו ליצירה
יצירה
כלים חיצוניים
דז"מ דאצילות
נפלו לעשיה
עשיה
עקדים דא"ק

תרשים ו -ל"ו

ע"ב	ס"ג	מ"ה	ב"ן
ע"ב טעמים	ע"ב טעמים	ע"ב טעמים	ע"ב טעמים
ס"ג נקודות	ס"ג נקודות	ס"ג נקודות	ס"ג נקודות
מ"ה תגין	מ"ה תגין	מ"ה תגין	מ"ה תגין
ב"ן אותיות	ב"ן אותיות	ב"ן אותיות	ב"ן אותיות

תרשים ו -ל"ז

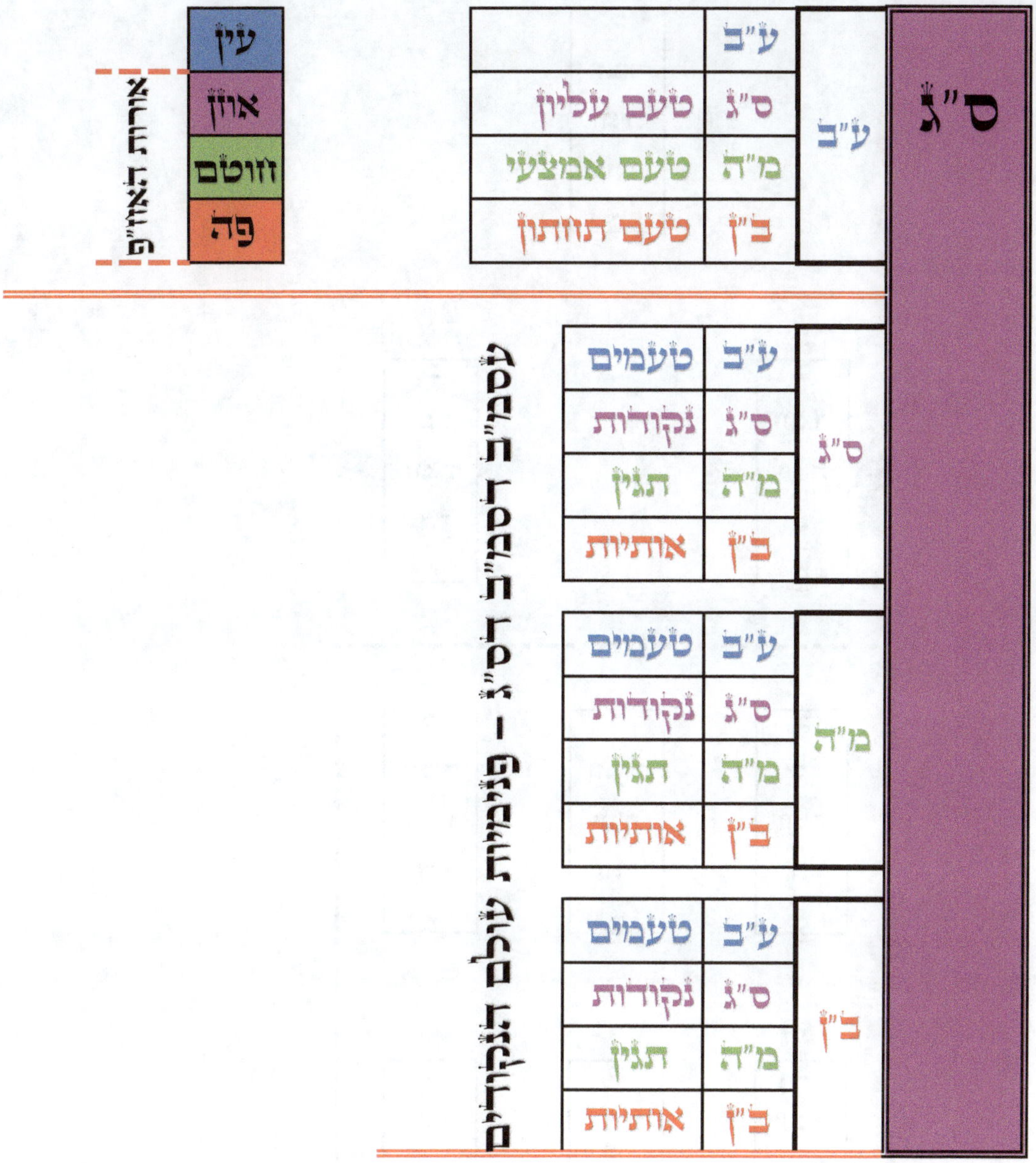

אורות האח"פ			
עין	אוזן	חוטם	פה

ס"ג

ס"ג	ע"ב	
	ע"ב	
	ס"ג	טעם עליון
	מ"ה	טעם אמצעי
	ב"ן	טעם תחתון

עסמ"ב דסמ"ב דס"ג – פנימיות עולם הנקודים

ס"ג	ע"ב	טעמים
	ס"ג	נקודות
	מ"ה	תגין
	ב"ן	אותיות

מ"ה	ע"ב	טעמים
	ס"ג	נקודות
	מ"ה	תגין
	ב"ן	אותיות

ב"ן	ע"ב	טעמים
	ס"ג	נקודות
	מ"ה	תגין
	ב"ן	אותיות

תרשים ו -ל"ח

עסמ"ב דב"ן

ב"ן		
ע"ב	חכמה
ס"ג	בינה
מ"ה	ו"ק
ב"ן	מלכות

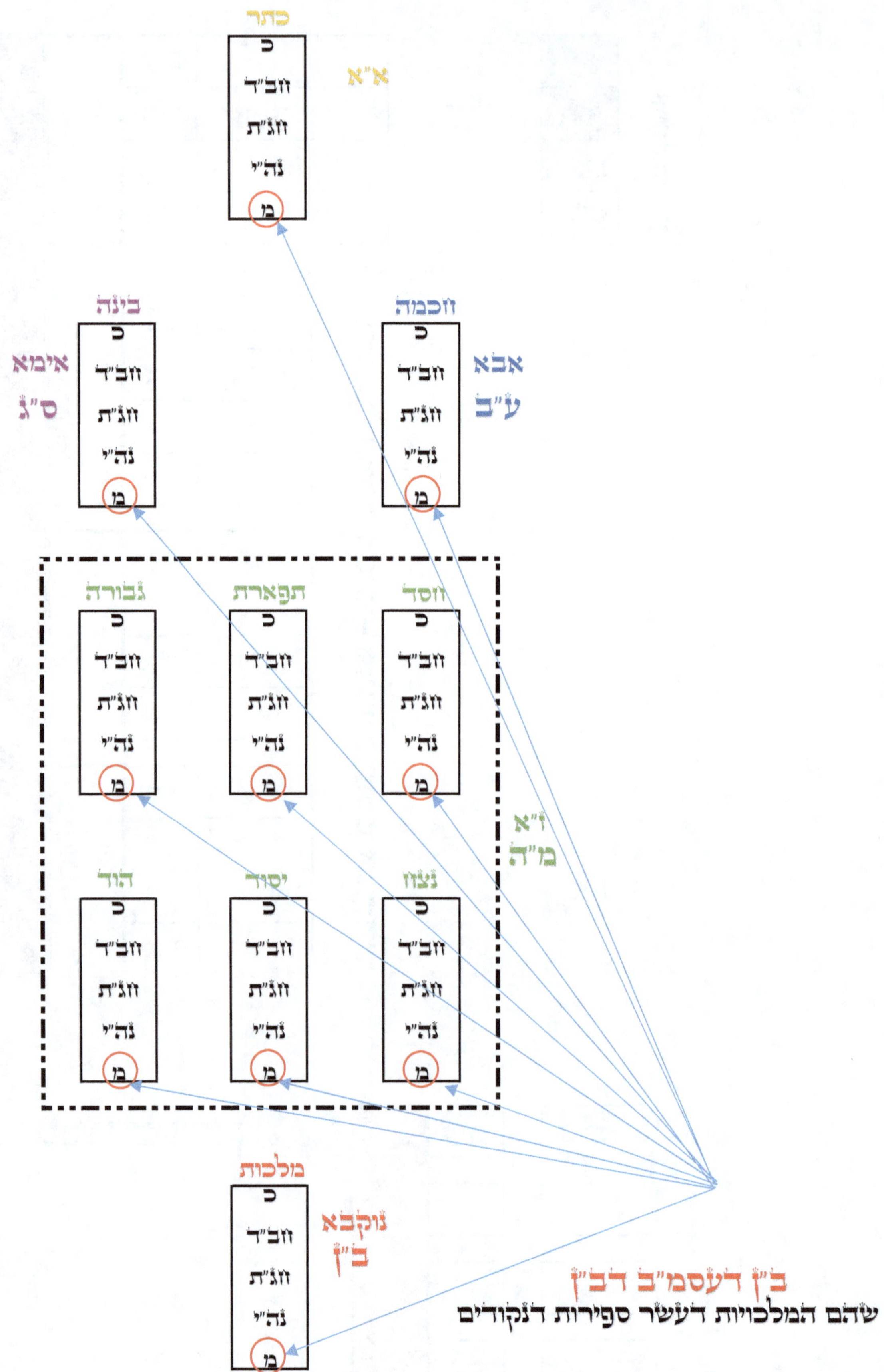
כתר
א"א
כ
חב"ד
חג"ת
נה"י
מ
בינה
אימא
ס"ג
כ
חב"ד
חג"ת
נה"י
מ
חכמה
אבא
ע"ב
כ
חב"ד
חג"ת
נה"י
מ
גבורה
כ
חב"ד
חג"ת
נה"י
מ
תפארת
כ
חב"ד
חג"ת
נה"י
מ
חסד
כ
חב"ד
חג"ת
נה"י
מ
הוד
כ
חב"ד
חג"ת
נה"י
מ
יסוד
כ
חב"ד
חג"ת
נה"י
מ
נצח
כ
חב"ד
חג"ת
נה"י
מ
ז"א
מ"ה
מלכות
נוקבא
ב"ן
כ
חב"ד
חג"ת
נה"י
מ
ב"ן דעסמ"ב דב"ן
שׁהם המלכויות דעשׂר ספירות דנׁקודים

תרשימים שער ט' פרק ו'

תרשים ו - מ'

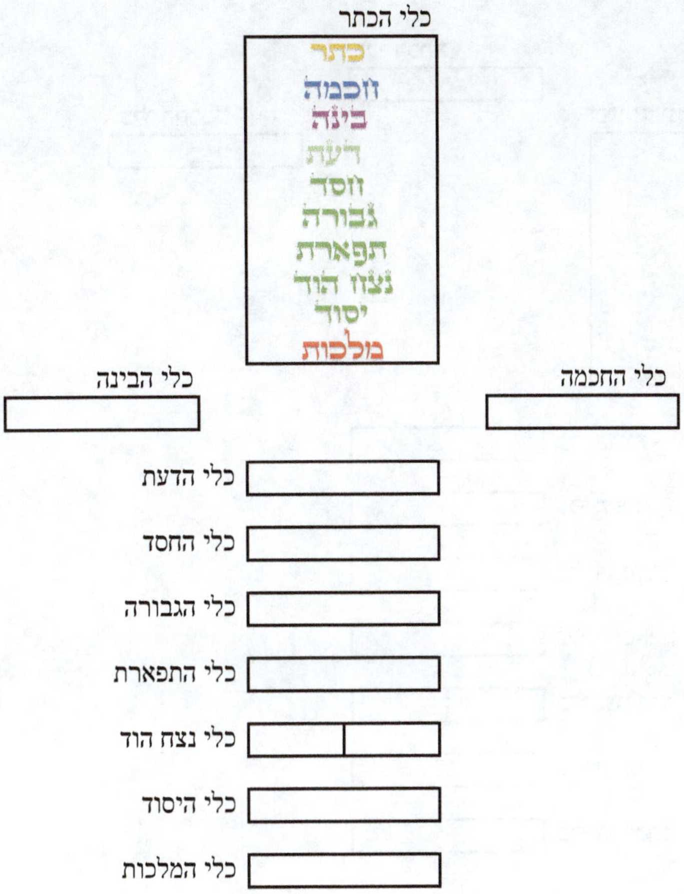

כלי הכתר
כתר
חכמה
בינה
דעת
חסד
גבורה
תפארת
נצח הוד
יסוד
מלכות
כלי החכמה
כלי הבינה
כלי הדעת
כלי החסד
כלי הגבורה
כלי התפארת
כלי נצח הוד
כלי היסוד
כלי המלכות

תרשים ו - מ"א

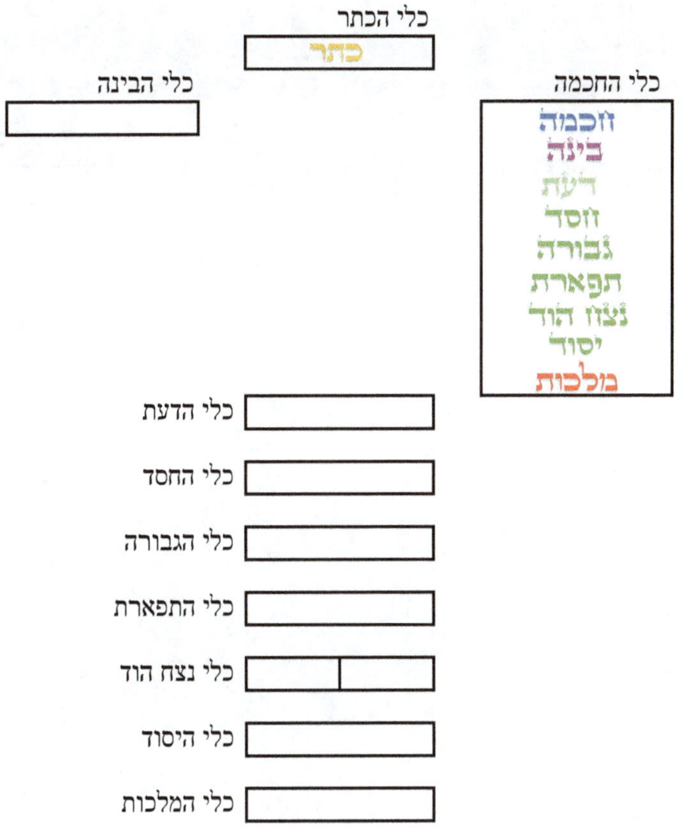

כלי הכתר
כתר
כלי החכמה
חכמה
בינה
דעת
חסד
גבורה
תפארת
נצח הוד
יסוד
מלכות
כלי הבינה
כלי הדעת
כלי החסד
כלי הגבורה
כלי התפארת
כלי נצח הוד
כלי היסוד
כלי המלכות

תרשימים שער ט' פרק ו'

תרשים ו - מ"ב

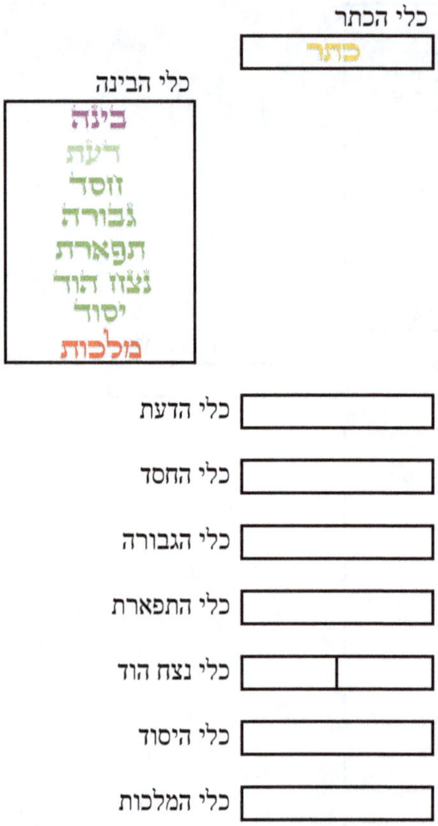
כלי הכתר
כתר
כלי הבינה
בינה
דעת
חסד
גבורה
תפארת
נצח הוד
יסוד
מלכות
כלי החכמה
חכמה
כלי הדעת
כלי החסד
כלי הגבורה
כלי התפארת
כלי נצח הוד
כלי היסוד
כלי המלכות

תרשים ו - מ"ג

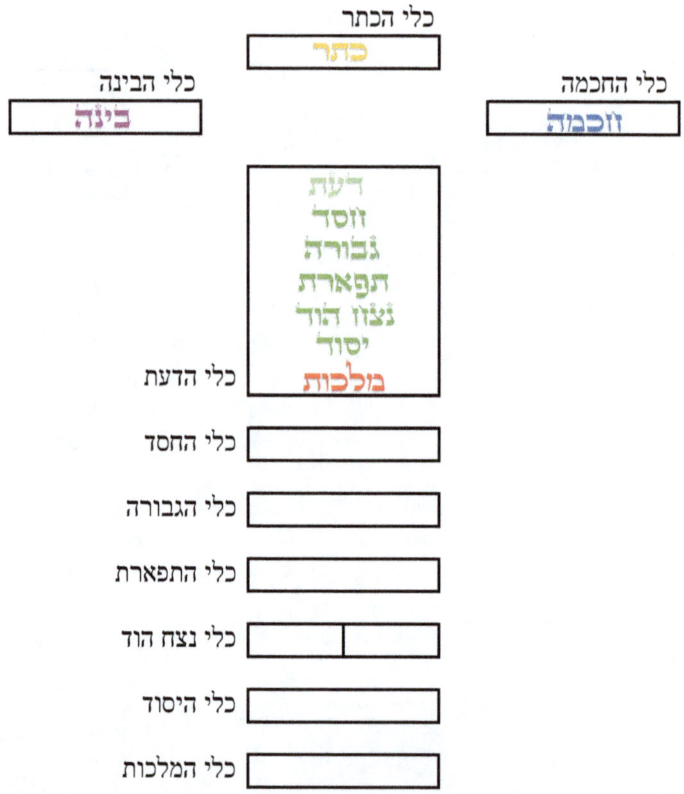
כלי הכתר
כתר
כלי הבינה
בינה
כלי החכמה
חכמה
דעת
חסד
גבורה
תפארת
נצח הוד
יסוד
מלכות
כלי הדעת
כלי החסד
כלי הגבורה
כלי התפארת
כלי נצח הוד
כלי היסוד
כלי המלכות

תרשימים שער ט׳ פרק ו׳

תרשים ו - מ"ד

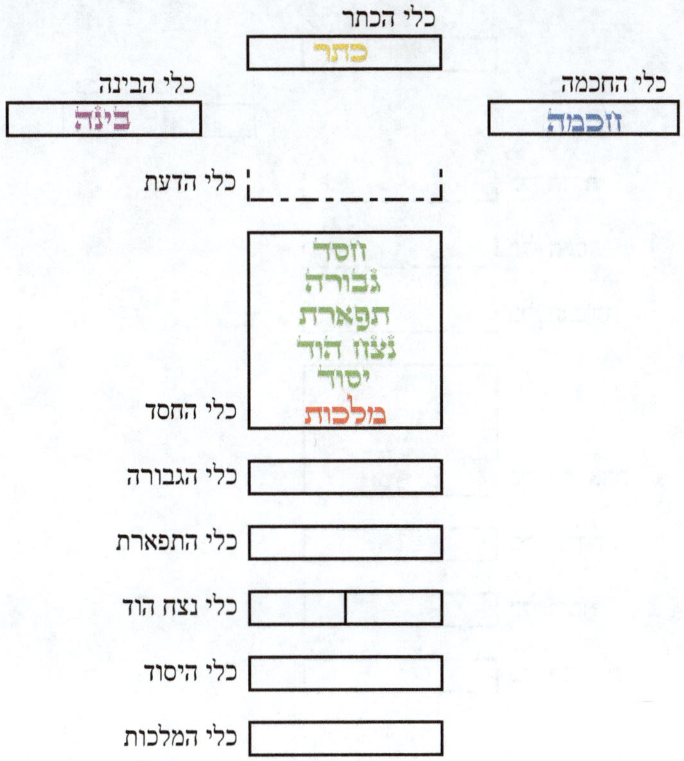

כלי הכתר
כתר
כלי החכמה
חכמה
כלי הבינה
בינה
כלי הדעת
חסד
גבורה
תפארת
נצח הוד
יסוד
מלכות
כלי החסד
כלי הגבורה
כלי התפארת
כלי נצח הוד
כלי היסוד
כלי המלכות

תרשים ו - מ"ה

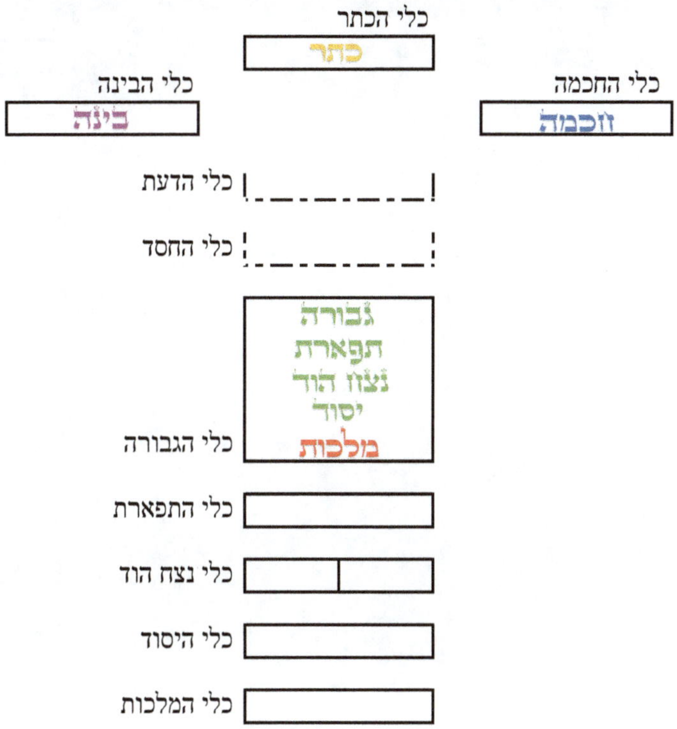

כלי הכתר
כתר
כלי החכמה
חכמה
כלי הבינה
בינה
כלי הדעת
כלי החסד
גבורה
תפארת
נצח הוד
יסוד
מלכות
כלי הגבורה
כלי התפארת
כלי נצח הוד
כלי היסוד
כלי המלכות

תרשימים שער ט' פרק ו'

תרשים ו - מ"ו

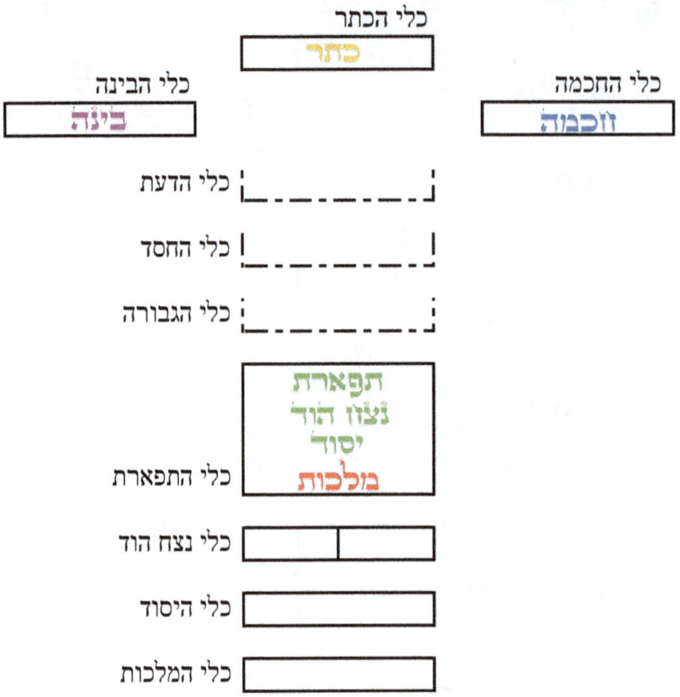
כלי הכתר
כתר
כלי הבינה
בינה
כלי החכמה
חכמה
כלי הדעת
כלי החסד
כלי הגבורה
תפארת
נצח הוד
יסוד
מלכות
כלי התפארת
כלי נצח הוד
כלי היסוד
כלי המלכות

תרשים ו - מ"ז

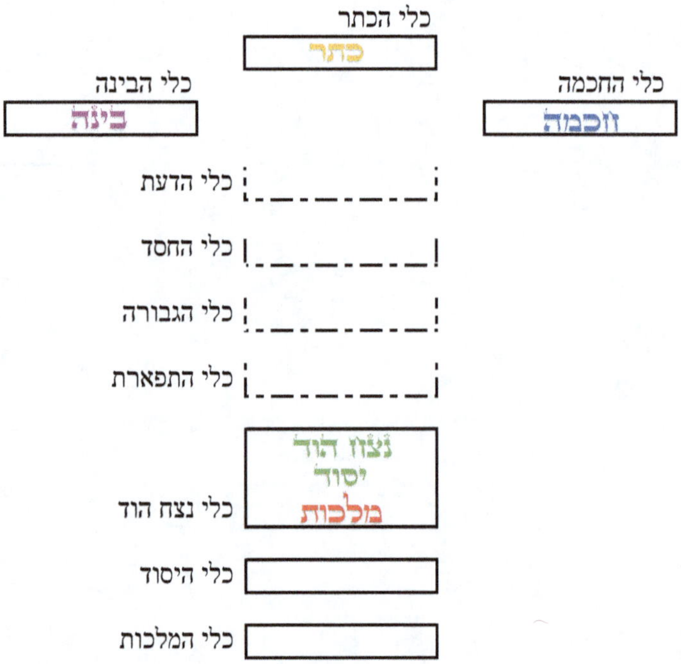
כלי הכתר
כתר
כלי הבינה
בינה
כלי החכמה
חכמה
כלי הדעת
כלי החסד
כלי הגבורה
כלי התפארת
נצח הוד
יסוד
מלכות
כלי נצח הוד
כלי היסוד
כלי המלכות

תרשים ו - מ"ח

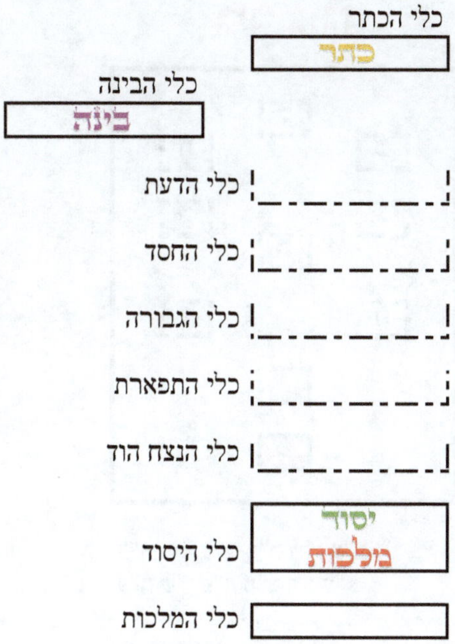

כלי הכתר
כתר

כלי הבינה
בינה

כלי החכמה
חכמה

כלי הדעת

כלי החסד

כלי הגבורה

כלי התפארת

כלי הנצח הוד

כלי היסוד
יסוד
מלכות

כלי המלכות

תרשים ו - מ"ט

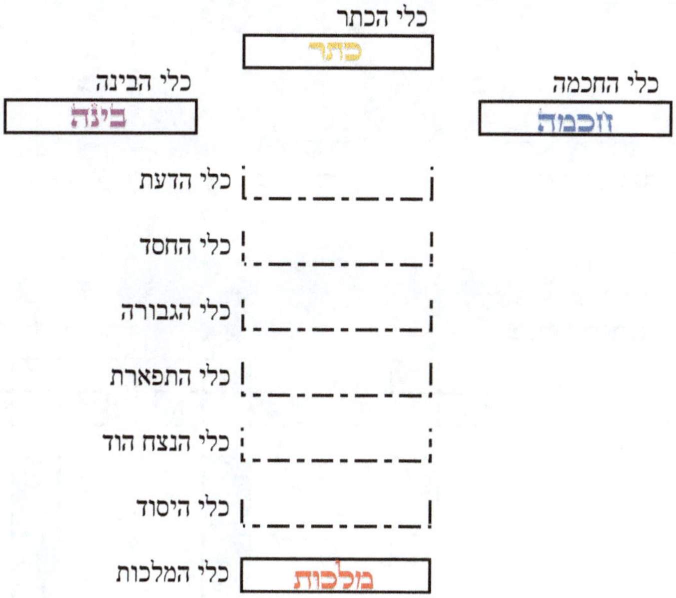

כלי הכתר
כתר

כלי הבינה
בינה

כלי החכמה
חכמה

כלי הדעת

כלי החסד

כלי הגבורה

כלי התפארת

כלי הנצח הוד

כלי היסוד

כלי המלכות
מלכות

תרשים ו - נ'

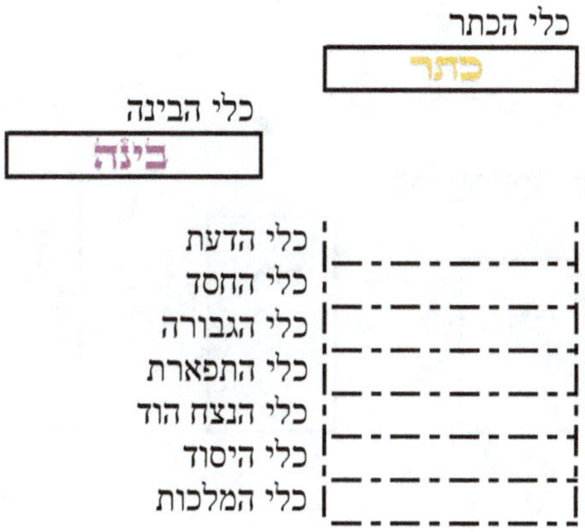

כלי הכתר
כתר

כלי הבינה
בינה

כלי החכמה
חכמה

כלי הדעת
כלי החסד
כלי הגבורה
כלי התפארת
כלי הנצח הוד
כלי היסוד
כלי המלכות

תרשים ו - נ"א

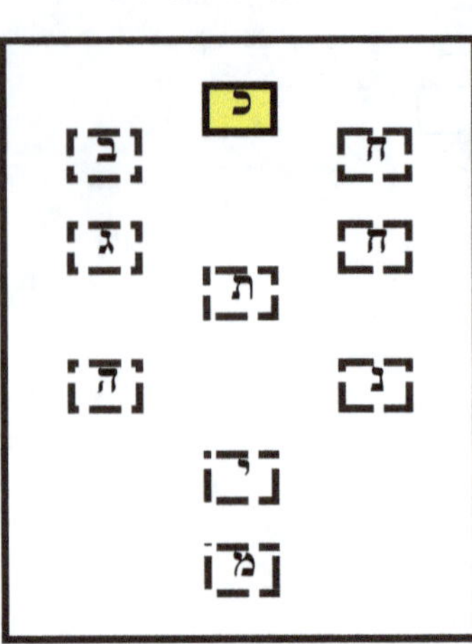

ע"ח ש"ג פ"ב מ"ב די"ז ע"ב
ע"ח ש"ט פ"ו מ"ב דמ"ו ע"א
ע"ח שי"א מ"ת דנ"ב ע"ד
ע"ח שי"י פ"ה מ"ב ד"נ ע"א

תרשים ו - נ"ב

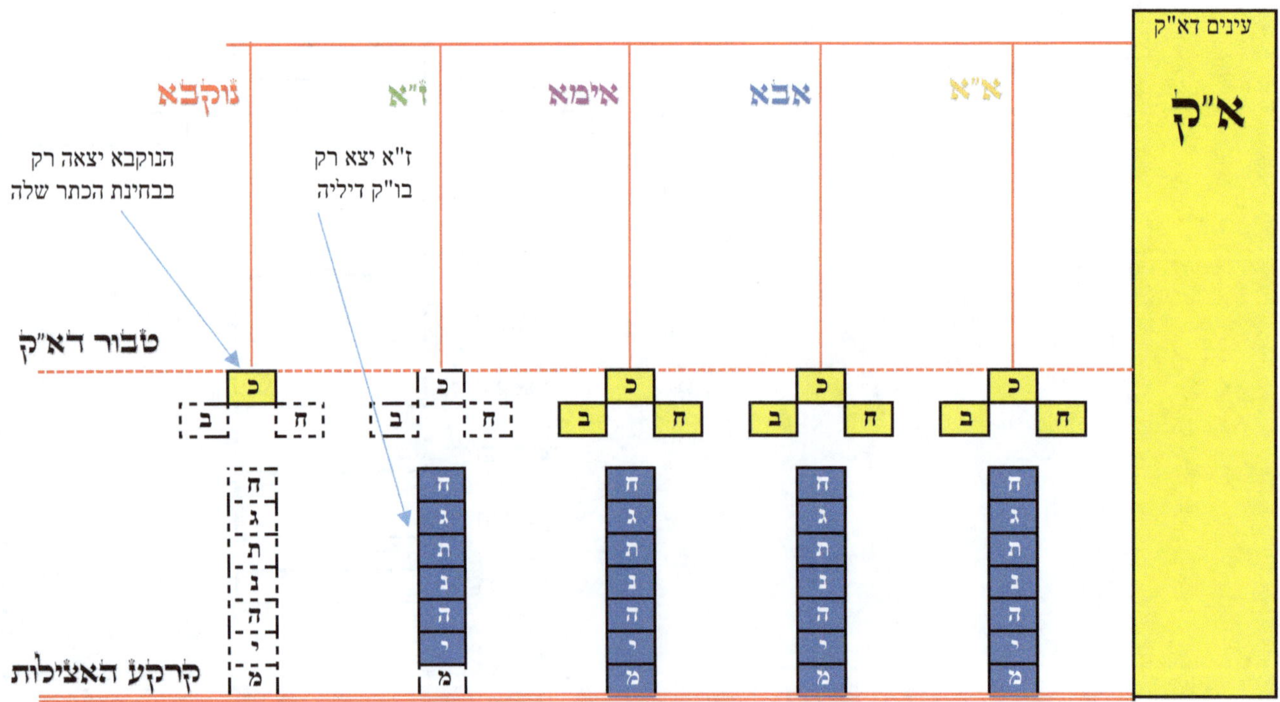

תרשים ו - נ"ג

כל פרצוף הוא ו"ק בערך לפרצוף שמעליו

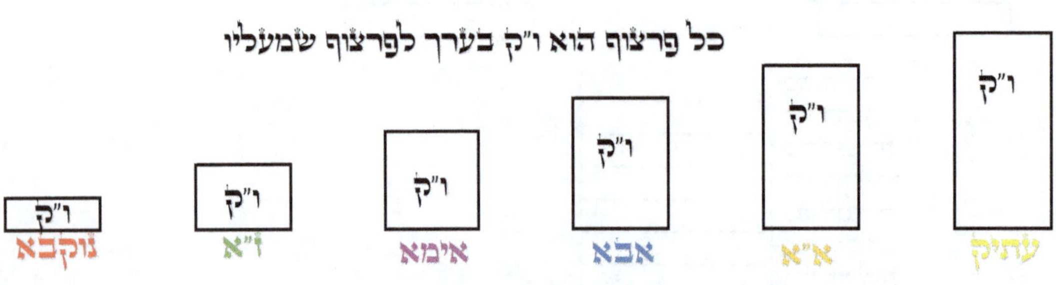

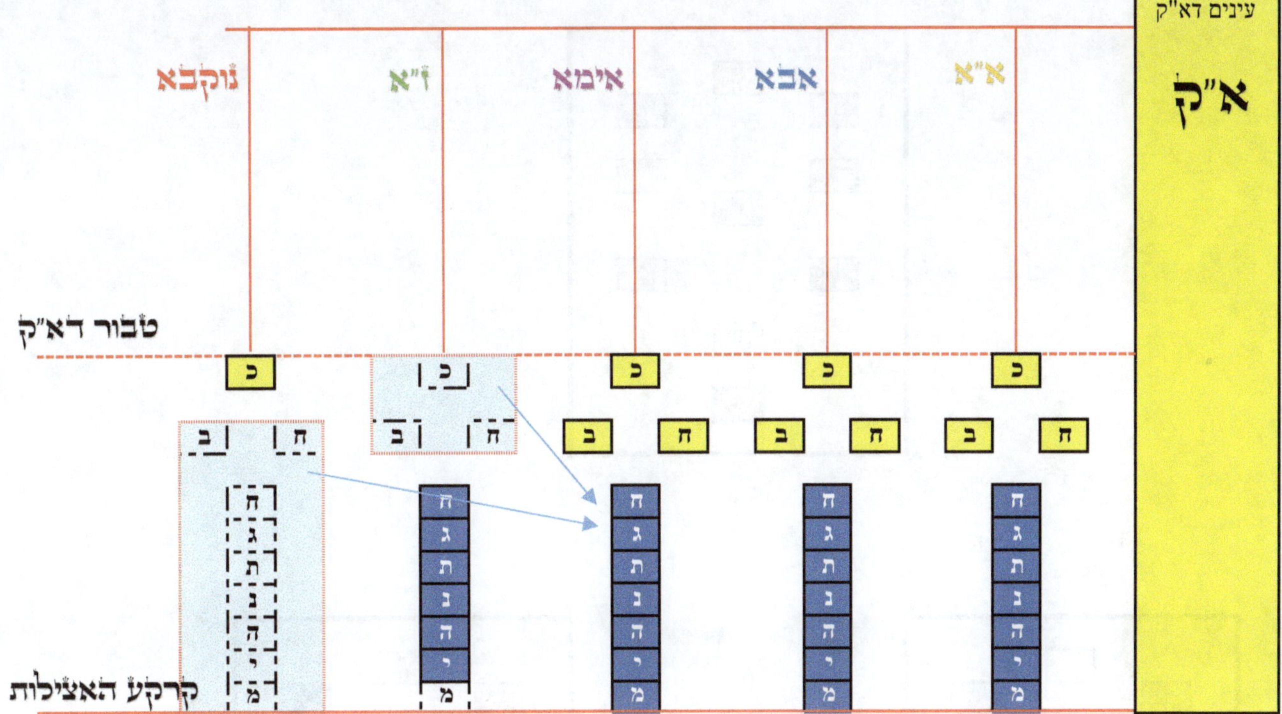

תרשים ו - נ"ד
ג"ר דו"ק וט"ס דנוקבא נשארו בנקודת אימא, שהיא שורש הבנים
עינים דא"ק
א"ק
נוקבא
ז"א
אימא
אבא
א"א
טבור דא"ק
קרקע האצילות

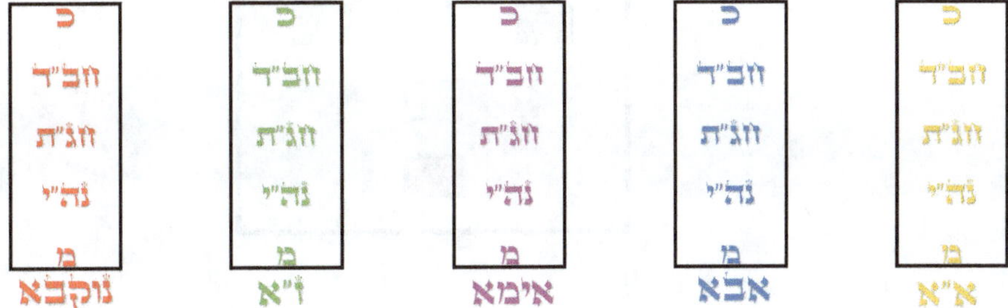

תרשים ו - נ"ה
כ
חב"ד
חג"ת
נה"י
מ
נוקבא
ז"א
אימא
אבא
א"א

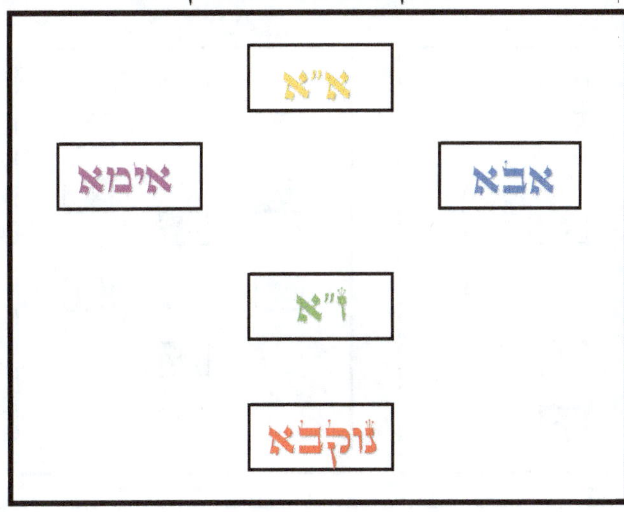

תרשים ו - נ"ו
כל נקודה מהחמשה נקודות
א"א
אימא
אבא
ז"א
נוקבא

א"א

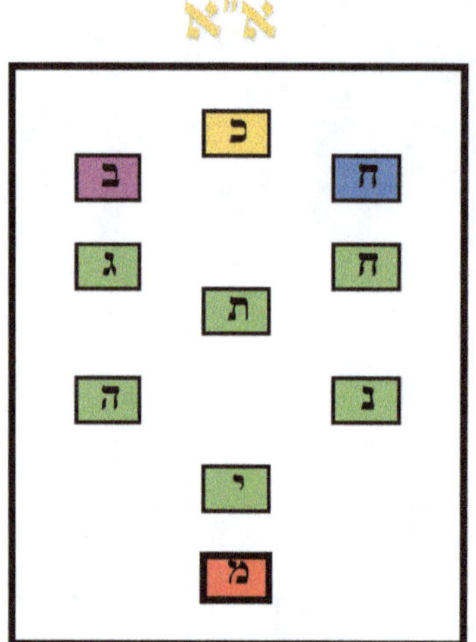

אימא

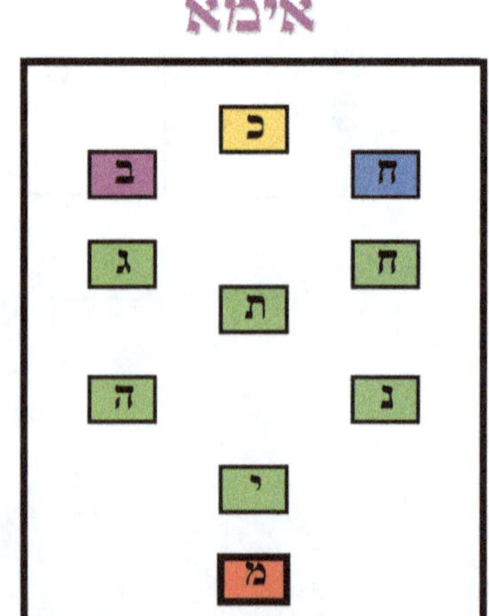

אבא

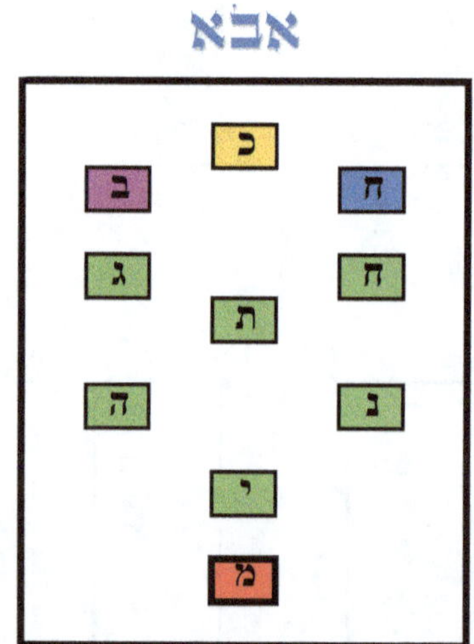

דׂעֵת

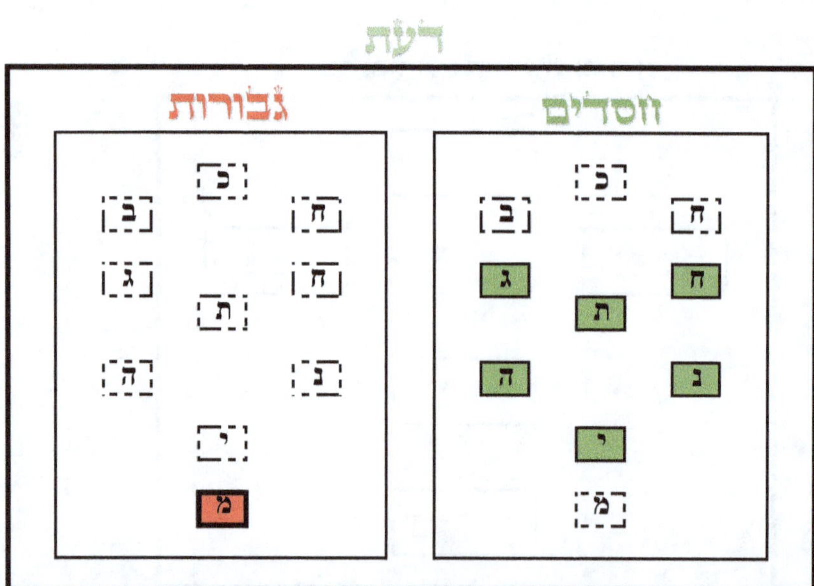

תרשׁימים שׁעׇר ט׳ פרק׳ ו׳

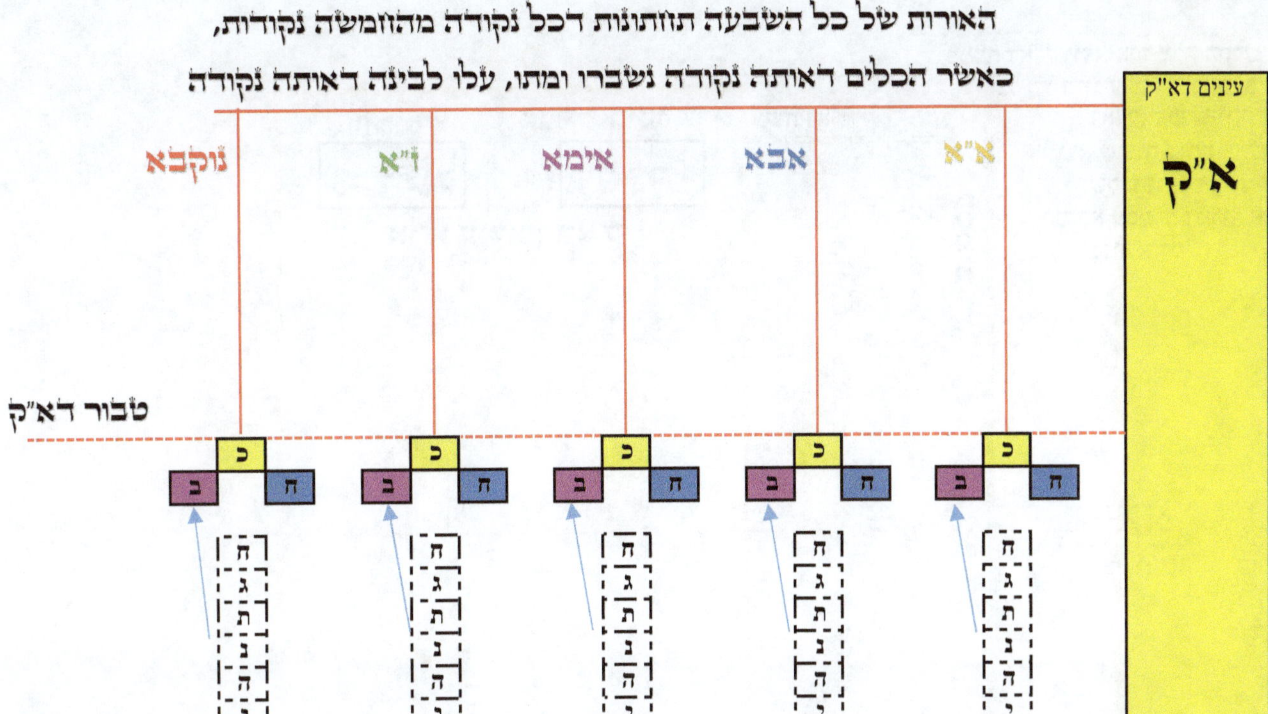

חמישׁה הנׁקׇודות באורך

כל ו"ק שׁל כל פרצוף נקרא בי"ע
בערך הג"ר דאותו פרצוף
והו"ק זה הוא ג"ר בערך הפרצוף התחתון
והג"ר שׁל הפרצוף התחתון הוא ו"ק
בערך הו"ק שׁל הפרצוף העליון
וכל ו"ק או ג"ר נקראים בי"ע בערך למדרגה
העליונה מהם

לכן כל בחינה היא בחינת ו"ק בערך מה שׁלמעלה ממנה
ובכל בחינה היתה שׁבירה
והכלים שׁלהם נפלו הבחינה התחתונה מהם, הנקראת בערכם בי"ע

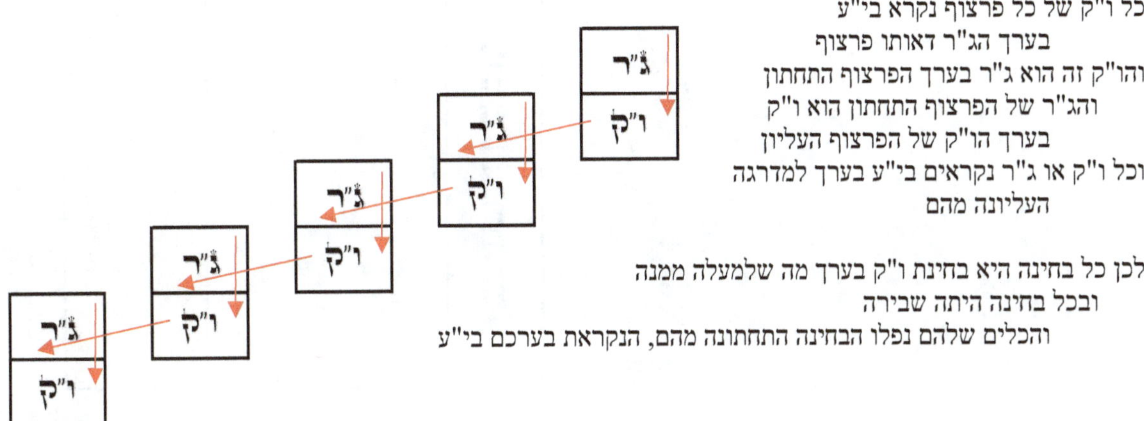

תרשׁימים שׁעׁר ט' פרק ו'

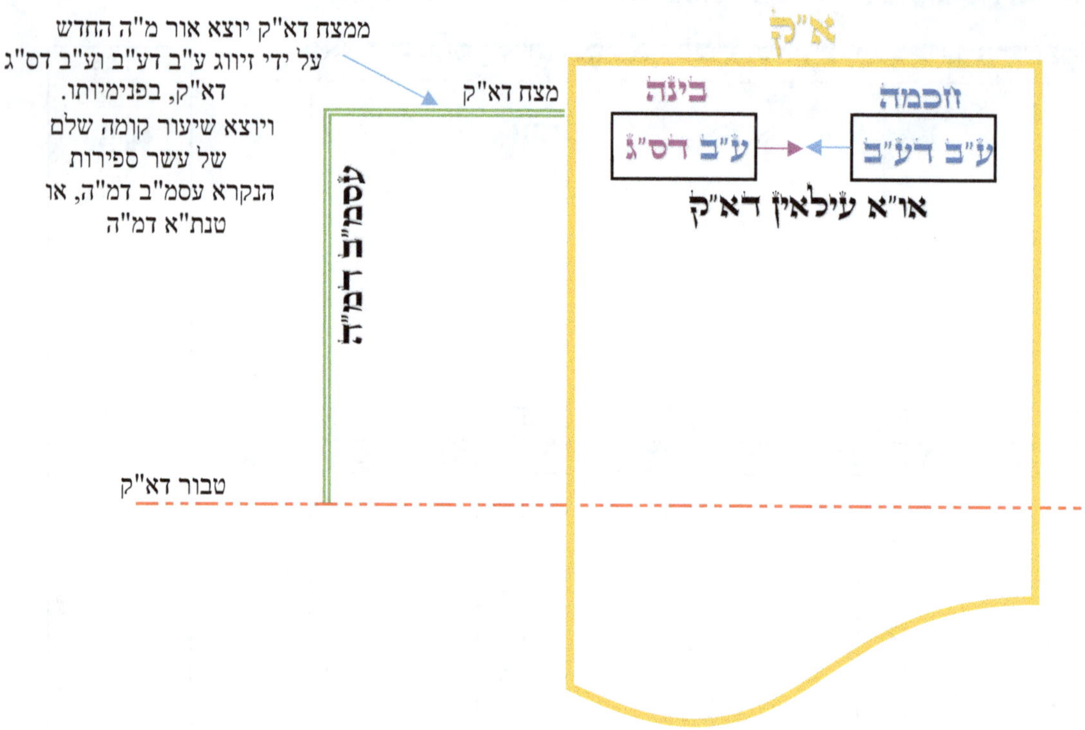

ממצח דא"ק יוצא אור מ"ה החדש על ידי זיווג ע"ב דע"ב וע"ב דס"ג דא"ק, בפנימיותו. ויוצא שיעור קומה שלם של עשר ספירות הנקרא עסמ"ב דמ"ה, או טנת"א דמ"ה

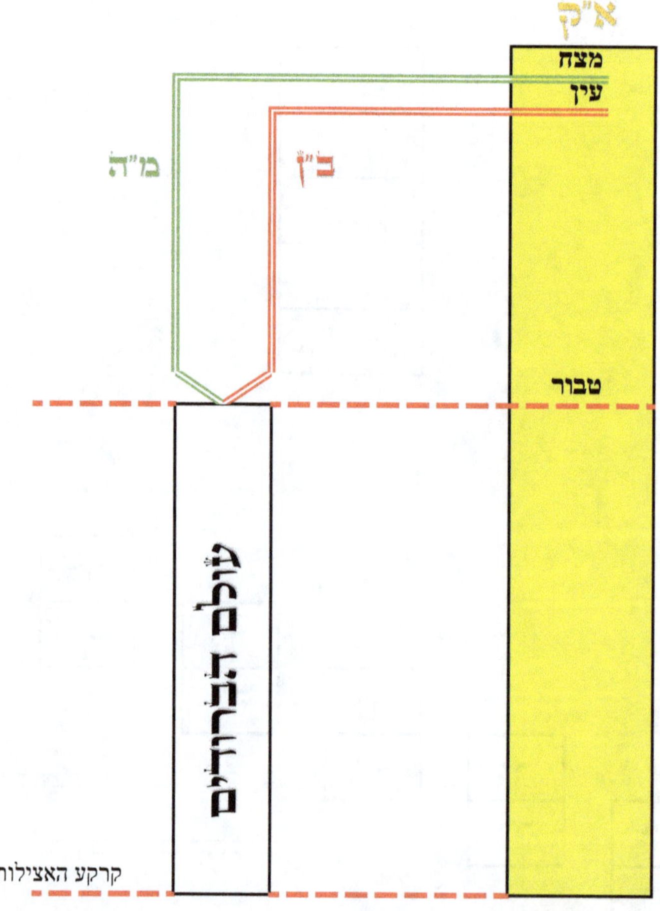

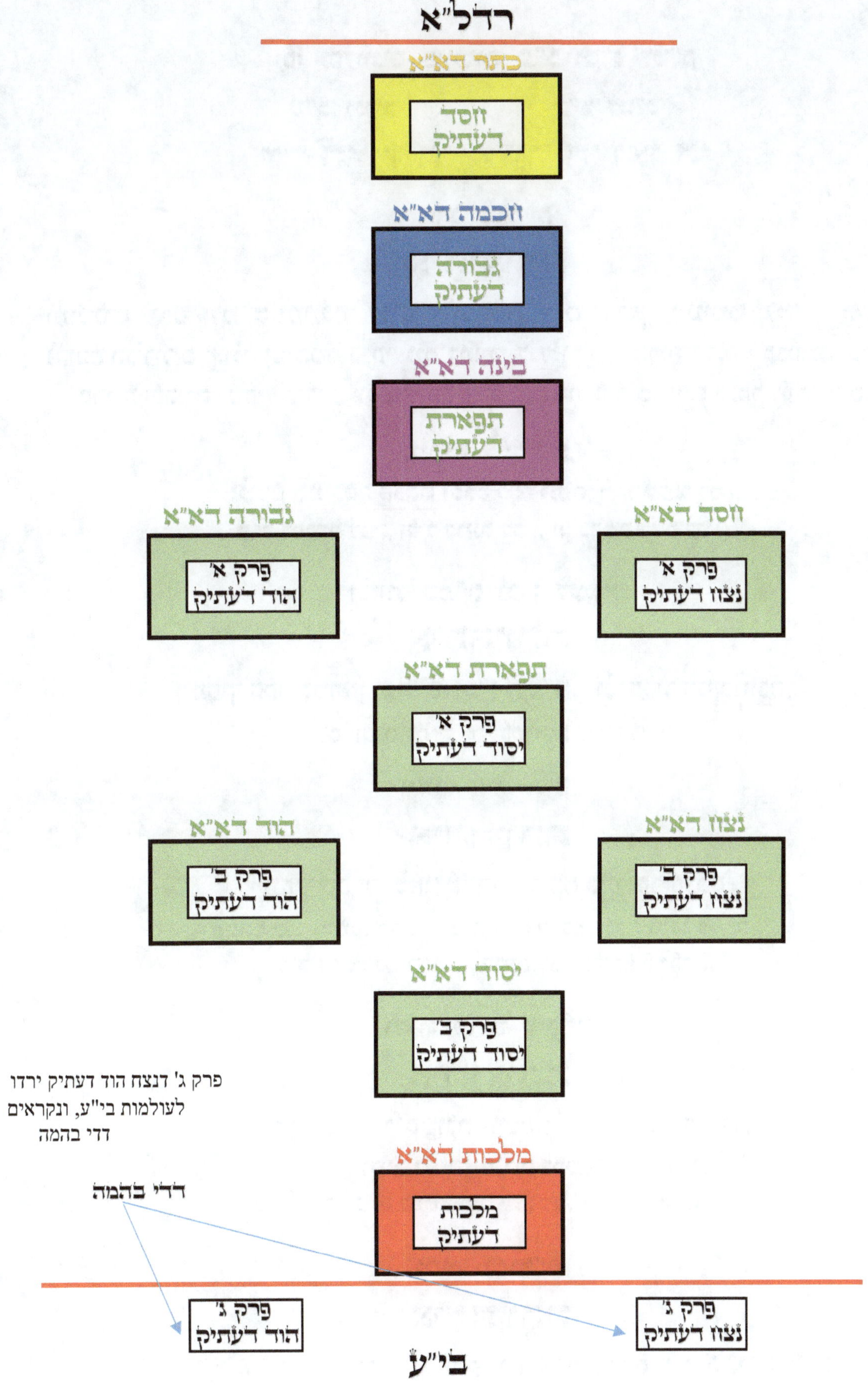

תרשים ו - ס"ג
רדל"א
כתר דא"א
חסד
דעתיק
חכמה דא"א
גבורה
דעתיק
בינה דא"א
תפארת
דעתיק
גבורה דא"א
פרק א'
הוד דעתיק
חסד דא"א
פרק א'
נצח דעתיק
תפארת דא"א
פרק א'
יסוד דעתיק
הוד דא"א
פרק ב'
הוד דעתיק
נצח דא"א
פרק ב'
נצח דעתיק
יסוד דא"א
פרק ב'
יסוד דעתיק
פרק ג' דנצח הוד דעתיק ירדו
לעולמות בי"ע, ונקראים
דדי בהמה
מלכות דא"א
מלכות
דעתיק
דדי בהמה
פרק ג'
הוד דעתיק
פרק ג'
נצח דעתיק
בי"ע

ואז מזדווגים פנימיות ע״ב וס״ג דל״ק

ע״כ דע״ב   ע״כ דס״ג

יוד הי ויו הי   יוד הי ואו הי

זיווג פנימיות

אירהרהיורהרה

וממליאים י״ס דמ״ה ממלח דל״ק, והשלוס י״ס דכ״ן מעינים דל״ק השייכים
למותם הצירורים שעלו, ונמשכים בבמי׳ לכם דמוחין דגדלות עם הגרונת״י דנמ״י שבמותם, שהם י״ג
הוי״ת ואהי״ת בניקוד הידוע, עם מור הטעמים, עם אור ח״ם המלובש בכתר דעמיק דל״ק,

לעמיק דמליאות,

ולוקח המותמר שבהס (שהם כתר דמ״ה, וה״י דכתר דכ״ן,
וג״ר דחכמה דכ״ן, ודי״ר דבינה דכ״ן, וז׳ כתרים דו״ת דכ״ן).

ולזווג המ״ה וכ״ן דעמיק

אירהרהיורהרה

וימשיך שאר המוחין למ״ה וכ״ן דל״א, ולהשאיר שם המותמר
(שהם חכמה דמ״ה, יה׳ אחרונות דכתר דכ״ן).

ויזווג מ״ה וכ״ן׳

אירהרהיורהרה

וימשיך השאר לאו״א וישאיר שם המותמר שבהס
(שהם כתר וחכמה דבינה דמ״ה, וו״ק דחכמה דכ״ן לאבא עילאה.
ובינה דבינה דמ״ה, וה״ק דבינה דכ״ן לאימא עילאה.)

ויזווג או״א עילאין

אירהרהיורהרה

וימשיך השאר ליששו״ת וישאיר שם המותמר שבהס
(שהם ו״ק דבינה דמ״ה, ומלכות דחכמה דכ״ן ליש״ס.
ומלכות דבינה דמ״ה, ומלכות דבינה דכ״ן לתבונה.)

ויזווג יששו״ת

אירהרהיורהרה

ושארים המוחין שהם ז״ק דמ״ה, ח״ק דכ״ן מון מהתחרים דכ״ן כתיכת אשר

פרצוף עֵתיק בזּחלוקֹת מ"ה ובׄ"ן

מ"ה

מלכות	יסוד	הוד	נצח	תפארת	גבורה	חסד	בינה	חכמה	כתר
כתר	כתר	כתר	כתר	כתר	כתר	כתר	כתר	כתר	כתר
חכמה	חכמה	חכמה	חכמה	חכמה	חכמה	חכמה	חכמה	חכמה	חכמה
בינה	בינה	בינה	בינה	בינה	בינה	בינה	בינה	בינה	בינה
חסד	חסד	חסד	חסד	חסד	חסד	חסד	חסד	חסד	חסד
גבורה	גבורה	גבורה	גבורה	גבורה	גבורה	גבורה	גבורה	גבורה	גבורה
תפארת	תפארת	תפארת	תפארת	תפארת	תפארת	תפארת	תפארת	תפארת	תפארת
נצח	נצח	נצח	נצח	נצח	נצח	נצח	נצח	נצח	נצח
הוד	הוד	הוד	הוד	הוד	הוד	הוד	הוד	הוד	הוד
יסוד	יסוד	יסוד	יסוד	יסוד	יסוד	יסוד	יסוד	יסוד	יסוד
מלכות	מלכות	מלכות	מלכות	מלכות	מלכות	מלכות	מלכות	מלכות	מלכות

ב"ן

מלכות	יסוד	הוד	נצח	תפארת	גבורה	חסד	בינה	חכמה	כתר
כתר	כתר	כתר	כתר	כתר	כתר	כתר	כתר	כתר	כתר
חכמה	חכמה	חכמה	חכמה	חכמה	חכמה	חכמה	חכמה	חכמה	חכמה
בינה	בינה	בינה	בינה	בינה	בינה	בינה	בינה	בינה	בינה
חסד	חסד	חסד	חסד	חסד	חסד	חסד	חסד	חסד	חסד
גבורה	גבורה	גבורה	גבורה	גבורה	גבורה	גבורה	גבורה	גבורה	גבורה
תפארת	תפארת	תפארת	תפארת	תפארת	תפארת	תפארת	תפארת	תפארת	תפארת
נצח	נצח	נצח	נצח	נצח	נצח	נצח	נצח	נצח	נצח
הוד	הוד	הוד	הוד	הוד	הוד	הוד	הוד	הוד	הוד
יסוד	יסוד	יסוד	יסוד	יסוד	יסוד	יסוד	יסוד	יסוד	יסוד
מלכות	מלכות	מלכות	מלכות	מלכות	מלכות	מלכות	מלכות	מלכות	מלכות

פרצוף עֵתיק לוקֹח

משׁם מ"ה	משׁם ב"ן
כל הֵעֵשׂר ספֵירות דֵכתר דֵמ"ה	חמשׁה ספֵירות ראשׁונֹות דֵכתר דֵב"ן
	שׁלושׁ ספֵירות ראשׁונֹות דֵחכמה דֵב"ן
	ארבעֵה ספֵירות ראשׁונֹות דֵבינה דֵב"ן
	שׁבעֵה כתרים שׁל הֵספֵירות חֵזֵג"ת נֵהֵי"ם דֵב"ן

פרצׁוף א"א בׁזׁלׁוׁקׁת מ"ה וב'ׁן

מ"ה

כתר	חכמה	בינה	חסד	גבורה	תפארת	נצח	הוד	יסוד	מלכות
כתר	כתר	כתר	כתר	כתר	כתר	כתר	כתר	כתר	כתר
חכמה	חכמה	חכמה	חכמה	חכמה	חכמה	חכמה	חכמה	חכמה	חכמה
בינה	בינה	בינה	בינה	בינה	בינה	בינה	בינה	בינה	בינה
חסד	חסד	חסד	חסד	חסד	חסד	חסד	חסד	חסד	חסד
גבורה	גבורה	גבורה	גבורה	גבורה	גבורה	גבורה	גבורה	גבורה	גבורה
תפארת	תפארת	תפארת	תפארת	תפארת	תפארת	תפארת	תפארת	תפארת	תפארת
נצח	נצח	נצח	נצח	נצח	נצח	נצח	נצח	נצח	נצח
הוד	הוד	הוד	הוד	הוד	הוד	הוד	הוד	הוד	הוד
יסוד	יסוד	יסוד	יסוד	יסוד	יסוד	יסוד	יסוד	יסוד	יסוד
מלכות	מלכות	מלכות	מלכות	מלכות	מלכות	מלכות	מלכות	מלכות	מלכות

ב'ׁן

כתר	חכמה	בינה	חסד	גבורה	תפארת	נצח	הוד	יסוד	מלכות
כתר	כתר	כתר	כתר	כתר	כתר	כתר	כתר	כתר	כתר
חכמה	חכמה	חכמה	חכמה	חכמה	חכמה	חכמה	חכמה	חכמה	חכמה
בינה	בינה	בינה	בינה	בינה	בינה	בינה	בינה	בינה	בינה
חסד	חסד	חסד	חסד	חסד	חסד	חסד	חסד	חסד	חסד
גבורה	גבורה	גבורה	גבורה	גבורה	גבורה	גבורה	גבורה	גבורה	גבורה
תפארת	תפארת	תפארת	תפארת	תפארת	תפארת	תפארת	תפארת	תפארת	תפארת
נצח	נצח	נצח	נצח	נצח	נצח	נצח	נצח	נצח	נצח
הוד	הוד	הוד	הוד	הוד	הוד	הוד	הוד	הוד	הוד
יסוד	יסוד	יסוד	יסוד	יסוד	יסוד	יסוד	יסוד	יסוד	יסוד
מלכות	מלכות	מלכות	מלכות	מלכות	מלכות	מלכות	מלכות	מלכות	מלכות

פרצׁוף א"א לׁוׁקׁחׁ

משׁם ב'ז	משׁם מ'ה
חׁמשׁׁה ספירות תזׁתונׁׁות דכתר דב'ׁן	כׁל הׁעׁשׁר ספירות דׁזׁכמה דׁמ"ה

פרצוף אבא עילאה בזולוקת מ"ה וב"ן

מ"ה

כתר	חכמה	בינה	חסד	גבורה	תפארת	נצח	הוד	יסוד	מלכות	
כתר	כתר	כתר	כתר	כתר	כתר	כתר	כתר	כתר	כתר	כתר
חכמה	חכמה	חכמה	חכמה	חכמה	חכמה	חכמה	חכמה	חכמה	חכמה	חכמה
בינה	בינה	בינה	בינה	בינה	בינה	בינה	בינה	בינה	בינה	בינה
חסד	חסד	חסד	חסד	חסד	חסד	חסד	חסד	חסד	חסד	חסד
גבורה	גבורה	גבורה	גבורה	גבורה	גבורה	גבורה	גבורה	גבורה	גבורה	גבורה
תפארת	תפארת	תפארת	תפארת	תפארת	תפארת	תפארת	תפארת	תפארת	תפארת	תפארת
נצח	נצח	נצח	נצח	נצח	נצח	נצח	נצח	נצח	נצח	נצח
הוד	הוד	הוד	הוד	הוד	הוד	הוד	הוד	הוד	הוד	הוד
יסוד	יסוד	יסוד	יסוד	יסוד	יסוד	יסוד	יסוד	יסוד	יסוד	יסוד
מלכות	מלכות	מלכות	מלכות	מלכות	מלכות	מלכות	מלכות	מלכות	מלכות	מלכות

ב"ן

כתר	חכמה	בינה	חסד	גבורה	תפארת	נצח	הוד	יסוד	מלכות	
כתר	כתר	כתר	כתר	כתר	כתר	כתר	כתר	כתר	כתר	כתר
חכמה	חכמה	חכמה	חכמה	חכמה	חכמה	חכמה	חכמה	חכמה	חכמה	חכמה
בינה	בינה	בינה	בינה	בינה	בינה	בינה	בינה	בינה	בינה	בינה
חסד	חסד	חסד	חסד	חסד	חסד	חסד	חסד	חסד	חסד	חסד
גבורה	גבורה	גבורה	גבורה	גבורה	גבורה	גבורה	גבורה	גבורה	גבורה	גבורה
תפארת	תפארת	תפארת	תפארת	תפארת	תפארת	תפארת	תפארת	תפארת	תפארת	תפארת
נצח	נצח	נצח	נצח	נצח	נצח	נצח	נצח	נצח	נצח	נצח
הוד	הוד	הוד	הוד	הוד	הוד	הוד	הוד	הוד	הוד	הוד
יסוד	יסוד	יסוד	יסוד	יסוד	יסוד	יסוד	יסוד	יסוד	יסוד	יסוד
מלכות	מלכות	מלכות	מלכות	מלכות	מלכות	מלכות	מלכות	מלכות	מלכות	מלכות

פרצופי האצילות בזולוקת מ"ה וב"ן

פרצוף אבא עילאה לוקׁח

משׁם מ"ה

הספירות כתר חכמה דבינה דמ"ה

מׁשׁם ב"ן

הספירות זׁגׁ"ת נׁהׁ"י דׁחׁכׁמׁה דׁבׁ"ן

פּרצוף אימא עילאה בחלוקת מ"ה וב"ן

מ"ה

מלכות	יסוד	הוד	נצח	תפארת	גבורה	חסד	בינה	חכמה	כתר

מלכות	יסוד	הוד	נצח	תפארת	גבורה	חסד	בינה	חכמה	כתר
כתר	כתר	כתר	כתר	כתר	כתר	כתר	כתר	כתר	כתר
חכמה	חכמה	חכמה	חכמה	חכמה	חכמה	חכמה	חכמה	חכמה	חכמה
בינה	בינה	בינה	בינה	בינה	בינה	בינה	בינה	בינה	בינה
חסד	חסד	חסד	חסד	חסד	חסד	חסד	חסד	חסד	חסד
גבורה	גבורה	גבורה	גבורה	גבורה	גבורה	גבורה	גבורה	גבורה	גבורה
תפארת	תפארת	תפארת	תפארת	תפארת	תפארת	תפארת	תפארת	תפארת	תפארת
נצח	נצח	נצח	נצח	נצח	נצח	נצח	נצח	נצח	נצח
הוד	הוד	הוד	הוד	הוד	הוד	הוד	הוד	הוד	הוד
יסוד	יסוד	יסוד	יסוד	יסוד	יסוד	יסוד	יסוד	יסוד	יסוד
מלכות	מלכות	מלכות	מלכות	מלכות	מלכות	מלכות	מלכות	מלכות	מלכות

ב"ן

מלכות	יסוד	הוד	נצח	תפארת	גבורה	חסד	בינה	חכמה	כתר

מלכות	יסוד	הוד	נצח	תפארת	גבורה	חסד	בינה	חכמה	כתר
כתר	כתר	כתר	כתר	כתר	כתר	כתר	כתר	כתר	כתר
חכמה	חכמה	חכמה	חכמה	חכמה	חכמה	חכמה	חכמה	חכמה	חכמה
בינה	בינה	בינה	בינה	בינה	בינה	בינה	בינה	בינה	בינה
חסד	חסד	חסד	חסד	חסד	חסד	חסד	חסד	חסד	חסד
גבורה	גבורה	גבורה	גבורה	גבורה	גבורה	גבורה	גבורה	גבורה	גבורה
תפארת	תפארת	תפארת	תפארת	תפארת	תפארת	תפארת	תפארת	תפארת	תפארת
נצח	נצח	נצח	נצח	נצח	נצח	נצח	נצח	נצח	נצח
הוד	הוד	הוד	הוד	הוד	הוד	הוד	הוד	הוד	הוד
יסוד	יסוד	יסוד	יסוד	יסוד	יסוד	יסוד	יסוד	יסוד	יסוד
מלכות	מלכות	מלכות	מלכות	מלכות	מלכות	מלכות	מלכות	מלכות	מלכות

פּרצוף אימא עילאה לוקח

משֵׁם מ"ה	משם ב"ן
ספירת הבינה דבינה דמ"ה	חמשה ספירות גתנה"י דבינה דב"ן

פּרצוף אימא עילאה בחלוקת מ"ה וב"ן

פרצוף ישראל סבא בחלוקת מ"ה וב"ן

מ"ה

מלכות	יסוד	הוד	נצח	תפארת	גבורה	חסד	בינה	חכמה	כתר
כתר	כתר	כתר	כתר	כתר	כתר	כתר	כתר	כתר	כתר
חכמה	חכמה	חכמה	חכמה	חכמה	חכמה	חכמה	חכמה	חכמה	חכמה
בינה	בינה	בינה	בינה	בינה	בינה	בינה	בינה	בינה	בינה
חסד	חסד	חסד	חסד	חסד	חסד	חסד	חסד	חסד	חסד
גבורה	גבורה	גבורה	גבורה	גבורה	גבורה	גבורה	גבורה	גבורה	גבורה
תפארת	תפארת	תפארת	תפארת	תפארת	תפארת	תפארת	תפארת	תפארת	תפארת
נצח	נצח	נצח	נצח	נצח	נצח	נצח	נצח	נצח	נצח
הוד	הוד	הוד	הוד	הוד	הוד	הוד	הוד	הוד	הוד
יסוד	יסוד	יסוד	יסוד	יסוד	יסוד	יסוד	יסוד	יסוד	יסוד
מלכות	מלכות	מלכות	מלכות	מלכות	מלכות	מלכות	מלכות	מלכות	מלכות

ב"ן

מלכות	יסוד	הוד	נצח	תפארת	גבורה	חסד	בינה	חכמה	כתר
כתר	כתר	כתר	כתר	כתר	כתר	כתר	כתר	כתר	כתר
חכמה	חכמה	חכמה	חכמה	חכמה	חכמה	חכמה	חכמה	חכמה	חכמה
בינה	בינה	בינה	בינה	בינה	בינה	בינה	בינה	בינה	בינה
חסד	חסד	חסד	חסד	חסד	חסד	חסד	חסד	חסד	חסד
גבורה	גבורה	גבורה	גבורה	גבורה	גבורה	גבורה	גבורה	גבורה	גבורה
תפארת	תפארת	תפארת	תפארת	תפארת	תפארת	תפארת	תפארת	תפארת	תפארת
נצח	נצח	נצח	נצח	נצח	נצח	נצח	נצח	נצח	נצח
הוד	הוד	הוד	הוד	הוד	הוד	הוד	הוד	הוד	הוד
יסוד	יסוד	יסוד	יסוד	יסוד	יסוד	יסוד	יסוד	יסוד	יסוד
מלכות	מלכות	מלכות	מלכות	מלכות	מלכות	מלכות	מלכות	מלכות	מלכות

פרצוף עתיק לוקח

משם ב"ן	משם מ"ה
ספירת המלכות דחכמה דב"ן	הספירות חג"ת נה"י דבינה דמ"ה

תרשים ו - ע'

פרצוף תבונה בחלוקת מ"ה וב"ן

פרצופי האצילות בחלוקת מ"ה וב"ן

מ"ה

כתר	חכמה	בינה	חסד	גבורה	תפארת	נצח	הוד	יסוד	מלכות
כתר	כתר	כתר	כתר	כתר	כתר	כתר	כתר	כתר	כתר
חכמה	חכמה	חכמה	חכמה	חכמה	חכמה	חכמה	חכמה	חכמה	חכמה
בינה	בינה	בינה	בינה	בינה	בינה	בינה	בינה	בינה	בינה
חסד	חסד	חסד	חסד	חסד	חסד	חסד	חסד	חסד	חסד
גבורה	גבורה	גבורה	גבורה	גבורה	גבורה	גבורה	גבורה	גבורה	גבורה
תפארת	תפארת	תפארת	תפארת	תפארת	תפארת	תפארת	תפארת	תפארת	תפארת
נצח	נצח	נצח	נצח	נצח	נצח	נצח	נצח	נצח	נצח
הוד	הוד	הוד	הוד	הוד	הוד	הוד	הוד	הוד	הוד
יסוד	יסוד	יסוד	יסוד	יסוד	יסוד	יסוד	יסוד	יסוד	יסוד
מלכות	מלכות	מלכות	מלכות	מלכות	מלכות	מלכות	מלכות	מלכות	מלכות

ב"ן

כתר	חכמה	בינה	חסד	גבורה	תפארת	נצח	הוד	יסוד	מלכות
כתר	כתר	כתר	כתר	כתר	כתר	כתר	כתר	כתר	כתר
חכמה	חכמה	חכמה	חכמה	חכמה	חכמה	חכמה	חכמה	חכמה	חכמה
בינה	בינה	בינה	בינה	בינה	בינה	בינה	בינה	בינה	בינה
חסד	חסד	חסד	חסד	חסד	חסד	חסד	חסד	חסד	חסד
גבורה	גבורה	גבורה	גבורה	גבורה	גבורה	גבורה	גבורה	גבורה	גבורה
תפארת	תפארת	תפארת	תפארת	תפארת	תפארת	תפארת	תפארת	תפארת	תפארת
נצח	נצח	נצח	נצח	נצח	נצח	נצח	נצח	נצח	נצח
הוד	הוד	הוד	הוד	הוד	הוד	הוד	הוד	הוד	הוד
יסוד	יסוד	יסוד	יסוד	יסוד	יסוד	יסוד	יסוד	יסוד	יסוד
מלכות	מלכות	מלכות	מלכות	מלכות	מלכות	מלכות	מלכות	מלכות	מלכות

פרצוף תבונה לוקח

משם מ"ה

ספירת המלכות דבינה דמ"ה

משם ב"ן

ספירת המלכות דבינה דב"ן

פרצוף ז"א בחלוקת מ"ה וב"ן

מ"ה

מלכות	יסוד	הוד	נצח	תפארת	גבורה	חסד	בינה	חכמה	כתר
כתר	כתר	כתר	כתר	כתר	כתר	כתר	כתר	כתר	כתר
חכמה	חכמה	חכמה	חכמה	חכמה	חכמה	חכמה	חכמה	חכמה	חכמה
בינה	בינה	בינה	בינה	בינה	בינה	בינה	בינה	בינה	בינה
חסד	חסד	חסד	חסד	חסד	חסד	חסד	חסד	חסד	חסד
גבורה	גבורה	גבורה	גבורה	גבורה	גבורה	גבורה	גבורה	גבורה	גבורה
תפארת	תפארת	תפארת	תפארת	תפארת	תפארת	תפארת	תפארת	תפארת	תפארת
נצח	נצח	נצח	נצח	נצח	נצח	נצח	נצח	נצח	נצח
הוד	הוד	הוד	הוד	הוד	הוד	הוד	הוד	הוד	הוד
יסוד	יסוד	יסוד	יסוד	יסוד	יסוד	יסוד	יסוד	יסוד	יסוד
מלכות	מלכות	מלכות	מלכות	מלכות	מלכות	מלכות	מלכות	מלכות	מלכות

ב"ן

מלכות	יסוד	הוד	נצח	תפארת	גבורה	חסד	בינה	חכמה	כתר
כתר	כתר	כתר	כתר	כתר	כתר	כתר	כתר	כתר	כתר
חכמה	חכמה	חכמה	חכמה	חכמה	חכמה	חכמה	חכמה	חכמה	חכמה
בינה	בינה	בינה	בינה	בינה	בינה	בינה	בינה	בינה	בינה
חסד	חסד	חסד	חסד	חסד	חסד	חסד	חסד	חסד	חסד
גבורה	גבורה	גבורה	גבורה	גבורה	גבורה	גבורה	גבורה	גבורה	גבורה
תפארת	תפארת	תפארת	תפארת	תפארת	תפארת	תפארת	תפארת	תפארת	תפארת
נצח	נצח	נצח	נצח	נצח	נצח	נצח	נצח	נצח	נצח
הוד	הוד	הוד	הוד	הוד	הוד	הוד	הוד	הוד	הוד
יסוד	יסוד	יסוד	יסוד	יסוד	יסוד	יסוד	יסוד	יסוד	יסוד
מלכות	מלכות	מלכות	מלכות	מלכות	מלכות	מלכות	מלכות	מלכות	מלכות

כולם מאירות בכלים דזו"ן דב"ן

פרצוף ז"א לוקח

משׁם ב"ן | **משׁם מ"ה**

תשׁע ספירות תחתונות דחג"ת נה"י דב"ן | עשׂר ספירות דחג"ת נה"י דמ"ה

פרצוף דנוקבא בחלוקת מ"ה וב"ן

מ"ה

מלכות	יסוד	הוד	נצח	תפארת	גבורה	חסד	בינה	חכמה	כתר
כתר	כתר	כתר	כתר	כתר	כתר	כתר	כתר	כתר	כתר
חכמה	חכמה	חכמה	חכמה	חכמה	חכמה	חכמה	חכמה	חכמה	חכמה
בינה	בינה	בינה	בינה	בינה	בינה	בינה	בינה	בינה	בינה
חסד	חסד	חסד	חסד	חסד	חסד	חסד	חסד	חסד	חסד
גבורה	גבורה	גבורה	גבורה	גבורה	גבורה	גבורה	גבורה	גבורה	גבורה
תפארת	תפארת	תפארת	תפארת	תפארת	תפארת	תפארת	תפארת	תפארת	תפארת
נצח	נצח	נצח	נצח	נצח	נצח	נצח	נצח	נצח	נצח
הוד	הוד	הוד	הוד	הוד	הוד	הוד	הוד	הוד	הוד
יסוד	יסוד	יסוד	יסוד	יסוד	יסוד	יסוד	יסוד	יסוד	יסוד
מלכות	מלכות	מלכות	מלכות	מלכות	מלכות	מלכות	מלכות	מלכות	מלכות

ב"ן

מלכות	יסוד	הוד	נצח	תפארת	גבורה	חסד	בינה	חכמה	כתר
כתר	כתר	כתר	כתר	כתר	כתר	כתר	כתר	כתר	כתר
חכמה	חכמה	חכמה	חכמה	חכמה	חכמה	חכמה	חכמה	חכמה	חכמה
בינה	בינה	בינה	בינה	בינה	בינה	בינה	בינה	בינה	בינה
חסד	חסד	חסד	חסד	חסד	חסד	חסד	חסד	חסד	חסד
גבורה	גבורה	גבורה	גבורה	גבורה	גבורה	גבורה	גבורה	גבורה	גבורה
תפארת	תפארת	תפארת	תפארת	תפארת	תפארת	תפארת	תפארת	תפארת	תפארת
נצח	נצח	נצח	נצח	נצח	נצח	נצח	נצח	נצח	נצח
הוד	הוד	הוד	הוד	הוד	הוד	הוד	הוד	הוד	הוד
יסוד	יסוד	יסוד	יסוד	יסוד	יסוד	יסוד	יסוד	יסוד	יסוד
מלכות	מלכות	מלכות	מלכות	מלכות	מלכות	מלכות	מלכות	מלכות	מלכות

פרצופי האצילות בחלוקת מ"ה וב"ן

פרצוף נוקבא לזו"ן

משם מ"ה

עשׂר ספירות דמלכות דמ"ה

משם ב"ן

תשׁע ספירות תחתונות דמלכות דב"ן

מ"ה

	מלכות	יסוד	הוד	נצח	תפארת	גבורה	חסד	בינה	חכמה	כתר
כתר	כתר	כתר	כתר	כתר	כתר	כתר	כתר	כתר	כתר	כתר
חכמה	חכמה	חכמה	חכמה	חכמה	חכמה	חכמה	חכמה	חכמה	חכמה	חכמה
בינה	בינה	בינה	בינה	בינה	בינה	בינה	בינה	בינה	בינה	בינה
חסד	חסד	חסד	חסד	חסד	חסד	חסד	חסד	חסד	חסד	חסד
גבורה	גבורה	גבורה	גבורה	גבורה	גבורה	גבורה	גבורה	גבורה	גבורה	גבורה
תפארת	תפארת	תפארת	תפארת	תפארת	תפארת	תפארת	תפארת	תפארת	תפארת	תפארת
נצח	נצח	נצח	נצח	נצח	נצח	נצח	נצח	נצח	נצח	נצח
הוד	הוד	הוד	הוד	הוד	הוד	הוד	הוד	הוד	הוד	הוד
יסוד	יסוד	יסוד	יסוד	יסוד	יסוד	יסוד	יסוד	יסוד	יסוד	יסוד
מלכות	מלכות	מלכות	מלכות	מלכות	מלכות	מלכות	מלכות	מלכות	מלכות	מלכות

ב"ן

	מלכות	יסוד	הוד	נצח	תפארת	גבורה	חסד	בינה	חכמה	כתר
כתר	כתר	כתר	כתר	כתר	כתר	כתר	כתר	כתר	כתר	כתר
חכמה	חכמה	חכמה	חכמה	חכמה	חכמה	חכמה	חכמה	חכמה	חכמה	חכמה
בינה	בינה	בינה	בינה	בינה	בינה	בינה	בינה	בינה	בינה	בינה
חסד	חסד	חסד	חסד	חסד	חסד	חסד	חסד	חסד	חסד	חסד
גבורה	גבורה	גבורה	גבורה	גבורה	גבורה	גבורה	גבורה	גבורה	גבורה	גבורה
תפארת	תפארת	תפארת	תפארת	תפארת	תפארת	תפארת	תפארת	תפארת	תפארת	תפארת
נצח	נצח	נצח	נצח	נצח	נצח	נצח	נצח	נצח	נצח	נצח
הוד	הוד	הוד	הוד	הוד	הוד	הוד	הוד	הוד	הוד	הוד
יסוד	יסוד	יסוד	יסוד	יסוד	יסוד	יסוד	יסוד	יסוד	יסוד	יסוד
מלכות	מלכות	מלכות	מלכות	מלכות	מלכות	מלכות	מלכות	מלכות	מלכות	מלכות

פרצופי האצילות בחלוקת מ"ה וב"ן בפרטות

מ"ה		ב"ן
י' ספירות דכתר דמ"ה	עֹתִיק	ה"ר דכתר דב"ן, ג"ר דחכמה, וד"ר דבינה, וז' כתרים דז' תחתונות
י' ספירות דחכמה דמ"ה	א"א	ה"ת דכתר דב"ן
כתר חכמה דבינה דמ"ה	אבא עִילאה	ו"ק דחכמה דב"ן
בינה דבינה דמ"ה	אימא עִילאה	ה"ק דבינה דמ"ה
ו"ק דבינה דמ"ה	ישְֹראל סבא	מלכות דחכמה דב"ן
מלכות דבינה דמ"ה	תבונה	מלכות דבינה דב"ן
כללות ו"ק דמ"ה	ז"א	כללות ט"ס תחתונות דו"ק דב"ן
י' ספירות דמלכות דמ"ה	נוֹקבא	ט' ספירות תחתונות דמלכות דב"ן